Flucht, Vertreibung, Integration

Eine Nachkriegsgeschichte mit Gegenwartsbezug

Ralf Schönert

Flucht, Vertreibung, Integration

Eine Nachkriegsgeschichte mit Gegenwartsbezug

Ralf Schönert

Impressum

Bibliografische Information der Deutschen Nationalbibliothek:
Die Deutsche Nationalbibliothek verzeichnet diese Publikation in der
Deutschen Nationalbibliografie; detaillierte bibliografische Daten sind im
Internet über http://dnb.dnb.de abrufbar.

Verlag: BoD · Books on Demand GmbH, In de Tarpen 42,
22848 Norderstedt, bod@bod.de
Druck: Libri Plureos GmbH, Friedensallee 273, 22763 Hamburg

ISBN: 978-3-7693-0436-7

Inhaltsverzeichnis

1. EINLEITUNG: VERGESSEN ODER VERDRÄNGT?

Die Geschichte der Heimatvertriebenen in Deutschland nach dem Zweiten Weltkrieg ist ein emotionales und oft unterschätztes Kapitel der deutschen Nachkriegsgeschichte. Millionen Menschen verloren ihre Heimat, Identität und Lebensgrundlage – eine kollektive Tragödie, die in den großen Narrativen von Flucht und Integration häufig vernachlässigt wird. Eine zentrale Rolle spielte dabei die unterschiedliche Geschichtspolitik in der BRD und DDR: Während die BRD die Opferrolle der Vertriebenen betonte, um eine nationale Identität zu stärken, stellte die DDR die Vertreibungen in ein antifaschistisches Narrativ, das sie als gerechtfertigte Konsequenz darstellte. Diese Schicksale illustrieren die tiefgreifenden Brüche und gesellschaftlichen Veränderungen, die Europa nach 1945 prägten.

Zwischen 1944 und 1948 mussten Millionen Menschen aus Ostpreußen, Schlesien, Pommern und dem Sudetenland ihre Heimat unter Zwang verlassen, vertrieben durch Krieg, politische Neuziehungen von Grenzen und ethnische Säuberungen. Es folgte eine der größten Migrationsbewegungen Europas im 20. Jahrhundert, bei der zwischen 12 und 14 Millionen Menschen ihre Heimat verlassen mussten. Während die unmittelbaren Schrecken von Flucht und Vertreibung – Hunger, Not und Verlust – gut dokumentiert sind, bleibt die langfristige Integration dieser Menschen in die westdeutsche Gesellschaft eine weitgehend unbeachtete Herausforderung. Im Jahr 1950 lebten immer noch rund 2,5 Millionen Heimatvertriebene in Notunterkünften, was etwa 16 % der damaligen westdeutschen Bevölkerung entsprach.[1] Die Herausforderung, aus dieser Notlage heraus langfristig

---

1 Andreas Kossert: Kalte Heimat. Die Geschichte der deutschen Vertriebenen nach 1945. Siedler Verlag, München, 2008. ISBN: 978-3-88680-861-8

wirtschaftlich und gesellschaftlich Fuß zu fassen, bleibt eine kaum gewürdigte Leistung. Gerade ihr Beitrag zur wirtschaftlichen, politischen und kulturellen Gestaltung der Bundesrepublik verdient es, in den Fokus gerückt zu werden.

Dieses Buch will der Frage nachgehen, warum die Vertriebenen in der deutschen Erinnerungskultur oftmals nur am Rande Erwähnung finden. Wurde ihr Schicksal verdrängt, weil es nicht in das Bild einer erfolgreichen Nachkriegsgeschichte passte? Oder wurden ihre Leistungen im kollektiven Gedächtnis überschattet, weil die Bewältigung des Traumas still und unspektakulär erfolgte? Dieses Buch beleuchtet die oft „vergessenen" Aspekte der Nachkriegsgeschichte, die im Alltag der jungen Bundesrepublik allgegenwärtig waren, jedoch kaum die verdiente Aufmerksamkeit erhielten.

Im Zentrum stehen die Herausforderungen, denen sich die Vertriebenen gegenüber sahen, als sie in eine zerstörte und oft feindselig eingestellte Gesellschaft kamen. Viele Einheimische empfanden die Vertriebenen als Bedrohung – sowohl ökonomisch, da sie um knappe Ressourcen wie Wohnraum und Arbeit konkurrierten, als auch sozial, da sie oft als fremdartig oder gar als Belastung galten. In einer durch Krieg und Not schwer gezeichneten Gesellschaft fehlte es häufig an Empathie für das Leid der Neuankömmlinge. Die Vertriebenen mussten nicht nur den physischen Wiederaufbau meistern, sondern sich auch gegen tief verwurzelte Vorurteile und Ablehnung behaupten. Welche Mechanismen halfen dabei, aus Fremden Mitbürger zu machen? Wie prägten die Vertriebenen mit ihrem Know-how, ihrer Arbeitskraft und ihren kulturellen Traditionen die Gesellschaft, in der sie einen neuen Platz finden mussten? Und welche Lehren können wir aus ihren Erfahrungen für die Integration von Geflüchteten heute ziehen?

Ein verdrängtes Kapitel der deutschen Geschichte

Die Geschichtsschreibung der Nachkriegszeit richtet den Fokus meist auf den wirtschaftlichen Wiederaufbau, während Themen wie die Arbeitsmigration der 1950er Jahre deutlich mehr Beachtung finden.

Dieser Kontrast zeigt, wie stark die Vertriebenen als historische Akteure unterschätzt werden – trotz der vergleichbaren Herausforderungen ihrer Integration.

In der gängigen Geschichtsschreibung werden die Vertriebenen oft allein als Opfer dargestellt, deren Flucht und Vertreibung als tragisches Kapitel des Kriegsendes gilt. Die oft unterschätzte Integrationsleistung der Heimatvertriebenen war eine langfristige Herausforderung, deren Erfolg nicht nur auf wirtschaftlichem, sondern auch auf kulturellem Gebiet sichtbar wurde. Die Heimatvertriebenen waren nicht nur passive Leidtragende, sondern auch aktive Gestalter des neuen Deutschlands. Ihre Rolle in der Formung der jungen Bundesrepublik verdient daher eine Neubewertung.

Die Integration der Vertriebenen war von Konflikten geprägt: Einheimische begegneten ihnen oft mit Vorurteilen, Ablehnung und der Angst vor sozialer Konkurrenz. Gleichzeitig mussten die Vertriebenen mit dem Verlust ihrer Heimat und ihrer Identität umgehen. Die daraus resultierenden Spannungen spiegeln universelle Herausforderungen wider, die jede Gesellschaft bei der Integration großer Migrationsbewegungen bewältigen muss. Dieses Buch widmet sich der Analyse dieser Konflikte und zeigt zugleich die beeindruckenden Erfolge der Integration auf.

Parallelen zur Gegenwart

Die Erfahrungen der Heimatvertriebenen beleuchten zentrale Aspekte der heutigen Migrationsdebatte. Weltweit stehen Gesellschaften vor der Herausforderung, Millionen Geflüchteter zu integrieren, die wegen Krieg, Verfolgung oder wirtschaftlicher Not ihre Heimat verlassen mussten. In Deutschland sorgt die Aufnahme von Geflüchteten aus Syrien, Afghanistan, der Ukraine und anderen Krisengebieten für anhaltende gesellschaftliche und politische Diskussionen. Dabei tauchen heute ähnliche Fragen auf wie damals: Wie viel Integration kann gelingen? Welche Anpassungen sind notwendig? Und welche Rolle spielen Vorurteile, Ressourcen oder politische Rahmenbedingungen?

Dieses Buch wird historische Parallelen zu aktuellen Fluchtbewegungen aufzeigen, dabei jedoch die Unterschiede klar herausarbeiten. Nach dem Zweiten Weltkrieg wurden die Vertriebenen nicht aus altruistischen Gründen aufgenommen, sondern als deutsche Staatsangehörige mit rechtlichem Anspruch auf Integration. Dennoch können die Mechanismen ihrer Integration wichtige Lehren für den Umgang mit aktuellen Fluchtbewegungen bieten. Wie konnten die Ängste der Aufnahmegesellschaft gemildert werden? Welche Strategien halfen, Vorurteile abzubauen und Akzeptanz zu schaffen? Welche politischen und gesellschaftlichen Instrumente waren dabei entscheidend? Und wie trugen die Vertriebenen selbst durch ihre Anpassungsbereitschaft zu ihrem Erfolg bei?

Zielsetzung des Buches

Dieses Buch rückt die Heimatvertriebenen als unverzichtbaren Teil der deutschen Nachkriegsgeschichte in den Mittelpunkt. Das Buch beleuchtet die sozialen, wirtschaftlichen und kulturellen Herausforderungen und Beiträge der Vertriebenen. Historische Dokumentationen und Zeitzeugenberichte verknüpfen fundierte Analysen mit lebendigen Einblicken, um die Entwicklungen greifbar zu machen. Das Buch liefert nicht nur historische Fakten, sondern zeigt, wie sehr Flucht und Integration Gesellschaften über Generationen hinweg prägen. Die Leser sollen verstehen, dass Geschichte nicht nur vergangen ist, sondern immer auch auf die Gegenwart verweist.

Das Buch spricht geschichtsinteressierte Leserinnen und Leser an, die nicht nur die Vergangenheit, sondern auch die Herausforderungen der Gegenwart und Zukunft verstehen wollen. Dabei wird es auf wissenschaftlicher Grundlage geschrieben, aber in einer Sprache, die auch Laien anspricht. Der historische Kontext, die erzählerische Tiefe und die Verbindung zur Gegenwart sollen den Leser gleichermaßen informieren und fesseln.

Die Vertriebenen sind keine Fußnote der Geschichte, sondern ein Schlüssel, um zu verstehen, wie Gesellschaften Umbrüche bewältigen und neue Identitäten schaffen. Dieses Buch möchte dazu beitragen, ihre Geschichte nicht länger zu vergessen oder zu verdrängen.

Ralf Schönert, 2017-2022

2. DIE GROßE FLUCHT

Zwischen 1944 und 1948 erlebte Europa eine der größten Migrationsbewegungen seiner Geschichte, ausgelöst durch die politischen und militärischen Nachwirkungen des Zweiten Weltkriegs. Vor allem Ostpreußen, Schlesien, Pommern und das Sudetenland wurden zu Schauplätzen massenhafter Vertreibungen und Fluchtbewegungen. Ganze Dörfer und Städte wurden entvölkert, während Millionen Menschen in notdürftigen Trecks oder überfüllten Zügen unter unmenschlichen Bedingungen Richtung Westen flohen. Die sozialen Strukturen dieser Regionen wurden unwiederbringlich zerstört, und das europäische Gefüge durchlief einen tiefgreifenden Wandel. Zwischen 12 und 14 Millionen Menschen aus Ostpreußen, Schlesien, Pommern und dem Sudetenland wurden gewaltsam aus ihrer Heimat vertrieben und begaben sich auf oft lebensgefährliche Fluchten. Diese als „Flucht und Vertreibung" bekannten Ereignisse markieren einen der tiefsten Brüche in der deutschen und europäischen Geschichte.

Der Beginn der Flucht

Ende 1944 begann die große Flucht, ausgelöst durch die Gegenoffensive der Roten Armee nach dem Zusammenbruch der deutschen Ostfront.[2] Die Wehrmacht und NS-Behörden forderten die Zivilbevölkerung in Ostpreußen und anderen Ostgebieten auf, in ihren Heimatregionen zu bleiben, was viele in eine lebensgefährliche Lage brachte. Erst als die Front näher rückte und Berichte über Gewalttätigkeiten gegen deutsche Zivilisten die Runde machten, begann eine chaotische und unorganisierte Massenflucht.

2   Karl Dönitz, (1968), Mein wechselvolles Leben, University of Michigan, digitalisiert am 19.8.2006, abgerufen am 7.7.2024

Eisige Temperaturen, knappe Ressourcen und ständige Angriffe der Roten Armee prägten die Flucht. "Es war eine endlose Qual", erinnerte sich eine damals 12-jährige Zeitzeugin aus Ostpreußen später. "Wir froren, hatten kaum etwas zu essen und die ständige Angst vor den Soldaten raubte uns den Verstand." Solche Berichte illustrieren das unerträgliche Leid, das Millionen von Menschen ertragen mussten, während sie unter unmenschlichen Bedingungen gen Westen flohen. Vor allem Frauen, Kinder und Ältere ließen ihr Hab und Gut zurück und versuchten, mit Pferdewagen, zu Fuß oder in überfüllten Zügen nach Westen zu entkommen.

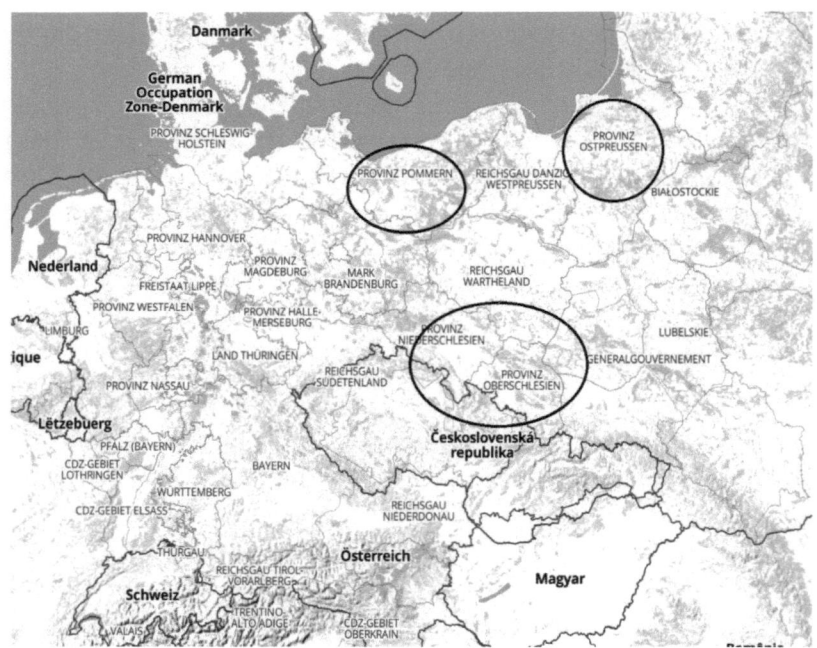

Abbildung 1: Ostpreußen, Pommern, Schlesien - © OpenHistoricalMap-Mitwirkende, www.openstreetmap.org/copyright

Die Tragödie auf der Ostsee

Besonders berühmt und tragisch ist die Flucht über die Ostsee, die von der deutschen Marine (Operation Hannibal) mit erheblichem organisatorischem Aufwand koordiniert wurde. Unter schwierigen Bedingungen wurden improvisierte Flüchtlingsrouten eingerichtet, die mit militärischen Konvois abgesichert werden sollten. Die knappen Ressourcen und die ständige Bedrohung durch sowjetische U-Boote ließen eine ausreichende Sicherung der Schiffe oft unmöglich erscheinen. Die Evakuierungen waren chaotisch: Menschen wurden in hastig beladenen Schiffen zusammengepfercht, die ihre Kapazitätsgrenzen weit überstiegen. Trotz enormer Risiken wagten rund zwei Millionen Menschen die gefahrvolle Flucht über improvisierte Schiffsverbindungen, um den heranrückenden sowjetischen Truppen zu entkommen. Einer der dramatischsten Vorfälle war der Untergang der Wilhelm Gustloff am 30. Januar 1945, bei dem rund 9.000 Menschen, darunter zahlreiche Frauen und Kinder, ums Leben kamen. Dieser Untergang gilt als eine der größten Schiffskatastrophen der Geschichte und ist zum Symbol für das Leid der Flüchtenden geworden.

Die Operation Hannibal

Es war eine der größten Evakuierungsaktionen in der Geschichte, die während der letzten Monate des Zweiten Weltkriegs stattfand. Zwischen dem 21. Januar und dem 8. Mai 1945 organisierte die deutsche Kriegsmarine die Evakuierung von Zivilisten und Soldaten aus Ostpreußen, Pommern und Westpreußen über die Ostsee in sicherere westliche Gebiete.

Die Operation symbolisiert die verzweifelten Versuche, dem schnellen Vormarsch der Roten Armee zu entkommen, die seit Januar 1945 weite Teile Osteuropas überrollte und in Ostpreußen Angst und Panik auslöste.

Hintergrund der Operation Hannibal

Die Offensive der Roten Armee im Januar 1945 führte zur Einkesselung großer Teile Ostpreußens und bedrohte die Bevölkerung sowie die verbliebenen Wehrmachtseinheiten.

Auf direkten Befehl von Admiral Karl Dönitz, dem Oberbefehlshaber der Kriegsmarine, begann die großangelegte Evakuierungsaktion, um Menschen über die Ostsee in sicherere Gebiete wie Schleswig-Holstein, Mecklenburg oder Dänemark zu bringen.

Ablauf der Operation

Die Evakuierung wurde hauptsächlich von zivilen und militärischen Schiffen der Kriegsmarine durchgeführt, darunter Passagierschiffe, Frachter, Marineeinheiten und improvisierte Transportmittel.

Viele Häfen, etwa Pillau (heute Baltijsk) und Gotenhafen (heute Gdynia), dienten als zentrale Ausgangspunkte für die Flucht.

Zivilisten, Verwundete und Soldaten wurden unter extremen Bedingungen an Bord gebracht. Die Überfahrten fanden in eisiger Kälte und unter ständiger Bedrohung durch sowjetische Luftangriffe und U-Boot-Angriffe statt.

Wichtige Schiffe der Operation

Zu den bekanntesten Schiffen der „Operation Hannibal" zählen:

1. Wilhelm Gustloff – Das Schiff wurde am 30. Januar 1945 von einem sowjetischen U-Boot versenkt. Rund 9.000 Menschen starben – vor allem Frauen, Kinder und Verwundete. Dies gilt als die größte Schiffskatastrophe der Geschichte.

2. Goya – Ein weiterer Frachter, der am 16. April 1945 torpediert wurde. Etwa 7.000 Menschen kamen ums Leben.

3. Steuben – Das Passagierschiff wurde am 10. Februar 1945 versenkt; etwa 4.000 Menschen starben.

4. Andere Schiffe wie die Cap Arcona und kleinere Einheiten, die teilweise erfolgreich Überlebende retteten.

Ausmaß und Opferzahlen

Während der Operation Hannibal wurden rund 2 bis 2,5 Millionen Menschen über die Ostsee gerettet, doch etwa 30.000 bis 40.000 verloren ihr Leben durch sowjetische Angriffe auf die Flotte.

Die Operation Hannibal zeigte die verzweifelte Lage des Deutschen Reiches in den letzten Monaten des Krieges. Sie bleibt vor allem wegen der tragischen Schiffsunglücke im kollektiven Gedächtnis präsent. Für viele deutsche Flüchtlinge war die Operation Hannibal der Beginn eines langen Weges ins westliche Deutschland oder andere Teile Europas, wo sie oft unter großen Entbehrungen integriert werden mussten.

Die Operation Hannibal war eine der größten Evakuierungsaktionen des Zweiten Weltkriegs und zeugt von der unvorstellbaren Not der flüchtenden Zivilbevölkerung. Ihr Verlauf, geprägt von Rettung und Tragödie, bleibt ein Sinnbild für das Leid des Krieges. Sie steht zugleich für die menschliche Tragödie des Krieges und die Rolle der Ostsee als letzte Fluchtroute für Millionen Deutsche.

Die Vertreibung nach Kriegsende

Mit dem Ende des Krieges im Mai 1945 begann eine systematische Vertreibung der deutschen Bevölkerung aus den ehemals ostdeutschen Gebieten sowie aus den Gebieten der Tschechoslowakei, Ungarns und Polens. Diese Vertreibungen wurden durch die Alliierten auf der Potsdamer Konferenz im August 1945 legitimiert, die die "ordnungsgemäße Umsiedlung" der deutschen Bevölkerung beschloss. In der Praxis waren diese Umsiedlungen jedoch oft chaotisch und brutal. Gewalttätige Übergriffe, Enteignungen und der Verlust von Familienmitgliedern prägten das Schicksal der Vertriebenen.

Die Beschlüsse der Potsdamer Konferenz bildeten die Grundlage für die nachfolgenden Umsiedlungen und Vertreibungen.

Die Potsdamer Konferenz 1945: Ziele, Inhalte und Bedeutung[3]

Die Potsdamer Konferenz (17. Juli bis 2. August 1945) im Schloss Cecilienhof markierte einen Wendepunkt in der europäischen Nachkriegsordnung, da sie nicht nur die politischen und territorialen Rahmenbedingungen für die Nachkriegszeit festlegte, sondern auch die ideologischen Differenzen offenbarte, die später den Kalten Krieg einleiteten. Die Staatschefs der USA (Harry S. Truman), der Sowjetunion (Josef Stalin) und Großbritanniens (Winston Churchill, später Clement Attlee) legten die politischen und territorialen Grundlagen für einen dauerhaften Frieden.

Im Fokus standen die Entmilitarisierung, Demokratisierung und Dezentralisierung Deutschlands, Reparationszahlungen und territoriale Fragen, insbesondere die Westverschiebung Polens. Die strafrechtliche Verfolgung von NS-Kriegsverbrechern und die bedingungslose Kapitulation Japans wurden beschlossen, was später die Grundlage für die kontrovers diskutierten Atombombenabwürfe auf Hiroshima und Nagasaki bildete, um den Krieg zu beenden. Deutschland wurde in vier Besatzungszonen aufgeteilt, mit Berlin als ebenfalls geteilte Hauptstadt. Die vollständige Abrüstung und die Denazifizierung sollten nationalsozialistische Einflüsse beseitigen. Reparationsansprüche wurden geregelt, wobei die Sowjetunion zusätzlich Zahlungen aus den westlichen Zonen erhielt.

Die Festlegung der Oder-Neiße-Linie als neue deutsch-polnische Grenze führte zu umfangreichen Umsiedlungen: Millionen Deutsche wurden aus Polen, der Tschechoslowakei und Ungarn vertrieben, was tiefgreifende demografische und kulturelle Veränderungen in den betroffenen Regionen sowie

3 Henning Köhler: Der große Plan: Die Potsdamer Konferenz 1945 und das Schicksal Deutschlands. Rowohlt, 1994. ISBN: 978-3499154705

in Deutschland auslöste. Diese "geordnet und human" geplanten Umsiedlungen führten oft zu humanitären Katastrophen.

Zudem wurde die strafrechtliche Verfolgung führender Nationalsozialisten beschlossen, woraus die Nürnberger Prozesse resultierten.

Die Konferenz legte die Rahmenbedingungen für die Nachkriegszeit fest, offenbarte jedoch tiefe ideologische Gräben zwischen Westmächten und Sowjetunion, etwa bei der Frage nach freien Wahlen in Osteuropa, der Behandlung Deutschlands und der territorialen Expansion der Sowjetunion, die den Kalten Krieg einleiteten. Deutschland wurde zum zentralen Brennpunkt der Ost-West-Konfrontation.

Reflexion: Die Potsdamer Konferenz und die Rolle parteiischer Berichte

Die politische Spaltung Europas nach dem Zweiten Weltkrieg prägte nicht nur die geopolitische Landschaft, sondern hatte auch tiefgreifende Auswirkungen auf die Erinnerungskultur zur Vertreibung. Die gegensätzlichen politischen Systeme der Bundesrepublik Deutschland (BRD) und der Deutschen Demokratischen Republik (DDR) führten zu unterschiedlichen Narrativen und Interpretationen der Vertreibungen, die tief in die Gesellschaften und Bildungssysteme dieser beiden deutschen Staaten eindrangen.

In der Bundesrepublik Deutschland entwickelte sich die Erinnerung an die Vertreibung der deutschen Bevölkerung zu einem zentralen Bestandteil der politischen und kulturellen Identität. Die BRD, die sich als westlich-liberaler Staat positionierte, nutzte die Schicksale der Vertriebenen, um ihre eigene Rolle als "Opfer" des Zweiten Weltkriegs und der Nachkriegsordnung hervorzuheben.

- Opferrolle und Entpolitisierung: In den frühen Jahren der BRD wurden die Vertriebenen vor allem als Opfer der alliierten Beschlüsse und der sowjetischen Besatzungsmacht dargestellt. Dieser Fokus diente dazu, die eigene Mitschuld am Zweiten

Weltkrieg in den Hintergrund zu drängen und das nationale Trauma der Niederlage und Zerstörung zu betonen.

- Politische Integration der Vertriebenen: Die politische Instrumentalisierung der Vertriebenen fand Ausdruck in der Gründung von Vertriebenenverbänden, die bedeutenden Einfluss auf die Politik nahmen. Die Anerkennung ihrer Rechte und die Einführung des Lastenausgleichsgesetzes von 1952 symbolisierten die gesellschaftliche Integration der Vertriebenen in die BRD und stärkten deren Position als "Mitgestalter" der neuen Gesellschaft.

- Bildungssystem: In den Lehrplänen der BRD wurde das Thema Vertreibung ab den 1950er-Jahren in den Kontext einer nationalen Bewältigungsgeschichte gestellt. Schulbücher betonten die "unmenschlichen Bedingungen" der Flucht und Vertreibung und verbanden diese mit einer moralischen Kritik an der sowjetischen und polnischen Politik. Dabei blieb die deutsche Verantwortung für den Krieg und die NS-Verbrechen oft marginalisiert.

Im Gegensatz dazu wurde die Erinnerung an die Vertreibung in der DDR weitgehend aus der öffentlichen Debatte verdrängt. Die offizielle Geschichtspolitik der DDR betonte die Rolle der Sowjetunion als Befreier und baute ein antifaschistisches Narrativ auf, das die Vertreibung deutscher Bevölkerungsgruppen als gerechtfertigte Konsequenz der NS-Verbrechen darstellte.

- Ignorieren der Opferperspektive: In der DDR wurde die Vertreibung der Deutschen als notwendige Maßnahme dargestellt, um den "gerechten Kampf" der slawischen Völker gegen den Faschismus zu unterstützen. Die Opferrolle der Vertriebenen wurde weitgehend geleugnet, da sie nicht in das offizielle Bild des deutschen "Tätervolkes" passte.

- Staatliche Propaganda: Die Geschichtsschreibung der DDR legitimierte die Potsdamer Beschlüsse als Teil der antifaschistischen Umgestaltung Europas. Berichte über die humanitären Folgen der Vertreibung wurden zensiert oder vollständig ausgelassen.

- Bildungssystem: In den Schulen der DDR wurde die Vertreibung nur am Rande behandelt, oft als Folge des gerechtfertigten antifaschistischen Kampfes. Lehrpläne betonten die Verbrechen des deutschen Militarismus und Faschismus, während die Vertreibung als notwendige historische Konsequenz dargestellt wurde. Zeitzeugenberichte von Vertriebenen wurden kaum berücksichtigt.

Die gegensätzlichen Erinnerungsnarrative führten dazu, dass die Vertreibungen in Ost- und Westdeutschland unterschiedlich wahrgenommen wurden. Während die BRD die Vertriebenen als Opfer und zentrale Akteure einer neuen deutschen Identität integrierte, wurden sie in der DDR weitgehend marginalisiert oder als "Verdiente Strafe" für die NS-Verbrechen dargestellt. Diese Unterschiede prägten nicht nur die Geschichtswissenschaft, sondern auch die kollektive Erinnerung der Bevölkerung.

- Langfristige Auswirkungen auf die Gesellschaft: In der BRD entwickelte sich eine Erinnerungskultur, die auf Versöhnung und Wiedergutmachung abzielte, während die DDR die Vertreibungen im Rahmen einer ideologischen Rechtfertigung politisch instrumentalisierte. Diese Spaltung führte dazu, dass die Vertriebenen in der gesamtdeutschen Erinnerung erst nach der Wiedervereinigung eine differenziertere Betrachtung erfuhren.

- Bildung nach der Wiedervereinigung: Nach 1990 wurden die unterschiedlichen Darstellungen der Vertreibung in den Lehrplänen der neuen Bundesländer thematisiert. Die Integration der verschiedenen Perspektiven stellte eine Herausforderung dar, bot jedoch auch die Chance, eine multiperspektivische Geschichtsschreibung zu etablieren.

Die politische Spaltung Europas nach 1945 hatte einen entscheidenden Einfluss auf die Erinnerungskultur zur Vertreibung in Deutschland. Während die BRD die Vertriebenen in ihre nationale Identität integrierte, marginalisierte die DDR das Thema zugunsten ihres antifaschistischen Selbstverständnisses. Diese unterschiedlichen Perspektiven erschwerten eine einheitliche Betrachtung der Ereignisse und prägten die Erinnerungskultur nachhaltig. Erst in den letzten Jahrzehnten wurde es möglich, eine kritischere und multiperspektivische Geschichtsschreibung zu entwickeln, die sowohl die humanitären als auch die politischen Dimensionen der Vertreibung beleuchtet.

Die Potsdamer Konferenz war ein Schlüsselmoment für die Neugestaltung Europas nach dem Zweiten Weltkrieg. Die dort getroffenen Entscheidungen, insbesondere zur territorialen Neuordnung und der "ordnungsgemäßen Umsiedlung" deutscher Bevölkerungsgruppen, wurden von den beteiligten Staaten unterschiedlich interpretiert und in offiziellen Berichten teils stark verzerrt dargestellt. Diese parteiischen Darstellungen prägen bis heute die Wahrnehmung der Ereignisse und die Geschichtsschreibung.

Aus der Perspektive der westlichen Alliierten, insbesondere der USA und Großbritanniens, wurde die Konferenz als ein Versuch dargestellt, dauerhaften Frieden in Europa zu sichern und die Grundlagen für eine stabile Nachkriegsordnung zu legen. Die Umsiedlung der deutschen Bevölkerung wurde in diesem Kontext als notwendige Maßnahme präsentiert, um ethnische Spannungen zu vermeiden. Dabei wurde der Fokus auf eine "geordnete und humane Umsiedlung" gelegt, auch wenn die Realität häufig von Gewalt und Chaos gekennzeichnet war. Diese offizielle westliche Darstellung neigte dazu, die humanitären

Kosten der Vertreibungen herunterzuspielen, um die Legitimität der getroffenen Entscheidungen zu untermauern. In der westlichen Geschichtsschreibung wurde daher lange Zeit eine Perspektive gepflegt, die die Leiden der Vertriebenen wenig berücksichtigte.

Die Sowjetunion hingegen nutzte die Potsdamer Konferenz, um ihre Vormachtstellung in Osteuropa zu festigen und eine Sicherheitszone aufzubauen. In sowjetischen Berichten wurde die territoriale Neuordnung als notwendige Konsequenz deutscher Kriegsverbrechen dargestellt, während die Vertreibungen als Form der Wiedergutmachung und als gerechte Maßnahme präsentiert wurden. Humanitäre Folgen wurden dabei weitgehend ignoriert. Die sowjetische Historiografie klassifizierte die deutschen Vertriebenen häufig als Täter und stellte die Vertreibungen als Teil der Befreiung der slawischen Völker dar. Diese Interpretation wurde von vielen osteuropäischen Staaten übernommen und diente der Rechtfertigung der Maßnahmen.

In den nationalen Narrativen spiegelten sich diese unterschiedlichen Perspektiven wider. In Deutschland führte die Darstellung der Vertriebenen als Opfer zu einer spezifischen Erinnerungskultur, die in der frühen Nachkriegszeit nur zögerlich die deutsche Mitschuld am Krieg thematisierte. In Polen und der Tschechoslowakei galten die Vertreibungen hingegen als Akt der historischen Gerechtigkeit. Deutsche Minderheiten wurden dort häufig kollektiv mit dem Nationalsozialismus gleichgesetzt, wodurch eine kritische Auseinandersetzung mit den humanitären Folgen lange Zeit ausblieb.

Diese parteiischen Berichte hatten nachhaltige Auswirkungen auf die Geschichtsschreibung. Sie erschwerten eine differenzierte und integrative Betrachtung der Ereignisse, da die Vertreibungen je nach politischer Agenda entweder gerechtfertigt oder marginalisiert wurden. Während die Westmächte ihre moralische Integrität durch beschönigende Darstellungen sichern wollten, nutzte die Sowjetunion die Ereignisse, um die Legitimität ihrer territorialen Gewinne und ihrer politischen Kontrolle über Osteuropa zu festigen.

Die politische Interessenlage der Alliierten und der Sowjetunion beeinflusste somit die zeitgenössische Wahrnehmung der Potsdamer Konferenz und prägt auch heute noch die Erinnerungskulturen in Europa. Eine kritische Aufarbeitung dieser Berichte ist entscheidend, um die komplexen historischen Zusammenhänge und die Ambivalenzen der Entscheidungen von Potsdam zu verstehen. Sie ermöglicht eine multiperspektivische Geschichtsschreibung, die nicht nur die strukturellen Hintergründe, sondern auch die individuellen Schicksale in den Mittelpunkt rückt.

Die Vertreibung aus der Tschechoslowakei, bekannt als die "Benes-Dekrete", gilt als eines der drakonischsten Beispiele. Diese Dekrete wurden 1945 und 1946 von der tschechoslowakischen Regierung unter Edvard Beneš erlassen und sahen die Enteignung und Vertreibung der deutschen Bevölkerung aus der Tschechoslowakei vor. Sie betrafen etwa drei Millionen Sudetendeutsche, die aufgrund ihrer vermeintlichen Kollaboration mit dem nationalsozialistischen Deutschland kollektiv für schuldig erklärt wurden. Die Maßnahmen beinhalteten auch die Konfiszierung von Eigentum und zogen massive Gewalttätigkeiten und Rechtlosigkeit nach sich. Diese Entscheidungen, die im Kontext eines tiefen Misstrauens gegenüber der deutschen Minderheit nach Jahren der Besatzung standen, wurden von den Alliierten in der Potsdamer Konferenz de facto akzeptiert, was ihren politischen Rahmen unterstrich. Etwa drei Millionen Sudetendeutsche wurden aus ihren Heimatgebieten zwangsausgesiedelt. Ähnliche Szenarien spielten sich in Polen und Ungarn ab, wo deutsche Minderheiten ebenfalls ihrer Lebensgrundlage beraubt wurden. Die Transporte, oft in Viehwaggons, waren unmenschlich, und viele Menschen starben auf dem Weg durch Hunger, Erschöpfung oder Gewalt.

Die Auswirkungen auf die Vertriebenen

Zwischen 1946 und 1948 erreichte die Vertreibung ihren Höhepunkt. Millionen Menschen trafen in einem zerstörten Deutschland ein, das selbst von Hunger, Wohnungsnot und politischen Umbrüchen geprägt war. Die Ankunft der Vertriebenen wurde von der einheimischen Bevölkerung oft mit Skepsis und Ablehnung aufgenommen. Ressentiments gegen die "Neubürger" verschärften die ohnehin schwierige Lage.

Die humanitären Folgen der Flucht und Vertreibung waren verheerend. Schätzungen zufolge verloren etwa zwei Millionen Menschen ihr Leben durch Gewalt, Hunger, Kälte und Krankheiten. Ein Beispiel verdeutlicht die Tragweite: In einem Bericht aus dem Winter 1945 wird von einem Treck berichtet, der in den eisigen Wäldern Ostpreußens von sowjetischen Truppen angegriffen wurde – Hunderte Menschen starben, darunter viele Kinder. Andere, die in Viehwaggons deportiert wurden, mussten tagelang ohne Nahrung und Wasser ausharren, was unzählige Todesopfer forderte. Solche Schicksale illustrieren das unvorstellbare Leid, das Millionen von Vertriebenen ertragen mussten. Schätzungen zufolge verloren etwa zwei Millionen Menschen ihr Leben durch Gewalt, Hunger, Kälte und Krankheiten. Diese Verluste und das Trauma der Heimatlosigkeit prägten eine ganze Generation und hinterließen tiefe Spuren in der deutschen Gesellschaft.[4]

Ein historischer Wendepunkt

Die große Flucht und die nachfolgende Vertreibung stellten einen tiefgreifenden Wendepunkt dar, nicht nur für die betroffenen Menschen, sondern auch für das europäische Selbstverständnis. Diese Ereignisse veränderten nachhaltig die Beziehungen zwischen Ost- und Westeuropa, da sie die Grundlage für tiefgreifende Ressentiments und Miss-

---

4 Dr. Andreas Kossert, Kalte Heimat. Die Geschichte der deutschen Vertriebenen nach 1945. Siedler, München 2008, ISBN 978-3-88680-861-8

trauen legten. Gleichzeitig beeinflussten sie die europäische Integration, indem sie die Notwendigkeit aufzeigten, künftige Konflikte durch diplomatische und wirtschaftliche Zusammenarbeit zu verhindern. Die ethnische Homogenisierung Mittel- und Osteuropas, die aus diesen Umsiedlungen resultierte, prägte nachhaltig die Bevölkerungsstrukturen , während die Integration der Vertriebenen in Deutschland als Vorbild für den Umgang mit Migration in einer fragmentierten Gesellschaft dienen kann. Sie trugen zur ethnischen Homogenisierung (Vereinheitlichung) weiter Teile Mittel- und Osteuropas bei, eine Entwicklung, die bis heute die Bevölkerungsstrukturen in diesen Regionen prägt. Gleichzeitig war die Integration der Vertriebenen in die Nachkriegsgesellschaft ein beispielloser Kraftakt, der Deutschland nachhaltig prägte.

3. ANKOMMEN IN DER FREMDE

Die Vertreibung der deutschen Bevölkerung nach dem Zweiten Weltkrieg war das Resultat komplexer geopolitischer Entwicklungen und konkreter politischer Beschlüsse, die während und unmittelbar nach dem Krieg getroffen wurden. Um die Größe und Tragweite dieses Geschehens zu verstehen, ist es notwendig, die Ursachen, die handelnden Akteure und die internationalen Rahmenbedingungen genauer zu beleuchten.

1. Geopolitische Ursachen: Die Neuordnung Europas

Bereits vor dem Ende des Zweiten Weltkriegs wurde deutlich, dass Europa eine umfassende territoriale Neuordnung erfahren würde. Die sich häufenden Kriegsverbrechen und die alliierten Erklärungen zu Nachkriegszielen, wie sie in der Atlantik-Charta von 1941 formuliert wurden, verdeutlichten dies bereits in einem frühen Stadium. Der Vormarsch der Roten Armee durch Osteuropa und die Flucht von Zivilisten aus Ostpreußen und Schlesien waren Vorboten der massiven Umwälzungen, die die Region erwarteten. Auch die gezielten Bombardierungen deutscher Städte durch die Westalliierten signalisierten, dass die alte europäische Ordnung unwiderruflich ihrem Ende entgegenging.

Der Hitler-Stalin-Pakt von 1939, der die Aufteilung Polens zwischen Deutschland und der Sowjetunion vorsah, und die Konferenzen von Teheran (1943) und Jalta (Februar 1945), bei denen die Alliierten erste Weichenstellungen zur Neuordnung Europas diskutierten, zeigten dies klar auf. Zudem verdeutlichten der Einsatz der Roten Armee in Osteuropa und die wachsenden Spannungen zwischen den Westalliierten und der UdSSR, dass der Krieg auch die geopolitische Landkarte des Kontinents nachhaltig verändern würde. Der unaufhaltsame

Vormarsch der alliierten Streitkräfte und die zunehmende Niederlage des nationalsozialistischen Deutschen Reiches führten zum Zusammenbruch der bestehenden Machtstrukturen. Die Kriegsfolgen machten weitreichende politische und territoriale Entscheidungen unvermeidlich.

Eine entscheidende Zäsur bildete dabei die Potsdamer Konferenz[5], die im Juli und August 1945 stattfand. Die persönlichen Dynamiken zwischen den Verhandlungsführern spielten eine zentrale Rolle für den Verlauf der Gespräche. Der neue US-Präsident Harry S. Truman, der erst kurz zuvor die Nachfolge von Franklin D. Roosevelt angetreten hatte, zeigte sich entschlossen, die amerikanischen Interessen mit Nachdruck zu vertreten, insbesondere in Bezug auf die Demokratisierung Europas. Im Gegensatz dazu war Josef Stalin, der sowjetische Staatschef, durchsetzungsstark und verfolgte unbeirrt seine Ziele der territorialen Expansion und der Errichtung einer Sicherheitszone. Winston Churchill, der britische Premierminister, bemühte sich, die britischen Interessen zu wahren, hatte jedoch zunehmend Schwierigkeiten, mit den beiden Supermächten mitzuhalten. Diese Spannungen spiegelten sich in hitzigen Debatten wider, bei denen Truman oft skeptisch auf die Zugeständnisse blickte, die Roosevelt zuvor gemacht hatte, und Stalin wiederum die Kontrolle über Osteuropa energisch verteidigte. Trotz dieser Differenzen wurde in vielen Punkten ein fragiler Kompromiss erzielt, der jedoch die Grundlagen für die entstehende Ost-West-Spaltung legte.

Während der Konferenz gerieten insbesondere die unterschiedlichen Interessen der Alliierten aneinander: Die Vereinigten Staaten unter Präsident Truman drängten auf demokratische Strukturen in Europa und freie Wahlen in den besetzten Gebieten, während die Sowjetunion unter Stalin ihre Kontrolle über Osteuropa festigen wollte. Ein weiterer zentraler Konfliktpunkt war die Zukunft Deutschlands: Während

5   s.a. Seite 16 – Infobox -

Großbritannien auf eine wirtschaftliche Stabilisierung des Landes pochte, um Chaos und Extremismus zu verhindern, forderte die Sowjetunion umfangreiche Reparationen und eine dauerhafte Schwächung Deutschlands. Diese Spannungen zeigten sich auch bei der Diskussion um die polnischen Westgrenzen und die damit verbundenen deutschen Gebietsverluste. Aus polnischer Sicht galten die Gebietsgewinne als historische Wiedergutmachung für die Verheerungen, die das Land während des Krieges erlitten hatte. Die polnische Bevölkerung stand der Westverschiebung jedoch ambivalent gegenüber, da die Neubesiedlung ehemals deutscher Gebiete oft mit Unsicherheit und infrastrukturellen Herausforderungen einherging.

Auf der deutschen Seite hingegen herrschten schmerzliche Verluste und bittere Enttäuschung, da Millionen Menschen ihre angestammte Heimat verloren und sich mit der Zerstörung eines kulturellen Erbes konfrontiert sahen. Zeitgenössische Berichte schildern die Flucht und Vertreibung als traumatische Erlebnisse, die ganze Familien auseinandergerissen und lebenslange Narben hinterlassen sollten. Diese kontrastierenden Perspektiven verdeutlichen die Vielschichtigkeit der Debatte und die tiefgreifenden menschlichen Auswirkungen der politischen Entscheidungen. Trotz der Meinungsverschiedenheiten einigten sich die Alliierten letztlich auf weitreichende territoriale Verschiebungen und die Grundlagen für die Verwaltung Deutschlands, was die politische Landkarte Europas nachhaltig prägte.

Auf dieser Konferenz trafen die führenden Staatsmänner der drei großen Alliierten Siegermächte – die Vereinigten Staaten, die Sowjetunion und Großbritannien – grundlegende Beschlüsse über die Nachkriegsordnung Europas. Dazu zählte auch die Neuregelung der deutschen Ostgrenze, die nun an die Oder-Neiße-Linie verschoben wurde. Diese Entscheidung markierte einen dramatischen Einschnitt in der Geschichte Mitteleuropas. Die vormals deutschen Gebiete Ostpreußen, Schlesien und Pommern wurden Polen zugesprochen, während die sowjetischen Interessen in Osteuropa gleichzeitig massiv ausgebaut wurden. Dies betraf insbesondere die Eingliederung der baltischen Staaten sowie Ostpolens in die Sowjetunion.

Diese Maßnahmen wurden von den betroffenen Bevölkerungen unterschiedlich wahrgenommen: In den baltischen Staaten führte die sowjetische Annexion zu einer weit verbreiteten Ablehnung und anhaltendem Widerstand, der sich in Form von Untergrundbewegungen und Partisanenkämpfen ausdrückte. Viele Menschen wurden zwangsweise deportiert oder inhaftiert, was tiefe soziale Wunden hinterließ. Historische Anekdoten verdeutlichen die Dramatik dieser Ereignisse: Eine Zeitzeugin aus Ostpreußen berichtete, wie ihre Familie mitten in der Nacht von sowjetischen Soldaten aus dem Haus geholt und auf einen Viehwagen verladen wurde, ohne zu wissen, wohin die Reise ging. „Der Abschied war wie ein Messerstich", schilderte sie später. In einem anderen Fall erzählte ein Mann aus Pommern, wie er als Kind seine Eltern auf einem der langen Flüchtlingsmärsche verlor und monatelang in einem Lager lebte, bevor er von Verwandten gefunden wurde. Diese Einzelschicksale spiegeln das Leid wider, das Millionen Menschen erlitten und das viele nie vollständig überwinden konnten. In Ostpolen hingegen herrschte unter der lokalen Bevölkerung teils Erleichterung über das Ende der nationalsozialistischen Besatzung, jedoch auch Besorgnis über die sowjetische Kontrolle, die mit massiven politischen Repressionen und einer Umgestaltung des gesellschaftlichen Lebens einherging. Die Eingliederung bedeutete nicht nur territoriale Veränderungen, sondern auch den Beginn von Jahrzehnten autoritärer Herrschaft, die nachhaltige Auswirkungen auf die kulturelle Identität und die politische Entwicklung dieser Regionen hatte.

Ein zentraler Aspekt der sowjetischen Politik unter Josef Stalin war das Streben nach einer Sicherheitszone aus befreundeten Staaten, die die Westgrenze der UdSSR schützen sollte. Diese strategischen Überlegungen prägten die Entscheidungen zur Nachkriegsordnung maßgeblich. Stalin verfolgte das Ziel, deutsche Gebietsverluste als eine Art Kompensation für die unermesslichen Zerstörungen und Verluste der Sowjetunion im Zweiten Weltkrieg zu nutzen. Im Zuge dessen wurde eine umfassende Bevölkerungsverschiebung in die Wege geleitet: Millionen Deutsche sollten aus den übertragenen Gebieten vertrieben werden. Die sowjetische Politik der ethnischen Homogenisierung zeigte sowohl in Polen als auch in der Tschechoslowakei langfristige Auswirkungen, die bis heute spürbar sind. Zeitzeugenberichte schildern die Tragödie dieser Flüchtlingsströme eindringlich.

Ein ehemaliger Bewohner Schlesiens erinnerte sich: „Wir hatten nur das, was wir tragen konnten. Alles andere, unser Haus, unsere Felder, unsere Vergangenheit, blieb zurück." Ein anderer Augenzeuge aus Pommern berichtete von den strapaziösen Märschen bei eisigen Temperaturen, bei denen viele durch Hunger und Erschöpfung ums Leben kamen. Die Vertreibung war nicht nur ein physischer, sondern auch ein psychischer Bruch – Familien wurden auseinandergerissen, und die einst vertraute Heimat verwandelte sich in fremdes Territorium. Diese persönlichen Schicksale verleihen den historischen Zahlen eine ergreifende Dimension. Dieser Prozess war eng verknüpft mit der Westverschiebung der polnischen Grenzen, durch die Polen seinerseits enorme territoriale Veränderungen erfuhr. Die daraus resultierende Zwangsmigration zählt zu den gravierendsten demografischen Verschiebungen des 20. Jahrhunderts und hinterließ tiefe Spuren in der kulturellen Identität der betroffenen Regionen. Für viele Vertriebene bedeutete die erzwungene Aufgabe ihrer Heimat nicht nur den Verlust von Eigentum, sondern auch von Traditionen, sozialen Netzwerken und einem vertrauten kulturellen Umfeld. Gleichzeitig prägte die Ankunft der Vertriebenen die Aufnahmeregionen nachhaltig: Während der Integrationsprozess in einigen Gebieten Spannungen zwischen Alteingesessenen und Neuankömmlingen schuf, entstanden an anderen Orten kulturelle Synthesen, die neue Traditionen und Lebensweisen hervorbrachten. Besonders in Westdeutschland führten die Erfahrungen der Heimatlosigkeit und des Neuanfangs dazu, dass die Erinnerung an die verlorene Heimat zu einem zentralen Bestandteil der Identität vieler Vertriebener wurde, was sich in regionalen Bräuchen, Vereinen und sogar in der Literatur dieser Zeit widerspiegelt. Auf lange Sicht veränderte die Migration nicht nur die Bevölkerungsstruktur, sondern beeinflusste auch den gesellschaftlichen Diskurs über Zugehörigkeit und Integration, der bis heute nachhallt.

2. Politische Akteure und deren Motivationen

Die Vertreibungen der deutschen Bevölkerung nach dem Zweiten Weltkrieg wurden von unterschiedlichen politischen Akteuren und ihren teils gegensätzlichen Zielen geprägt. Ein exemplarisches Beispiel für die Folgen dieser Vertreibungen ist die Stadt Breslau (heute Wrocław). Nach dem Krieg, der das Ende der deutschen Herrschaft über die Stadt markierte, wurde sie systematisch von ihrer deutschen Bevölkerung entleert und von polnischen Siedlern neu besiedelt. Dieser Prozess, der unter chaotischen und oft gewalttätigen Bedingungen stattfand, spiegelte die grundlegenden ethnischen und politischen Umwälzungen wider, die ganz Mitteleuropa erfassten. Solche konkreten Ereignisse verdeutlichen, wie internationale und lokale Akteure gemeinsam die Nachkriegsgeschichte Europas formten.

Die Alliierten Siegermächte

Eine der zentralen internationalen Instanzen waren die Alliierten Siegermächte, insbesondere die USA, die Sowjetunion und Großbritannien. Auf der Potsdamer Konferenz im Sommer 1945 beschlossen die Alliierten die Umsiedlung der deutschen Bevölkerung aus den östlichen Gebieten – ein Beschluss, der eine der größten Zwangsmigrationen der Geschichte einleitete. Die Konferenz, an der die Staatschefs der USA, der Sowjetunion und Großbritanniens teilnahmen, war von tiefgreifenden Spannungen zwischen den Alliierten geprägt. Während die Sowjetunion auf weitreichende Gebietsgewinne und die ethnische Homogenisierung der neuen Territorien drängte, versuchten die westlichen Alliierten, die humanitären Aspekte der Vertreibungen zu betonen. Trotz dieser Differenzen einigte man sich auf die Verschiebung Polens nach Westen und die Umsiedlung der deutschen Bevölkerung, was letztlich eine der größten Zwangsmigrationen der Geschichte zur Folge hatte. In den Protokollen der Konferenz wurde die Forderung formuliert, dass diese Umsiedlungen „geordnet und human" ablaufen sollten. In der Praxis jedoch war die Umsetzung weit entfernt von dieser Absichtserklärung.

Die Alliierten delegierten die praktische Durchführung der Vertreibungen weitgehend an die lokalen Machthaber in den betroffenen Regionen. Dazu zählten insbesondere die neu eingesetzten Verwaltungsbehörden in Polen und der Tschechoslowakei, die unter großem Druck und oft mit unzureichenden Ressourcen handelten. In Polen etwa wurden lokale Kommissionen gebildet, um die Organisation der Vertreibungen zu koordinieren, während in der Tschechoslowakei die Umsetzung durch die Sicherheitskräfte und Verwaltungseinheiten der neuen Regierung vorangetrieben wurde. Diese Akteure agierten oft unter den schwierigen Bedingungen einer zerbrochenen Infrastruktur und einer noch ungefestigten staatlichen Ordnung, was zu Chaos und teilweise zu willkürlicher Gewalt führte. Diese Dezentralisierung der Verantwortung führte zu erheblichen Problemen: Es mangelte an einer einheitlichen Planung und Kontrolle, wodurch Chaos, Gewalt und unkontrollierte Willkür zum Alltag der Vertreibungen wurden. Die Alliierten selbst, obwohl offiziell Beobachter und Aufseher der Prozesse, schritten oft nur unzureichend ein, um die Eskalation der Gewalt zu verhindern.

Polnische und tschechoslowakische Regierungen

Eine weitere zentrale Rolle spielten die Regierungen Polens und der Tschechoslowakei. Diese Staaten, deren Gebiete durch die Neuordnung der Grenzen in Folge des Zweiten Weltkriegs erheblich erweitert wurden, sahen die Vertreibung der deutschen Bevölkerung als unerlässliche Voraussetzung für die Sicherung ihrer neuen Territorien. In der polnischen Perspektive galt die „Westverschiebung" des Landes als historische Wiedergutmachung für die territorialen Verluste im Osten und die Verbrechen der deutschen Besatzung während des Krieges.

In der Tschechoslowakei waren die Vertreibungen von einer ähnlichen Logik geprägt. Die Beneš-Dekrete, die Grundlage für die Enteignung und Vertreibung der deutschen Minderheit im Land, stellten eine legale und moralische Rechtfertigung für diese Maßnahmen dar. Sie enthielten unter anderem Bestimmungen zur Konfiszierung des Eigentums von Deutschen, Ungarn und Kollaborateuren sowie Regelungen zur Aberkennung der Staatsbürgerschaft für Mitglieder dieser Gruppen. Diese Dekrete waren Ausdruck einer Politik, die darauf abzielte, die ethnische Zusammensetzung des Landes radikal zu ändern und die nationale Identität nach den Verheerungen der NS-Besatzung neu zu definieren. Beide Regierungen betrachteten die ethnische Homogenisierung ihrer Bevölkerungen als Schlüssel zur nationalen Stabilität und als Schutz gegen zukünftige Konflikte. Dabei spielte auch der Wunsch nach Vergeltung für die Verbrechen der NS-Zeit eine wesentliche Rolle.

Die sowjetische Kontrolle

Die sowjetische Besatzungsmacht lenkte die Vertreibungen sowohl direkt durch militärische Kontrolle als auch indirekt durch die Unterstützung lokaler nationalistischer Ziele. Stalin verfolgte eine Politik der ethnischen Homogenisierung in Osteuropa, die darauf abzielte, potenzielle Spannungen zwischen verschiedenen Volksgruppen zu minimieren und gleichzeitig die Kontrolle über die von der Roten Armee besetzten Gebiete zu festigen.

Unter sowjetischer Kontrolle wurden viele der administrativen und logistischen Aspekte der Vertreibungen organisiert. Dies betraf nicht nur die Bereitstellung von Transportmitteln, sondern auch die Gewährleistung der militärischen Präsenz, die oft zur Einschüchterung und Erzwingung der Umsiedlungen genutzt wurde. Gleichzeitig ermöglichte die sowjetische Besatzungsmacht den lokalen Regierungen, ihre eigenen nationalistischen Ziele durchzusetzen, solange diese mit den übergeordneten sowjetischen Interessen übereinstimmten.

Stalins strategisches Interesse bestand darin, die neuen sozialistischen Staaten Osteuropas in eine politische Ordnung zu überführen, die fest in den Einflussbereich der Sowjetunion eingebettet war. Ein konkretes Beispiel für diese Strategie war die Umgestaltung Polens, wo die sowjetischen Machthaber nicht nur die neuen Grenzen diktierten, sondern auch aktiv an der Einsetzung einer kommunistischen Regierung arbeiteten. Dies wurde unter anderem durch die systematische Unterdrückung oppositioneller Gruppen und die Integration von sowjetischen Beratern in zentrale Verwaltungspositionen erreicht. Solche Maßnahmen stellten sicher, dass Polen als sozialistischer Staat eng an die Sowjetunion gebunden blieb und die sowjetische Vormachtstellung in Osteuropa gestärkt wurde. Die Vertreibung der deutschen Bevölkerung diente in diesem Kontext nicht nur dazu, die nationale Einheit in Polen und der Tschechoslowakei zu stärken, sondern auch, den westlichen Alliierten ein deutliches Signal der sowjetischen Dominanz in der Region zu senden.

Die Vertreibungen der deutschen Bevölkerung nach dem Zweiten Weltkrieg waren das Ergebnis eines komplexen Zusammenspiels verschiedener politischer Akteure und ihrer Motivationen. Während die Alliierten Siegermächte eine völkerrechtliche und organisatorische

Rahmensetzung vornahmen, waren es die lokalen Regierungen in Polen und der Tschechoslowakei sowie die sowjetische Besatzungsmacht, die die Vertreibungen aktiv umsetzten und prägten. Die daraus resultierenden Ereignisse offenbaren nicht nur die Grausamkeiten und Ungerechtigkeiten der Nachkriegszeit, sondern auch die tiefen politischen, sozialen und ethnischen Spannungen, die Europa während dieser Zeit prägten.

3. Die "geordnete Umsiedlung" und ihre Umsetzung

Der Begriff „geordnete Umsiedlung", wie er im Potsdamer Abkommen formuliert wurde, sollte vordergründig den Eindruck vermitteln, dass die Vertreibung der deutschen Bevölkerung aus den ehemals deutschen Ostgebieten nach dem Zweiten Weltkrieg unter geregelten und humanen Bedingungen erfolgen würde. Diese vermeintliche Ordnung stand jedoch in scharfem Kontrast zur brutalen Realität, die von Chaos, Gewalt und massiven Menschenrechtsverletzungen geprägt war. Diese diplomatische Rhetorik diente dazu, die Maßnahmen sowohl auf nationaler als auch auf internationaler Ebene zu legitimieren. Tatsächlich war die Umsetzung dieses Konzepts jedoch von Chaos, Brutalität und massiven Menschenrechtsverletzungen geprägt.

Bereits in den ersten Monaten nach Kriegsende, in der Umsetzung des Potsdamer Abkommens , begannen die sogenannten „wilden Vertreibungen". Diese waren eine direkte Reaktion auf den tief verwurzelten Hass und die Ressentiments gegenüber den Deutschen, die sich durch die Jahre nationalsozialistischer Herrschaft und die Schrecken des Krieges aufgebaut hatten. Politische Motive, wie die Schaffung homogener Nationalstaaten in Polen und der Tschechoslowakei, sowie gesellschaftliche Forderungen nach Rache und Entschädigung trieben die Verantwortlichen dazu, diese Vertreibungen ohne Rücksicht auf die humanitären Konsequenzen einzuleiten. Diese fanden insbesondere in Polen und der Tschechoslowakei statt und waren von einer erschreckenden Grausamkeit geprägt. Hierbei wurden Hunderttausende Deutsche ohne jede Vorwarnung oder Vorbereitungszeit aus ihren Häusern und Gemeinden vertrieben. Die Methode war einfach: unter Androhung oder direkter Anwendung von Gewalt wurden Familien gezwungen, ihre Heimat innerhalb von Stunden oder Tagen zu verlassen.

Zwangsvertreibungen: Die erste Phase des Grauens

Die Zwangsvertreibungen, die als unmittelbare Reaktion auf den Hass gegenüber den Deutschen nach dem Krieg angesehen werden können, verliefen oft ungeplant und mit einer erschreckenden Brutalität. Insgesamt wurden zwischen 12 und 14 Millionen Menschen aus ihren Heimatgebieten in Mittel- und Osteuropa vertrieben. Ein besonders drastisches Beispiel hierfür ist die Stadt Brünn, wo im Juni 1945 tausende Deutsche auf einem sogenannten Todesmarsch in Richtung der Grenze zur Sowjetzone geschickt wurden. Von den geschätzten 20.000 Vertriebenen starben viele unterwegs an Hunger, Krankheit oder Erschöpfung, was die brutalen Bedingungen dieser Vertreibungen verdeutlicht. Frauen, Kinder und alte Menschen waren besonders betroffen, da sie nicht in der Lage waren, sich zu wehren oder zu fliehen. Ihr Hab und Gut blieb zurück, und sie wurden meist mit nichts weiter als der Kleidung auf ihrem Körper vertrieben. In vielen Fällen wurden diese Menschen in improvisierten Lagern festgehalten, bevor sie auf Todesmärsche oder Transporte geschickt wurden. Diese erste Phase der Vertreibungen war auch deshalb so verhängnisvoll, weil sie spontan und ungeordnet erfolgte – ohne jegliche Rücksicht auf humanitäre Standards.

Ein besonders grausames Beispiel ist die sogenannte „Wilde Vertreibung" von 1945. Diese begann, noch bevor die Alliierten formelle Entscheidungen über die Umsiedlungen getroffen hatten. In Polen und der Tschechoslowakei wurden deutsche Familien aus ihren Gemeinden herausgerissen, ihre Besitztümer geplündert und ihre Heimat zerstört. Viele dieser Vertreibungen endeten in improvisierten Sammellagern, die von Hunger, Krankheiten und Gewalt geprägt waren.

Todeszüge: Transporte in den Tod

Ein weiteres schockierendes Element der sogenannten „geordneten Umsiedlung" waren die Todeszüge. Diese Züge, die offiziell dazu dienen sollten, die vertriebenen Deutschen sicher nach Westen zu bringen, wurden zu fahrenden Höllen. Die Waggons waren oft hoffnungslos überfüllt, mit kaum Raum zum Atmen oder Bewegen. Zeitzeugen berichten von Menschen, die tagelang zusammengepfercht in stickigen und dunklen Abteilen ausharren mussten. Ein Mann schilderte, wie seine Familie auf dem Boden saß, umgeben von anderen Menschen, die vor Hunger weinten oder vor Erschöpfung zusammenbrachen. Ein anderer Überlebender beschrieb, wie die Luft so stickig war, dass Kinder zu ersticken drohten. Diese persönlichen Schicksale verdeutlichen das unermessliche Leid, das die Opfer während der Transporte ertragen mussten. Nahrung und Wasser waren entweder knapp oder gar nicht vorhanden, und die hygienischen Bedingungen in den Zügen waren katastrophal.

Die Fahrten dauerten oft Tage oder sogar Wochen. Unter diesen Bedingungen waren Krankheiten wie Typhus und Dysenterie weit verbreitet. Die Sterblichkeitsrate war hoch, und viele Leichen wurden einfach am Wegesrand oder an Haltepunkten zurückgelassen. Augenzeugenberichte beschreiben die Schreie von Kindern und das unaufhörliche Weinen von Müttern, die ihre Kinder an Hunger oder Krankheiten verloren hatten. Diese Transporte waren weniger eine Umsiedlung als vielmehr ein systematischer Tod auf Rädern.

Fußmärsche: Der lange Weg ins Ungewisse

Für diejenigen, die nicht auf Züge verladen wurden, waren Fußmärsche die Alternative – und diese waren nicht minder grausam. Oft mussten Familien kilometerweit durch Schnee, Regen oder sengende Hitze marschieren, ohne Nahrung, Wasser oder angemessene Kleidung. Alte Menschen und Kinder waren die ersten Opfer dieser Torturen. Viele starben an Erschöpfung, Unterkühlung oder Hunger. Es gibt Berichte, in denen beschrieben wird, wie Familienangehörige ihre toten Kinder oder Eltern am Wegesrand zurücklassen mussten, um selbst überleben zu können.

Auch diese Märsche waren von Gewalt und Demütigungen begleitet. Eine Zeitzeugin schilderte, wie ihre Familie von Soldaten gezwungen wurde, im strömenden Regen weiterzumarschieren, während einige Schwächere zurückblieben und ihrem Schicksal überlassen wurden. Ein anderer Bericht beschreibt, wie ein Kind bei einem dieser Märsche starb, nachdem es tagelang nichts zu essen gegeben hatte – der Leichnam musste am Wegesrand begraben werden. Diese Berichte unterstreichen die unvorstellbaren Leiden, die die Vertriebenen erdulden mussten, während sie systematisch schikaniert und erniedrigt wurden. Während der langen Wanderungen waren die Vertriebenen den Launen der begleitenden Soldaten oder Milizen ausgesetzt, die nicht selten zu brutalen Übergriffen führten. Berichte von Augenzeugen dokumentieren Vergewaltigungen, Plünderungen und willkürliche Hinrichtungen entlang der Marschrouten. Der Weg ins Ungewisse wurde so zu einem Pfad des Schreckens.

Die sogenannte „geordnete Umsiedlung" war in der Realität alles andere als geordnet. Diese Maßnahmen hinterließen nicht nur ein humanitäres Desaster, sondern prägen bis heute die Erinnerungskultur in Europa. Der Umgang mit den Vertreibungen ist Teil zahlreicher nationaler und internationaler Debatten über Verantwortung und Versöhnung. Museen, Gedenkstätten und Bildungsinitiativen erinnern an das Leid der Betroffenen und mahnen zur Achtung der Menschen-rechte. Politisch führten die Ereignisse zu anhaltenden Spannungen, aber auch zu Versuchen, durch bilaterale Verträge und Versöhnungs-projekte die Wunden der Vergangenheit zu heilen. So bleibt die „ge-ordnete Umsiedlung" nicht nur ein Mahnmal für die Gräuel der Ver-gangenheit, sondern auch ein Impuls für eine friedlichere und gerech-tere Zukunft. Sie war ein Ausdruck des Chaos und der Rachegefühle, die nach dem Ende des Zweiten Weltkriegs gegen die deutsche Bevöl-kerung gerichtet waren. Millionen von Menschen wurden aus ihrer Heimat vertrieben, oft unter Bedingungen, die jede Form von Menschlichkeit vermissen ließen. Der Begriff selbst, der die internationale Legitimität der Maßnahmen sichern sollte, wirkt im Rückblick wie ein zynisches Feigenblatt, das das Leid und die Todesop-fer dieser Maßnahmen kaum kaschieren kann. Die Erlebnisse der Be-troffenen und die historischen Dokumente, die diese Ereignisse bele-gen, mahnen uns, die Schrecken der Vergangenheit niemals zu ver-gessen.

4. Internationale Reaktionen und ethische Debatten

Die Vertreibungen der deutschen Bevölkerung nach dem Zweiten Weltkrieg lösten weltweit unterschiedliche Reaktionen aus und waren Gegenstand intensiver ethischer Debatten. Schon in den ersten Nach-kriegsmonaten berichteten Beobachter von den dramatischen Szenen an Bahnhöfen und Grenzübergängen, wo verzweifelte Familien in klir-render Kälte auf ihre Weiterreise warteten. Zeitgenössische Berichte schildern lange Trecks von Menschen mit kaum mehr als dem Nötigs-ten bei sich, darunter Kinder und ältere Menschen, die oft die Strapa-zen nicht überlebten. Solche Bilder prägten nicht nur die Wahrneh-mung der internationalen Gemeinschaft, sondern auch die Diskussio-nen um die moralische und rechtliche Vertretbarkeit dieser Maßnah-men. Sie wurden von den Alliierten, insbesondere von den Siegermächten des Krieges, als notwendige und unausweichliche Maßnahme angesehen, um die politische und territoriale Stabilität Europas zu gewährleisten. Gleichzeitig regten sie jedoch auch kontroverse Diskussionen in der öffentlichen und intellektuellen Sphäre an, die von moralischen und rechtlichen Fragen geprägt waren.

Die Sicht der Siegermächte

Die alliierten Siegermächte, insbesondere die USA, die Sowjetunion und Großbritannien, betrachteten die Vertreibungen als ein Mittel zur Neugestaltung der politischen Landkarte Europas. Das Potsdamer Abkommen von 1945 hielt diese Maßnahmen explizit fest, wobei es hieß: „Die Umsiedlung der deutschen Bevölkerung muss in einer geordneten und humanen Weise erfolgen". Ziel war es, ethnische Konflikte durch die Schaffung homogener Nationalstaaten zu minimieren. Gleichzeitig wurde argumentiert, dass die territoriale Neuordnung und die Verdrängung Deutschlands aus seinen historischen Ostgebieten eine Grundlage für den dauerhaften Frieden in Europa schaffen würde. Diese Sichtweise spiegelt die Hoffnung wider, dass durch die Vertreibungen eine Wiederholung des Aggressionspotentials, das als Folge nationaler Rivalitäten wahrgenommen wurde, verhindert werden könnte. Im Potsdamer Abkommen von 1945 wurde die Umsiedlung der deutschen Bevölkerung aus Ost- und Mitteleuropa formell beschlossen. Diese Politik wurde als Präventivmaßnahme gerechtfertigt, um zukünftige Konflikte zwischen ethnischen Gruppen zu vermeiden und die Gebiete mit einer klaren nationalstaatlichen Identität zu versehen. Die Vertreibungen wurden unter dem Schlagwort der "geordneten und humanen Umsiedlung" durchgeführt, ein Ausdruck, der die dramatische und oft brutale Realität der Ereignisse nur unzureichend widerspiegelte.

Kritische Stimmen aus dem Westen

Trotz der offiziellen Haltung der Alliierten gab es innerhalb der westlichen Welt erhebliche Kritik an den Vertreibungen. Intellektuelle und Journalisten, wie der britische Publizist Victor Gollancz, meldeten sich zu Wort und bezeichneten die Maßnahmen als unverhältnismäßig und unmenschlich. Neben Gollancz äußerte sich auch die bekannte Philosophin Hannah Arendt kritisch und hinterfragte die moralischen Grundlagen kollektiver Strafen. Kirchenvertreter wie der Erzbischof von Canterbury mahnten in öffentlichen Ansprachen, dass die Vertreibungen gegen die christlichen Prinzipien der Nächstenliebe und Vergebung verstoßen könnten.

Victor Gollancz (1893–1967) war ein britischer Verleger, Autor und Sozialaktivist. Er gründete 1927 den Verlag Victor Gollancz Ltd., der bekannte Werke von Autoren wie George Orwell und Daphne du Maurier veröffentlichte. Gollancz engagierte sich leidenschaftlich für soziale Gerechtigkeit und setzte sich während des Zweiten Weltkriegs und danach für humanitäre Anliegen ein. Er kritisierte öffentlich die Vertreibungen deutscher Zivilisten nach 1945 und prangerte deren unmenschliche Bedingungen an. Mit seinem Buch Our Threatened Values (1946) ermahnte er zu Menschlichkeit und Mitgefühl. Als überzeugter Pazifist und Sozialist hinterließ er ein Erbe des moralischen Engagements und der Aufklärung.

Hannah Arendt (1906–1975) war eine deutsch-amerikanische Philosophin und politische Theoretikerin. Geboren in Hannover, studierte sie unter anderem bei Martin Heidegger und Karl Jaspers. Aufgrund ihrer jüdischen Herkunft floh sie 1933 aus Nazi-Deutschland und emigrierte später in die USA. Ihre Werke, wie Elemente und Ursprünge totaler Herrschaft (1951) und Eichmann in Jerusalem (1963), prägten das Verständnis von Totalitarismus, Macht und moralischer Verantwortung. Arendt analysierte die Wurzeln des Bösen und die Bedingungen für Freiheit in der Moderne. Ihre unkonventionellen Ansichten machten sie zu einer der einflussreichsten Denkerinnen des 20. Jahrhunderts.

Organisationen wie die Quäkerbewegung versuchten, durch internationale Petitionen die westlichen Regierungen auf die humanitären Folgen aufmerksam zu machen. Diese Vielzahl kritischer Stimmen zeigt die Breite und Tiefe der moralischen und politischen Debatte, die die Vertreibungen begleiteten. Intellektuelle und Journalisten, wie der britische Publizist Victor Gollancz, meldeten sich zu Wort und bezeichneten die Maßnahmen als unverhältnismäßig und unmenschlich. Gollancz veröffentlichte Berichte über die Leiden der vertriebenen Deutschen und warnte vor den langfristigen Konsequenzen solcher Racheakte, die seiner Meinung nach eine Fortsetzung des Unrechts darstellten, das der Zweite Weltkrieg hätte beenden sollen. Auch in der Presse einiger westlicher Länder wurden kritische Stimmen laut, die die ethische Vertretbarkeit der kollektiven Bestrafung einer ganzen Bevölkerungsgruppe hinterfragten. Neben der Kritik prominenter Intellektueller spielten humanitäre Organisationen eine zentrale Rolle bei der Linderung des Leids.

Die Rolle humanitärer Organisationen

Humanitäre Organisationen wie das Internationale Rote Kreuz spielten eine wichtige Rolle bei der Bewältigung der Folgen der Vertreibungen. So richtete das Rote Kreuz spezielle Lager ein, in denen Vertriebene mit dem Nötigsten versorgt wurden. In Berichten dieser Zeit wird beschrieben, wie Freiwillige Tag und Nacht arbeiteten, um medizinische Notfälle zu bewältigen und Kindern sowie Schwangeren besondere Hilfe zukommen zu lassen. Besonders eindrucksvoll war die Luftbrücke des Roten Kreuzes im Winter 1945/46, bei der dringend benötigte Medikamente und Decken in schwer zugängliche Regionen transportiert wurden. Diese Maßnahmen konnten zwar das Leid mildern, blieben angesichts der riesigen Dimension der Krise jedoch oft ein Tropfen auf den heißen Stein. Sie organisierten Hilfseinsätze, versorgten Flüchtlinge mit Lebensmitteln, Kleidung und medizinischer Hilfe und dokumentierten die humanitäre Krise. Dennoch waren sie

aufgrund der schieren Dimension der Flucht- und Vertreibungsbewe-
gungen, die Millionen von Menschen betrafen, häufig überfordert.
Besonders die Wintermonate 1945/46 waren für viele Flüchtlinge
eine Zeit unvorstellbaren Leidens, da es an Unterkünften und grundlegender Versorgung mangelte. Die humanitären Bemühungen konnten die Not lindern, waren jedoch nicht in der Lage, die grundlegenden Ursachen des Problems zu beheben.

Ethische und rechtliche Debatten

Die Vertreibungen warfen tiefgreifende Fragen nach der Vereinbarkeit
solcher Maßnahmen mit den Prinzipien des Völkerrechts und der
Menschlichkeit auf. Bereits 1946 sprach der Jurist Gustav Radbruch[6]
davon, dass "kollektive Bestrafungen das Fundament des Rechts
selbst erschüttern könnten". Ebenso stellte die Philosophin Simone
Weil[7] die Frage, ob solche Maßnahmen nicht langfristig "die Moral
der siegreichen Nationen selbst untergraben" würden. Zeitgenössische Ethiker wie Johannes Hessen diskutierten öffentlich darüber, ob
das Ziel des Friedens durch solche gewaltsamen Akte nicht in sein Ge-
genteil verkehrt werde. Diese Stimmen illustrieren, wie stark die ethischen und rechtlichen Fragen umstritten waren und wie sie die intellektuelle Auseinandersetzung der Nachkriegszeit prägten. Insbesondere die Praxis der kollektiven Bestrafung einer Bevölkerungsgruppe
aufgrund ihrer ethnischen Zugehörigkeit wurde kontrovers diskutiert.
Befürworter der Vertreibungen argumentierten, dass sie notwendig
gewesen seien, um eine dauerhafte Friedensordnung in Europa zu

6   Gustav Radbruch (1878–1949) war ein deutscher Rechtsphilosoph, Politi-
     ker (SPD) und Jurist, bekannt für seine Radbruch'sche Formel, die Ge-
     rechtigkeit über positives Recht stellt, insbesondere nach NS-Unrecht.

7   Simone Weil (1909–1943) war eine französische Philosophin, Mystikerin
     und Aktivistin, bekannt für ihre sozialkritischen Schriften, spirituelle Tiefe
     und Reflexionen über Gerechtigkeit, Arbeit und menschliche Entfrem-
     dung.

schaffen. Gegner hingegen kritisierten, dass sie grundlegende Menschenrechte verletzten und neue Traumata schufen, die das Ziel einer Versöhnung zwischen den Völkern untergruben.

Diese ethischen Fragen blieben über Jahrzehnte hinweg Bestandteil der historischen Debatte. Historiker und Philosophen untersuchten, ob die Vertreibungen durch die Umstände des Zweiten Weltkriegs und dessen Folgen gerechtfertigt waren oder ob sie ein Ausdruck von Rache und Vergeltung waren, der mit den Prinzipien einer zivilisierten Gesellschaft nicht vereinbar ist. Auch die späteren Entwicklungen des internationalen Rechts, wie die Genfer Konventionen und die Charta der Vereinten Nationen, reflektieren den Versuch, aus diesen historischen Erfahrungen Lehren zu ziehen und zukünftige Verbrechen gegen die Menschlichkeit zu verhindern.

Auswirkungen auf die Geschichtsschreibung

Die internationale Reaktion auf die Vertreibungen und die damit verbundenen ethischen Fragen prägten die Erinnerungskultur in Europa nachhaltig. Während in Deutschland die Aufarbeitung der Vertreibungen Teil des größeren Prozesses der Vergangenheitsbewältigung wurde, blieben sie in vielen osteuropäischen Staaten ein heikles Thema, das oft im Kontext nationalistischer Geschichtsnarrative behandelt wurde. Die ethischen Debatten, die durch die Vertreibungen ausgelöst wurden, wirken bis heute nach und stellen eine Mahnung dar, die Prinzipien der Menschlichkeit und des Rechts auch in Zeiten großer politischer und sozialer Umwälzungen zu bewahren.

5. Die langfristigen Folgen

Die Ankunft der Vertriebenen in den westlichen Besatzungszonen Deutschlands stellte einen der größten sozialen und kulturellen Umbrüche der Nachkriegszeit dar. Zwischen 1945 und 1948 strömten

Millionen von Heimatvertriebenen aus Ostpreußen, Schlesien, Pommern und dem Sudetenland in eine bereits zerstörte und überfüllte Gesellschaft. Diese Phase des „Ankommens" war geprägt von massiven Herausforderungen, die sowohl die Neuankömmlinge als auch die einheimische Bevölkerung in den Aufnahmegebieten betrafen.

Für die Vertriebenen war die Ankunft in den westlichen Besatzungszonen oft ein Kulturschock. Viele der Aufnahmegebiete hatten selbst unter den Zerstörungen des Krieges gelitten, und die Ressourcen waren knapp. Städte lagen in Trümmern, Wohnraum war kaum verfügbar, und die Bevölkerung war durch Hunger und Entbehrungen ausgelaugt. Die Neuankömmlinge trafen daher auf eine Gesellschaft, die wenig Mittel und oft auch wenig Bereitschaft hatte, zusätzliche Belastungen zu schultern.

Die einheimische Bevölkerung reagierte mit gemischten Gefühlen. Auf der einen Seite gab es Mitleid für das offensichtliche Leid der Vertriebenen, doch auf der anderen Seite waren Ressentiments und Vorurteile weit verbreitet. Begriffe wie „Flüchtlingspack" oder „Polacken" spiegelten die ablehnende Haltung wider, die vielen Vertriebenen entgegengebracht wurde.[8] Besonders in ländlichen Regionen wurden die Neuankömmlinge als Fremde wahrgenommen, deren Dialekte, Bräuche und Lebensweisen sich deutlich von denen der Einheimischen unterschieden. Diese kulturellen Unterschiede führten zu Spannungen, die das Zusammenleben erschwerten.

8   Ulrich Herbert (Hrsg.), Geschichte der Ausländerpolitik in Deutschland. Saisonarbeiter, Zwangsarbeiter, Gastarbeiter, Flüchtlinge. C.H. Beck, München 2001, ISBN 978-3-406-47477-4

Positive Beispiele für Integration und Solidarität

Die Integration der Vertriebenen in die deutsche Nachkriegsgesellschaft verlief nicht nur konfliktbeladen, sondern brachte auch zahlreiche Beispiele von Solidarität und gegenseitiger Unterstützung hervor. Während Ressentiments und Vorurteile in manchen Regionen weit verbreitet waren, gibt es vielfältige Berichte über eine entgegenkommende Haltung der Einheimischen.

Ein Beispiel dafür ist die Region Schleswig-Holstein, die rund 1,2 Millionen Vertriebene aufnahm, was etwa einem Drittel der damaligen Gesamtbevölkerung entsprach.[9] Hier kam es in einigen Gemeinden zu Initiativen, bei denen Alteingesessene Wohnraum und Lebensmittel zur Verfügung stellten, obwohl sie selbst unter Versorgungsengpässen litten. In ländlichen Gebieten halfen Bauern den Neuankömmlingen mit Saatgut und Werkzeug, um ihnen die Selbstversorgung zu erleichtern.

Darüber hinaus gibt es Berichte über gemeinschaftliche Aktionen, wie den Wiederaufbau zerstörter Häuser, bei dem Alteingesessene und Vertriebene zusammenarbeiteten. Solche Beispiele zeigen, dass trotz der schwierigen Rahmenbedingungen Kooperation möglich war und das Fundament für eine langfristige Integration legte.

Auch auf sozialer Ebene gibt es positive Entwicklungen. In einigen Orten bildeten sich sogenannte "Patenschaftskreise", bei denen einheimische Familien Vertriebene in den ersten Monaten nach ihrer Ankunft unterstützten. Diese Patenschaften halfen nicht nur, die praktischen Herausforderungen des Alltags zu bewältigen, sondern trugen auch dazu bei, kulturelle Unterschiede zu überbrücken und Vorurteile abzubauen.

---

9   Andreas Kossert: Kalte Heimat. Die Geschichte der deutschen Vertriebenen nach 1945. Siedler Verlag, München, 2008. ISBN: 978-3-88680-861-8

Schließlich trugen auch kirchliche und karitative Organisationen wesentlich zur Integration bei. Viele Kirchengemeinden organisierten gemeinsame Gottesdienste, in denen Alteingesessene und Neuankömmlinge miteinander ins Gespräch kamen. Diese religiösen Zusammenkünfte förderten das Gefühl der Zusammengehörigkeit und boten einen Raum für gegenseitigen Austausch.

Diese Beispiele zeigen, dass die Integration der Heimatvertriebenen nicht nur von Spannungen und Vorurteilen geprägt war, sondern auch positive Dynamiken entstehen ließ, die den sozialen Zusammenhalt förderten. Solche Aspekte sollten stärker in den Fokus gerückt werden, da sie zeigen, wie Solidarität und Zusammenarbeit die sozialen Spannungen der Nachkriegszeit mildern konnten. Diese positiven Beispiele verdeutlichen, dass Integration trotz widriger Umstände gelingen kann und legen den Grundstein für eine nachhaltige gesellschaftliche Stabilität.

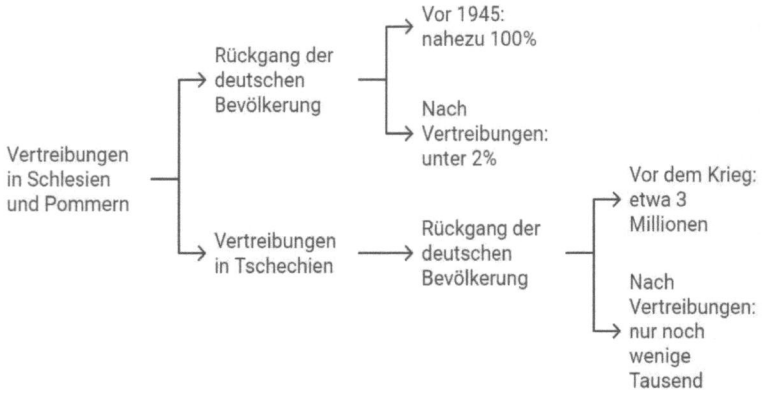

Abbildung 2: Vertreibung aus den ehemaligen deutschen Gebieten - Eigene Darstellung, © Ralf Schönert

Ankunft im Chaos – die erste Zeit in Westdeutschland

Nach den Strapazen von Flucht und Vertreibung begann für die Millionen Heimatvertriebenen in Westdeutschland ein neuer Abschnitt, der von Hoffnung, Verzweiflung und großen Herausforderungen geprägt war. Während sie in den westlichen Besatzungszonen ankamen, herrschte Chaos, Wohnungsnot und eine allgemeine Ressourcenknappheit. Die Integration in eine völlig zerstörte Gesellschaft fiel schwer – für die Ankommenden ebenso wie für die Einheimischen, die ihre eigenen Kriegserfahrungen zu verarbeiten hatten. Die ersten Monate und Jahre nach 1945 waren geprägt von Improvisation, Not und tiefgreifenden sozialen Spannungen.

1. Die Notunterkünfte: Lagerleben und Improvisation

Nach ihrer Ankunft in Westdeutschland sahen sich viele der schätzungsweise 12 bis 14 Millionen Heimatvertriebenen einer unsicheren und oft trostlosen Situation gegenüber. Während die Einheimischen teils mit Mitgefühl, teils aber auch mit Ablehnung auf den Zustrom reagierten, fehlte es an ausreichenden Ressourcen und Vorbereitungen, um diese Menschen angemessen unterzubringen. Zunächst fanden sie sich in sogenannten „Durchgangslagern" wieder, die nicht für eine derartige Anzahl von Menschen ausgelegt waren. Diese Lager, ursprünglich für Kriegsgefangene, Zwangsarbeiter oder militärische Zwecke konzipiert, wurden nun als provisorische Aufnahmestellen genutzt. Doch die Bedingungen dort waren alles andere als angemessen für die Integration der Vertriebenen.

Lebensbedingungen: Enge und Entbehrungen

Die Verhältnisse in den Lagern waren von gravierenden Missständen geprägt. So fehlten häufig grundlegende Versorgungsmittel wie sauberes Trinkwasser und ausreichend Nahrungsmittel. In einigen Lagern teilten sich bis zu 50 Personen eine einzige Latrine, was die hygienischen Bedingungen dramatisch verschlechterte. Berichte aus dieser

Zeit beschreiben auch eine hohe Sterblichkeitsrate, insbesondere unter Kindern und älteren Menschen, die den harten Bedingungen nicht standhalten konnten. Ein Augenzeuge erinnerte sich: „Wir hatten kaum genug zu essen, und die Krankheiten breiteten sich wie ein Lauffeuer aus." Hunderte von Menschen lebten dicht gedrängt in Baracken, die weder ausreichend beheizt noch angemessen ausgestattet waren. Sanitärische Anlagen waren oftmals unzureichend oder fehlten ganz, was zu einer schnellen Verbreitung von Krankheiten führen konnte. Die hygienischen Zustände verschlimmerten die ohnehin prekäre Lage. Ein Zeitzeuge schilderte eindringlich: „Wir schliefen zu sechst in einem Raum, mit nur einem kleinen Ofen, der kaum wärmte. Nachts weinten die Kinder, weil es so kalt war." Betten bestanden häufig aus einfachen Strohsäcken, die kaum Komfort boten, und Privatsphäre war ein Fremdwort. Dies führte nicht nur zu physischer, sondern auch zu psychischer Belastung, da die Menschen ohne Aussicht auf eine baldige Verbesserung ihrer Situation verharren mussten.

Provisorische Unterkünfte: Schulen, Turnhallen und Scheunen

Neben den Lagern wurden zahlreiche andere Gebäude wie Schulen, Turnhallen und sogar Scheunen als Notunterkünfte genutzt. Besonders stark belastet waren Regionen wie Bayern, das aufgrund seiner geografischen Lage eine hohe Anzahl von Vertriebenen aufnahm, sowie der Norden Niedersachsens, wo improvisierte Unterkünfte in landwirtschaftlichen Gebäuden errichtet wurden. In Städten wie Hamburg und Frankfurt am Main wurden Turnhallen teilweise mit über 100 Personen belegt, während in ländlicheren Gegenden Scheunen und leerstehende Fabrikgebäude als Behelfsunterkünfte dienten. Diese Übergangslösungen waren oft ebenso mangelhaft wie die Lager selbst. Familien wurden häufig getrennt, da der Platz begrenzt war, und viele Menschen mussten jahrelang in solchen Provisorien ausharren. Die Unsicherheit über die Zukunft und die fehlende Privatsphäre trugen dazu bei, dass das Leben in diesen Unterkünften nicht nur eine materielle, sondern auch eine emotionale Herausforderung darstellte.

Verwaltung und Registrierung: Überforderung der Behörden

Die alliierten Besatzungsbehörden sowie die lokalen Verwaltungen standen dem plötzlichen Zustrom der Vertriebenen weitgehend unvorbereitet gegenüber. Ein Vertreter der amerikanischen Besatzungszone äußerte hierzu: „Wir hatten weder die logistischen Mittel noch die personellen Ressourcen, um diesen menschlichen Exodus zu bewältigen." Insbesondere in kleineren Gemeinden fehlte es an Erfahrung im Umgang mit einer so großen Anzahl von Menschen. Berichte aus kommunalen Protokollen zeigen, dass man vielerorts improvisieren musste: „Die Ankommenden wurden zunächst in örtlichen Turnhallen untergebracht, während wir versuchten, Listen zu erstellen und Hilfsgüter zu organisieren", schilderte ein deutscher Verwaltungsbeamter aus Niedersachsen. Solche Aussagen verdeutlichen die Dringlichkeit und das Chaos, das die Behörden bewältigen mussten. Die Registrierung der Ankommenden zog sich oft über Wochen hin, da es an Personal und strukturellen Ressourcen mangelte. Dieser Mangel führte zu einer unzureichenden systematischen Versorgung der Vertriebenen. Viele der Hilfsmaßnahmen waren improvisiert, und die Verteilung von Lebensmitteln, Kleidung und anderen Grundgütern blieb vielfach unzureichend. Die Betroffenen empfanden dies häufig als Demütigung, da sie von Behörden und Hilfsorganisationen abhängig waren, ohne eine aktive Rolle in der Verbesserung ihrer Situation übernehmen zu können.

Das Leben in den Notunterkünften stellte für die Vertriebenen eine Phase der Übergangszeit dar, die von Unsicherheit, Entbehrungen und Hürden geprägt war. Diese Erfahrungen hinterließen langfristige Spuren, sowohl auf individueller als auch auf gesellschaftlicher Ebene. Viele der Betroffenen entwickelten eine bemerkenswerte Resilienz, da sie gezwungen waren, sich den Herausforderungen des Neuanfangs zu stellen. Gleichzeitig schufen die engen Lebensbedingungen und die gemeinsame Not ein Gefühl der Solidarität unter den Vertriebenen, das später die Grundlage für starke Gemeinschaften bildete. Doch die Traumata, die durch die unsicheren Lebensumstände und die oft feindselige Aufnahme durch Teile der einheimischen Bevölkerung entstanden, erschwerten die vollständige Integration und führten bei einigen zu anhaltendem Misstrauen gegenüber staatlichen Institutionen. Diese Phase zeigte, wie entscheidend die ersten Jahre nach einer Vertreibung für die langfristige gesellschaftliche Eingliederung sind. Die katastrophalen Bedingungen in den Lagern und anderen provisorischen Unterkünften verdeutlichen, wie groß die Herausforderungen für die Integration dieser Menschen waren. Dennoch legten sie den Grundstein für das spätere Leben und die Eingliederung in die westdeutsche Gesellschaft – ein Weg, der Jahre, wenn nicht Jahrzehnte dauerte. Diese erste Phase der Nachkriegsgeschichte ist ein Zeugnis menschlicher Belastbarkeit und der Schwierigkeiten, die eine plötzliche und massenhafte Vertreibung mit sich bringt.

2. Die Wohnungsnot: Kampf um ein Dach über dem Kopf

Die Zerstörung deutscher Städte durch die verheerenden Bombenangriffe des Zweiten Weltkriegs hatte das Land in eine massive Wohnungsnot gestürzt. Rund 2,5 Millionen Wohngebäude wurden völlig zerstört, was besonders in Städten wie Dresden, Hamburg und Köln zu einem nahezu kompletten Verlust an Wohnraum führte. Diese regionalen Unterschiede verschärften die Herausforderungen für die Bevölkerung erheblich. Schätzungen zufolge waren im Jahr 1945 rund 20 Prozent aller Wohngebäude in Deutschland zerstört. Dies bedeutete, dass Millionen von Menschen ohne ein festes Dach über dem Kopf waren und improvisierte Lösungen finden mussten. Inmitten dieser

Krise kamen die Heimatvertriebenen hinzu, deren Ankunft die bestehende Situation noch weiter verschärfte.

Wohnraumverteilung: Ein ungleicher Kampf

Die Ankunft von schätzungsweise 12 bis 14 Millionen Vertriebenen machte die ohnehin angespannte Lage auf dem Wohnungsmarkt nahezu untragbar. Besonders stark belastet waren Regionen wie Bayern und Niedersachsen, die aufgrund ihrer geographischen Lage und Infrastruktur die meisten Neuankömmlinge aufnehmen mussten. In Bayern etwa stieg die Bevölkerungszahl in einigen Gemeinden um bis zu 30 Prozent, was die vorhandenen Ressourcen bis an ihre Grenzen strapazierte. Die bereits knappen Räumlichkeiten mussten plötzlich mit noch mehr Menschen geteilt werden. Lokale Behörden waren gezwungen, Wohnraum neu zu verteilen, was oft bedeutete, dass mehrere Familien in einer einzigen Wohnung untergebracht wurden. Einheimische sahen sich häufig gezwungen, Räume mit den Neuankömmlingen zu teilen, was zu erheblichen Spannungen führte. Eine Zeitzeugin erinnerte sich: „Wir waren zu acht in einer Drei-Zimmer-Wohnung. Die Neuankömmlinge hatten kaum Gepäck, aber sie brauchten genauso viel Platz wie wir." Diese Enge führte oft zu Konflikten und einer Verstärkung von Vorurteilen gegenüber den Vertriebenen.

Konflikte um Wohnraum: Zwang und Frustration

Um die Vertriebenen unterzubringen, griffen die lokalen Behörden zu drastischen Maßnahmen. Zwangseinweisungen in private Haushalte waren keine Seltenheit. Laut zeitgenössischen Berichten wurden in einigen Regionen bis zu 40 Prozent der verfügbaren Wohnräume durch solche Maßnahmen belegt. In Städten wie Hannover und München war nahezu jeder dritte Haushalt betroffen, was die Spannungen zwischen Einheimischen und Vertriebenen weiter verstärkte. Dies bedeutete, dass Einheimische verpflichtet wurden, fremde Menschen in ihren Häusern aufzunehmen. Diese Praxis sorgte für erhebliche Spannungen. Ein Zeitzeuge klagte: „Man hat uns einfach fremde Leute ins Haus gesetzt. Sie nahmen Platz weg, den wir selbst kaum hatten." Solche Konflikte schürten nicht nur Misstrauen, sondern vertieften auch die soziale Spaltung zwischen Einheimischen und Vertriebenen. Einige Gemeinden versuchten, die Zuweisung durch Rationen oder Anreize zu erleichtern, doch die Frustration blieb.

Improvisation und Notbauten: Kreativität aus der Not heraus

Für viele der Vertriebenen, die keine regulären Unterkünfte fanden, blieb oft nur die Möglichkeit, sich selbst zu behelfen. In urbanen Gebieten errichteten sie provisorische Behausungen aus den Trümmern zerstörter Gebäude. In Berlin entstanden beispielsweise zahlreiche notdürftige Unterkünfte in den Ruinen ehemaliger Mietshäuser, wo Familien in Kellern und teilweise eingestürzten Räumen lebten. In Hamburg bauten Vertriebene improvisierte Behausungen entlang der Alster, indem sie Holz und Metallreste aus den Trümmern verwendeten. Diese provisorischen Unterkünfte boten kaum Schutz vor den Elementen, waren jedoch oft die einzige Option für diejenigen, die keinen Zugang zu regulären Wohnmöglichkeiten hatten. Solche Unterkünfte boten kaum Schutz vor Witterung und waren häufig überfüllt. In ländlicheren Regionen entstanden informelle Siedlungen, bestehend aus Holzbaracken, Lehmhütten und Zelten. Diese improvisierten Bauten zeigten die bemerkenswerte Anpassungsfähigkeit und den Einfallsreichtum der Menschen, doch sie verdeutlichten auch das Ausmaß der Krise. Besonders in den kalten Wintern war das Leben in solchen Unterkünften eine Herausforderung, die viele an ihre Grenzen brachte.

Die Wohnungsnot der Nachkriegszeit stellte eine der größten Herausforderungen der jungen Bundesrepublik dar. Sie führte langfristig zu tiefgreifenden Veränderungen in der Stadtplanung und im sozialen Wohnungsbau. In den 1950er Jahren wurden groß angelegte Wohnbauprogramme wie das "Wohnungsgesetz" von 1950 eingeführt, um die Krise zu entschärfen. Diese Maßnahmen legten den Grundstein für moderne Großsiedlungen und die Entwicklung des sozialen Wohnungsbaus, der bis heute eine zentrale Rolle bei der Bereitstellung von bezahlbarem Wohnraum spielt. Die Erfahrungen aus dieser Zeit prägten zudem das Bewusstsein für die Bedeutung nachhaltiger und integrativer Stadtentwicklung. Sie führte zu tiefgreifenden sozialen Spannungen, zeigte aber auch die Belastbarkeit und Kreativität der betroffenen Menschen. Die Konflikte um Wohnraum und die improvisierten Bauten wurden zu Symbolen des Kampfes um ein Minimum an Stabilität in einer Zeit des Chaos. Sie erinnern daran, wie zentral der Zugang zu Wohnraum für die individuelle und gesellschaftliche Erholung nach einer Katastrophe ist.

3. Soziale Ressentiments und Vorurteile

Die Ankunft von rund 12 bis 14 Millionen Heimatvertriebenen in den Jahren 1945 bis 1950 löste erhebliche soziale Spannungen zwischen den sogenannten „Einheimischen" und den Neuankömmlingen aus. Während die Einheimischen häufig mit Skepsis und Ablehnung reagierten, empfanden viele Vertriebenen die erste Begegnung als kalt und abweisend. In manchen Orten kam es zu offenen Konflikten, als Vertriebenen Notunterkünfte zugewiesen wurden, die zuvor von Einheimischen genutzt worden waren. Gleichzeitig gibt es Berichte, wonach Einheimische in einigen Fällen spontan Hilfe leisteten, etwa durch die Bereitstellung von Kleidung oder Lebensmitteln. Diese widersprüchlichen Reaktionen zeigten die Unsicherheiten und Vorurteile, die beide Seiten zu überwinden hatten. In einer ohnehin angespannten Nachkriegssituation, die durch Mangel und Unsicherheit geprägt war, wurden die Vertriebenen von vielen als zusätzliche Belastung wahrgenommen. Diese Spannungen offenbarten sich in Vorurteilen, kulturellen Konflikten sowie Neid und Misstrauen.

Vorurteile: Fremdsein in der eigenen Heimat

Die Vertriebenen wurden oft als „Fremde" oder gar als „Konkurrenten" wahrgenommen, die Ressourcen beanspruchten, ohne angeblich zur Gemeinschaft beizutragen. Ein Bericht aus Schleswig-Holstein beschreibt beispielsweise, wie Neuankömmlinge bei der Zuteilung von Brennmaterial bevorzugt wurden, was zu Spannungen führte. Ebenso dokumentierte eine Zeitung aus Hessen die Klage einer einheimischen Familie: „Wir stehen seit Monaten in der Schlange für Lebensmittelkarten, aber die neuen Leute bekommen sie sofort. Das ist unfair." Solche Beispiele illustrieren, wie die Wahrnehmung von Bevorzugung Ressentiments schürte. Begriffe wie „Polacken" oder „Flüchtlinge" dienten als abwertende Bezeichnungen, die den Ausschluss und die Ablehnung der Neuankömmlinge manifestierten. Diese Stigmatisierung hatte nicht nur soziale, sondern auch psychologische Auswirkungen auf die Vertriebenen, die sich oft als Bürger zweiter Klasse behandelt fühlten. Die Vorstellung, dass die Vertriebenen keine „Rechtmäßigen" im neuen Umfeld seien, prägte vielerorts die Wahrnehmung der Einheimischen.

Ein ehemaliger Vertriebenenpfarrer beschrieb diese Situation eindringlich: „Wir wurden wie Bittsteller behandelt. Man sah uns nicht als Deutsche, sondern als Eindringlinge, die hier nichts verloren hatten." Diese Sichtweise spiegelt die tief verwurzelten Ressentiments wider, die sich gegen die Vertriebenen richteten und sie in ihrer neuen Heimat zu Außenseitern machten.

Kulturelle Unterschiede: Traditionen als Konfliktpunkt

Zusätzlich verschärften kulturelle Unterschiede die Kluft zwischen Einheimischen und Vertriebenen. Gleichzeitig gab es jedoch auch Ansätze, bei denen kulturelle Unterschiede Brücken bauten: In einigen Regionen Westdeutschlands wurden Vertriebenenfeste wie Erntedankfeiern oder traditionelle Tanzveranstaltungen von Einheimischen besucht, was zu einem ersten Austausch führte. Auch die kulinarischen Gewohnheiten der Vertriebenen, wie die Einführung von Rezepten aus Schlesien oder Pommern, fanden mit der Zeit Anerkennung und bereicherten die lokale Küche. Besonders Gerichte wie Schlesischer Mohnkuchen, Sauerkrautsuppe oder die beliebten Klöße aus Ostpreußen wurden von den Einheimischen geschätzt und teilweise in die regionale Küche integriert. Diese kulinarischen Einflüsse trugen dazu bei, die kulturelle Kluft allmählich zu überbrücken und das Verständnis füreinander zu fördern. Die Vertriebenen brachten ihre eigenen Dialekte, Traditionen und Bräuche mit, die in den Aufnahmegesellschaften oft auf Unverständnis oder Ablehnung stießen. So galten kulinarische Gewohnheiten wie die Zubereitung bestimmter Speisen oder die Feier spezifischer religiöser Feste als „fremdartig". Diese Unterschiede, die eigentlich eine kulturelle Bereicherung hätten sein können, wurden stattdessen häufig als Bedrohung empfunden.

Ein Beispiel dafür war die Ablehnung ostpreußischer Dialekte in ländlichen Gegenden Westdeutschlands, wo die Sprache der Vertriebenen als „unverständlich" oder „fremd" bezeichnet wurde. Auch religiöse Bräuche, wie etwa Prozessionen, die in den Herkunftsregionen der Vertriebenen tief verwurzelt waren, führten zu Spannungen in konfessionell unterschiedlichen Gebieten.

Neid und Misstrauen: Kampf um knappe Ressourcen

Der Nachkriegsmangel verschärfte die sozialen Spannungen erheblich. Viele Einheimische empfanden es als ungerecht, dass die Neuankömmlinge staatliche Hilfen erhielten oder Wohnungen zugewiesen bekamen, während sie selbst oft kaum genug zum Leben hatten. Dieses Missverhältnis wurde als Privilegierung der Vertriebenen wahrgenommen und schürte Neid sowie Misstrauen. Zeitgenössische Berichte schildern, wie etwa in Bayern Vertriebenen ganze Wohnungen zugewiesen wurden, während einheimische Familien in Notunterkünften ausharren mussten. In einem Fall in Regensburg wurde einer ver-

triebenen Familie aus Schlesien eine geräumige Altbauwohnung zugewiesen, die zuvor als Notunterkunft für mehrere einheimische Famili-
en diente. Diese Entscheidung sorgte für erhebliche Proteste in der
Nachbarschaft und wurde in der lokalen Presse als "Ungerechtigkeit
gegenüber den eigenen Leuten" kritisiert. Solche Vorfälle illustrieren,
wie behördliche Entscheidungen die Spannungen vor Ort verschärfen
konnten. Auch gab es Vorwürfe, dass Hilfsgüter wie Kleidung oder Lebensmittel bevorzugt an Vertriebenenlager verteilt wurden. Diese Un-
gleichbehandlung verstärkte die Spannungen und führte zu Protesten
in einigen Gemeinden. Oft wurden die Vertriebenen für Missstände
verantwortlich gemacht, die in Wirklichkeit auf die allgemeine Notlage und die mangelnden Ressourcen zurückzuführen waren.

Ein Beispiel hierfür war die Vergabe von Wohnraum: In vielen Fällen
wurden Vertriebenen Wohnungen zugewiesen, die zuvor von Einheimischen beansprucht worden waren. Dies führte zu offenen Konflikten und langfristigen Spannungen. Die Vertriebenen wiederum empfanden ihre Situation als entmenschlichend, da sie auf die Gunst der
Behörden angewiesen waren und kaum Möglichkeiten hatten, eigen-
ständig ihren Lebensunterhalt zu sichern.

Die sozialen Spannungen zwischen Einheimischen und Vertriebenen
nach dem Zweiten Weltkrieg offenbaren die tiefgreifenden Auswirkungen von Ressourcenkonkurrenz und kulturellen Unterschieden in
einer Krisensituation. Die Vorurteile und Konflikte, die in dieser Zeit
auftraten, zeigen, wie schwer es fällt, soziale Integration unter extremen Bedingungen zu erreichen. Dennoch legten die Auseinandersetzungen und der langsame Aufbau von Verständnis und Kooperation
den Grundstein für eine spätere gesellschaftliche Annäherung. Für die
nachfolgende Generation war diese Entwicklung oft selbstverständ-
lich, da sie in eine bereits stabilere Gesellschaft hineinwuchs, in der
die kulturelle Vielfalt der Vertriebenen als Bereicherung wahrgenommen wurde. Viele Jugendliche der zweiten Generation kannten die

Konflikte nur aus Erzählungen und erlebten stattdessen eine Gemein-schaft, die sich allmählich auf gemeinsamen Werten und Traditionen aufbaute. Diese Annäherung zeigt, wie Integration über Generationen hinweg Früchte tragen kann, wenn Vorurteile abgebaut und neue Chancen für Zusammenhalt geschaffen werden. Wichtige integrative Maßnahmen wie spezielle Bildungsprogramme, die Einbeziehung der Vertriebenen in kommunale Entscheidungsprozesse und der Ausbau des sozialen Wohnungsbaus spielten dabei eine entscheidende Rolle. Auch kulturelle Initiativen wie gemeinsame Feste und Austauschpro-jekte halfen, bestehende Vorurteile abzubauen und gegenseitiges Verständnis zu fördern. Diese Schritte verdeutlichen, dass gesell-schaftliche Integration Zeit, Geduld und gezielte Anstrengungen erfor-dert. Diese Phase bleibt ein mahnendes Beispiel dafür, wie wichtig To-leranz und gegenseitige Unterstützung in Zeiten des Umbruchs sind.

4. Staatliche Hilfsmaßnahmen und erste Integrationsversuche

Trotz der schwierigen Umstände und der massiven Herausforderun-gen, die mit der Ankunft von Millionen Heimatvertriebenen verbun-den waren, begannen Staat, Kirche und Wohlfahrtsorganisationen be-reits in den späten 1940er Jahren mit gezielten Hilfsprogrammen. Die Herausforderungen waren zahlreich: Es fehlte an ausreichendem Wohnraum, die Versorgung mit Lebensmitteln war prekär, und die In-frastruktur war vielerorts zerstört. Zudem mussten kulturelle und sprachliche Barrieren überwunden werden, da viele Vertriebenen aus unterschiedlichen Regionen mit eigenen Traditionen und Dialekten stammten. Die Koordination dieser Hilfe stellte die Behörden vor im-mense logistische und organisatorische Aufgaben. Diese Maßnahmen waren der erste Schritt, um die Integration der Neuankömmlinge in die westdeutsche Gesellschaft zu erleichtern und ihre Lebensumstän-de zu verbessern. Dabei konzentrierten sich die Bemühungen auf grundlegende Versorgung, Wohnungsbau und die Eingliederung in den Arbeitsmarkt.

Lageraufbau und Betreuung: Soforthilfe in der Krise

In den ersten Jahren nach dem Krieg standen Wohlfahrtsverbände wie die Caritas, das Evangelische Hilfswerk und das Deutsche Rote Kreuz an vorderster Front, um die schlimmste Not zu lindern. Zwischen 1945 und 1949 versorgten sie Millionen von Menschen mit insgesamt über 500.000 Tonnen Lebensmitteln, Kleidungsstücken und medizinischen Hilfsgütern. Allein die Caritas betrieb mehr als 1.000 Suppenküchen, die täglich bis zu 200.000 Mahlzeiten ausgaben. Diese beeindruckenden Zahlen verdeutlichen das enorme Ausmaß der Hilfe. In den provisorischen Lagern, in denen viele Vertriebenen zunächst untergebracht waren, stellten diese Organisationen lebensnotwendige Güter wie Nahrungsmittel, Kleidung und medizinische Versorgung bereit. Mobile Kliniken und ärztliche Hilfsdienste versorgten die Menschen in abgelegenen Gebieten, während Freiwillige psychologische Unterstützung leisteten, um die Traumata der Vertreibung zu bewältigen.

Ein Zeitzeuge erinnerte sich: „Ohne die Suppenküchen und die Kleidung, die uns von der Caritas gegeben wurde, hätten wir die ersten Winter nach dem Krieg nicht überlebt. Sie haben uns das Gefühl gegeben, dass wir nicht völlig allein sind." Solche Berichte verdeutlichen, wie wichtig diese frühen Maßnahmen waren, um die grundlegenden Bedürfnisse der Vertriebenen zu sichern.

Abbildung 3: Hilfe durch Wohlfahrtsverbände - Eigene Darstellung, © Ralf Schönert

Wohnungsbauprogramme: Ein Dach über dem Kopf

Mit der Zeit wurde klar, dass eine dauerhafte Lösung für die Wohnungsnot erforderlich war, um die Integration der Vertriebenen voranzutreiben. In den späten 1940er Jahren initiierte die Bundesregierung erste Wohnungsbauprogramme, die speziell auf die Bedürfnisse der Heimatvertriebenen zugeschnitten waren. Im Rahmen dieser Programme entstanden ganze Siedlungen, die nicht nur Wohnraum boten, sondern auch als soziale Gemeinschaften konzipiert wurden.

Ein bekanntes Beispiel ist die Vertriebenensiedlung „Neu-Schlesien" in Niedersachsen, wo Hunderte von Familien ein neues Zuhause fanden. Diese Siedlung zeichnete sich durch eine durchdachte Infrastruktur aus, die neben Wohnhäusern auch Schulen, Gemeinschaftsräume und kleine Geschäfte umfasste. Zudem wurden von den Bewohnern

59

selbstorganisierte Hilfsgemeinschaften ins Leben gerufen, die die soziale Integration förderten und den Austausch von handwerklichen Fertigkeiten sowie die gegenseitige Kinderbetreuung erleichterten. Diese Strukturen halfen, den Vertriebenen nicht nur eine Unterkunft, sondern auch ein Gefühl von Gemeinschaft und Stabilität zu bieten. Diese neuen Wohngebiete wurden oft durch Eigenleistung der Vertriebenen errichtet, was nicht nur die Baukosten reduzierte, sondern auch das Gemeinschaftsgefühl stärkte. Trotzdem blieb die Wohnsituation vielerorts prekär, und es dauerte Jahre, bis der Bedarf an Wohnraum halbwegs gedeckt war.

Arbeitseingliederung: Der Weg in die Wirtschaft

Während Deutschland nach dem Krieg mit dem Wiederaufbau kämpfte, standen nicht nur Wohnungsbauprogramme im Fokus: Arbeitsämter und Unternehmen arbeiteten daran, die Vertriebenen als dringend benötigte Arbeitskräfte in die Wirtschaft einzubinden. Die Landwirtschaft, das Handwerk und die aufstrebende Industrie boten zahlreiche Arbeitsmöglichkeiten, die nicht nur die Existenz der Neuankömmlinge sicherten, sondern auch zur wirtschaftlichen Erholung Deutschlands beitrugen.

Auf dem Land wurden die Vertriebenen schnell zu einer unverzichtbaren Säule der Landwirtschaft. Im Oldenburger Land etwa sah man Familien auf den Feldern arbeiten, bei der Viehzucht helfen und Höfe wiederbeleben, die nach dem Krieg fast brachgelegen hatten. Viele Vertriebenenfamilien fanden auf Bauernhöfen eine neue Aufgabe – und eine neue Hoffnung. Diese Höfe, die nach dem Krieg unter Personalmangel litten, wurden durch ihre harte Arbeit wieder zum Leben erweckt. So sicherten sie nicht nur die eigene Existenz, sondern auch die regionale Lebensmittelversorgung. In der Industrie fanden viele von ihnen Anstellungen in Bereichen wie dem Bergbau und der Metallverarbeitung. Arbeitsämter organisierten Umschulungen und Weiterbildungsprogramme, um die Kompetenzen der Vertriebenen an die Anforderungen des westdeutschen Arbeitsmarkts anzupassen.

Ein Bericht aus einem bayerischen Arbeitsamt fasst die Ambivalenz der Situation treffend zusammen: ‚Die Vertriebenen brachten oft handwerkliche Fähigkeiten mit, die wir dringend benötigten. Doch ihre Schulung in modernen Arbeitsmethoden war eine logistische Herausforderung, die uns an unsere Grenzen brachte. Ihre Einsatzbereitschaft jedoch war beeindruckend – und zeigte, wie viel Potenzial in ihnen steckte.

Die staatlichen Hilfsmaßnahmen und die Unterstützung durch kirchliche und wohltätige Organisationen legten den Grundstein für die Integration der Vertriebenen in die westdeutsche Gesellschaft. Langfristig veränderte diese Integration nicht nur die Bevölkerungsstruktur, sondern bereicherte auch die Kultur und Wirtschaft des Landes. Die Vertriebenen brachten neue Traditionen, kulinarische Spezialitäten und handwerkliche Fähigkeiten mit, die sich in der westdeutschen Gesellschaft nachhaltig niederschlugen. Ihre aktive Teilnahme am Wiederaufbau und ihre Rolle als Arbeitskräfte in Schlüsselbranchen wie der Landwirtschaft und der Industrie trugen dazu bei, die soziale und wirtschaftliche Dynamik des Landes zu stärken. Obwohl diese Programme nicht alle Probleme lösen konnten, schufen sie die Voraussetzungen für eine langfristige Eingliederung und leisteten einen wichtigen Beitrag zur Stabilisierung der Nachkriegsgesellschaft. Sie zeigen, wie gezielte Unterstützung und Zusammenarbeit auf verschiedenen Ebenen dazu beitragen können, eine tiefgreifende Krise zu bewältigen und eine Basis für sozialen Frieden und wirtschaftlichen Fortschritt zu schaffen.

So zeigen die Maßnahmen nicht nur die Herausforderungen, sondern auch die Chancen einer gelungenen Integration – ein Vorbild für den Umgang mit gesellschaftlichem Wandel.

4. DIE RECHTLICHE UND POLITISCHE DIMENSION

Die Integration von Millionen Heimatvertriebenen in die westdeutsche Gesellschaft nach dem Zweiten Weltkrieg war nicht nur eine soziale und wirtschaftliche, sondern auch eine tiefgreifende rechtliche und politische Herausforderung.

Der deutsche Staat und die Besatzungsmächte waren gezwungen, umfangreiche gesetzliche und administrative Rahmenbedingungen zu schaffen, um die Ansiedlung und Eingliederung der Vertriebenen zu erleichtern. Eine der größten Herausforderungen bestand darin, eine einheitliche Verwaltungspraxis in den unterschiedlich stark zerstörten Regionen zu etablieren. So fehlte es beispielsweise in vielen Gemeinden an ausreichend geschultem Personal, um die Ankunft der Vertriebenen zu koordinieren, und oft waren grundlegende Ressourcen wie Unterkünfte, Lebensmittel und medizinische Versorgung nicht verfügbar. Lokale Verwaltungen improvisierten häufig, was zu erheblichen Unterschieden in der Behandlung der Vertriebenen führte. Gleichzeitig mussten rechtliche Grauzonen geschlossen werden, etwa im Hinblick auf Eigentumsansprüche oder die Verteilung von Arbeitserlaubnissen.

Gleichzeitig entstanden politische Organisationen, die die Interessen der Vertriebenen vertraten und deren Einfluss auf die Nachkriegspolitik nachhaltig prägten.

Das Potsdamer Abkommen vom 2. August 1945 legte nicht nur die territorialen Verschiebungen und die Umsiedlungen deutscher Bevölkerungsgruppen fest, sondern auch die politischen Grundlagen für die Nachkriegsordnung in Europa. Darunter fielen insbesondere die Entnazifizierung und die Dezentralisierung Deutschlands, die auch die rechtliche und soziale Stellung der Heimatvertriebenen beeinflussten.

Die Perspektiven anderer betroffener Gruppen: Polen und Tschechoslowaken

Die Vertreibungen der deutschen Bevölkerung nach dem Zweiten Weltkrieg hatten nicht nur für die Betroffenen schwerwiegende Folgen, sondern prägten auch die Gesellschaften der Staaten, die diese Bevölkerungsbewegungen organisierten. In Polen und der Tschechoslowakei etwa mussten die Bevölkerungen mit den Herausforderungen einer Neubesiedlung umgehen, während sie zugleich von den Erinnerungen an die Schrecken des Krieges und der Besatzung belastet waren. Um die Ereignisse besser zu verstehen, ist es wichtig, auch die Sichtweisen anderer betroffener Gruppen, wie der Polen und Tschechoslowaken, zu berücksichtigen. Diese hatten ihre eigenen Erfahrungen und Herausforderungen, die in deutschen Darstellungen oft zu kurz kommen. Eine genauere Betrachtung zeigt, dass die Vertreibungen sowohl politisch als auch emotional eine komplexe und vielschichtige Wirkung auf die Gesellschaften hatten.

Die polnische Sichtweise

Für Polen waren die Vertreibungen der deutschen Bevölkerung eng mit der Westverschiebung des Landes verbunden. Nach der brutalen Besatzung durch das nationalsozialistische Deutschland und der Zerstörung vieler polnischer Städte galt die Übernahme der deutschen Ostgebiete als historische Wiedergutmachung. Die polnische Regierung wollte diese Gebiete sichern und förderte die Ansiedlung ethnischer Polen. Viele dieser Menschen waren selbst Vertriebene aus dem Osten Polens, der an die Sowjetunion gefallen war.

Für die Neuankömmlinge waren die Bedingungen oft sehr schwierig. Sie mussten neue Existenzen aufbauen, oft in einer Umgebung, die von Konflikten und Spannungen mit den verbleibenden Deutschen oder anderen Siedlern geprägt war. So waren beispielsweise viele Wohnhäuser zerstört oder beschlagnahmt, was dazu führte, dass Siedler in improvisierten Unterkünften wie Scheunen oder Kellern leben mussten. Zudem gab es häufig Streitigkeiten um Landbesitz und Ressourcen, da die Neuankömmlinge oft auf bestehende Strukturen angewiesen waren, die nicht für die Aufnahme so vieler Menschen ausgelegt waren. Trotz staatlicher Unterstützung blieben wirtschaftliche und soziale Herausforderungen eine große Belastung. In vielen Fällen mussten Siedler improvisieren, da Infrastruktur und Versorgung in den ehemals deutschen Gebieten zerstört waren. Dennoch entwickelte sich langfristig eine neue Identität in diesen Regionen, die stark durch polnische Traditionen geprägt wurde.

Darüber hinaus sahen viele Polen die Vertreibungen auch als Akt der Gerechtigkeit an, da die deutsche Besatzung in Polen enorme Leiden verursacht hatte. Historische Erinnerungen an Massaker wie in Katyń oder die Zerstörung Warschaus schürten ein kollektives Bedürfnis nach Vergeltung. Gleichzeitig gab es jedoch auch Stimmen, die die brutalen Bedingungen der Vertreibungen kritisierten und vor langfristigen sozialen Spannungen warnten.

Die Sichtweise der Tschechoslowaken

In der Tschechoslowakei wurden die Vertreibungen deutscher Bevölkerung durch die Beneš-Dekrete geregelt. Diese Dekrete rechtfertigten die Enteignung und Vertreibung von Sudetendeutschen, die während der Besatzungszeit oft mit den Nationalsozialisten kollaboriert hatten. Die Erinnerung an das Münchner Abkommen von 1938, das die Abtrennung der Sudetengebiete ermöglichte, war noch lebendig und schürte den Wunsch nach Vergeltung.

Für viele Tschechoslowaken war die Vertreibung ein Mittel, um ethnische Spannungen zu reduzieren und die nationale Identität zu stärken. Doch auch hier gab es Schwierigkeiten: Die Neuansiedlungen mussten in einem vom Krieg zerstörten Land organisiert werden, und viele Siedler waren selbst durch Vertreibungen traumatisiert. Gleichzeitig bedeutete die Abwanderung der Deutschen den Verlust wertvoller Arbeitskräfte und kulturellen Wissens. In manchen Regionen, besonders in den Sudetengebieten, entstanden regelrechte "Geisterstädte", in denen die wirtschaftliche Erholung erst Jahrzehnte später einsetzte.

Die tschechoslowakische Regierung propagierte die Vertreibungen als einen notwendigen Schritt für die nationale Einheit. Ihr Ziel war es, die ethnische Zusammensetzung des Landes zu homogenisieren und potenzielle Konflikte mit der deutschen Minderheit zu vermeiden. Die Entscheidung wurde auch von historischen Erfahrungen beeinflusst, insbesondere von der Zerschlagung der Ersten Tschechoslowakischen Republik durch das Münchner Abkommen von 1938, die von vielen als Verrat der Sudetendeutschen empfunden wurde. Diese Motive kombinierten nationalistische Bestrebungen mit dem Wunsch, die staatliche Stabilität langfristig zu sichern. Doch diese Politik hatte auch langfristige Auswirkungen auf die Gesellschaft: Ethnische Minderheiten wurden systematisch marginalisiert, und die neuen Siedler mussten oft in instabilen sozialen Verhältnissen leben. Historiker betonen, dass die Vertreibungen nicht nur als Vergeltungsakt, sondern auch als Versuch der nationalen Selbstbehauptung in einem geopolitisch unsicheren Umfeld zu verstehen sind.

Gemeinsamkeiten und Unterschiede

Sowohl Polen als auch die Tschechoslowakei waren mit der Herausforderung konfrontiert, neue Gesellschaften in ehemals deutschen Gebieten aufzubauen. Beide Länder setzten auf ethnische Homogenität, um politische Stabilität zu erreichen. Doch der Verlust von deutschem kulturellem Erbe und die sozialen Spannungen zwischen Siedlern und Einheimischen blieben bestehen.

Ein bemerkenswerter Unterschied war der Umfang der staatlichen Kontrolle. Während in Polen die Regierung zentrale Maßnahmen zur Ansiedlung koordinierte und beispielsweise Programme zur Landverteilung und Infrastrukturentwicklung auf den Weg brachte, waren in der Tschechoslowakei lokale Autoritäten oft auf sich gestellt. Dort kam es häufiger zu Improvisation und unkoordinierten Aktionen, wie der ungleichmäßigen Verteilung von Ressourcen oder Verzögerungen bei der Bereitstellung von Wohnraum. Diese Unterschiede führten dazu, dass die Integration der Siedler in Polen geordneter verlief, während in der Tschechoslowakei viele Siedlungen länger unter chaotischen Bedingungen litten. Dies führte zu unterschiedlichen Erfahrungen: In Polen wurde die Integration der Siedler etwas geordneter durchgeführt, während es in der Tschechoslowakei häufig zu Chaos und Misswirtschaft kam.

In beiden Ländern spielte jedoch die kollektive Erinnerung eine zentrale Rolle. Die Erfahrungen mit deutscher Besatzung prägten das gesellschaftliche Bewusstsein und rechtfertigten in den Augen vieler Menschen die harten Maßnahmen gegen die deutsche Bevölkerung. Gleichzeitig zeigte sich, dass die Vertreibungen langfristig auch zu einer Verarmung und sozialen Fragmentierung in den neuen Gebieten führten.

Warum diese Perspektiven wichtig sind

Das Einbeziehen der polnischen und tschechoslowakischen Sichtweisen zeigt, dass die Vertreibungen nicht nur eine humanitäre Katastrophe, sondern auch ein komplexes politisches und gesellschaftliches Ereignis waren. Diese Geschichten verdeutlichen, wie tiefgreifend die Ereignisse das Leben in Ost- und Mitteleuropa veränderten und wie sie bis heute nachwirken.

Indem wir diese Perspektiven verstehen, können wir die historischen Ereignisse umfassender und gerechter beurteilen. Gleichzeitig liefern sie wertvolle Erkenntnisse darüber, wie Gesellschaften mit den Folgen von Konflikten umgehen und wie nationale Narrative geformt werden. Die Erfahrungen von Polen und Tschechoslowaken machen deutlich, dass Vertreibungen nicht nur physische, sondern auch psychologische und kulturelle Wunden hinterlassen, die über Generationen hinweg spürbar bleiben. Diese Lehren könnten auch heute helfen, den Umgang mit aktuellen Flucht- und Migrationsbewegungen besser zu gestalten. Beispielsweise könnte eine langfristige Integration durch bessere soziale Programme und gezielte wirtschaftliche Unterstützung erleichtert werden, wie es in Polen teilweise erfolgreich praktiziert wurde. Auch die Vermeidung von Marginalisierung durch eine systematische Einbindung der Migranten in politische und kulturelle Prozesse könnte aus den historischen Erfahrungen abgeleitet werden.

Der rechtliche Rahmen: Erste Schritte und Herausforderungen

Die Flucht und Vertreibung von etwa 12 bis 14 Millionen Menschen aus den ehemaligen Ostgebieten des Deutschen Reiches sowie anderen Teilen Mittel- und Osteuropas stellte die westlichen Besatzungszonen nach dem Zweiten Weltkrieg vor eine beispiellose Herausforderung. Die traumatischen Erfahrungen dieser Menschen – entwurzelt, oft von Familien getrennt und mit wenigen Habseligkeiten auf der Suche nach Sicherheit – prägten ihre Ankunft in einer ohnehin zerstörten und überlasteten Gesellschaft. Die sozialen Spannungen, die durch die Konkurrenz um Wohnraum, Arbeitsplätze und Ressourcen entstanden, offenbarten die tiefgreifenden Belastungen, denen die westdeutsche Gesellschaft in dieser Zeit ausgesetzt war. Ohne einheitliche Regelungen blieb die Verwaltung der Vertriebenen zunächst den Gemeinden und lokalen Behörden überlassen. So wurden beispielsweise in landwirtschaftlich geprägten Regionen oft ungenutzte

Scheunen oder Ställe als Notunterkünfte genutzt, während in städtischen Gebieten improvisierte Lager in Schulen oder Turnhallen entstanden. In einigen Kommunen organisierte man rasch Lebensmittelhilfen und einfache medizinische Versorgung, während es andernorts an grundlegender Infrastruktur und Bereitschaft zur Unterstützung mangelte. Diese regionalen Unterschiede verdeutlichten die Uneinheitlichkeit der Ansätze und die Notwendigkeit zentraler Regelungen. Dies führte zu erheblichen Unterschieden in der Behandlung und Versorgung der Betroffenen, da die vorhandenen Kapazitäten und die Bereitschaft zur Unterstützung regional stark variierten.

Ein entscheidender Schritt zur Schaffung eines verbindlichen rechtlichen Rahmens war die Verabschiedung des „Gesetzes über die Angelegenheiten der Vertriebenen und Flüchtlinge", besser bekannt als Bundesvertriebenengesetz (BVFG), im Jahr 1953.

Das Bundesvertriebenengesetz war ein Meilenstein für die rechtliche Gleichstellung der Heimatvertriebenen. Es garantierte ihnen nicht nur die Anerkennung als deutsche Staatsbürger, sondern sicherte auch den Zugang zu Sozialleistungen, wie z. B. Wohnraumzuweisungen und berufliche Fördermaßnahmen. Ein zentraler Punkt war die Residenzpflicht, die es den Vertriebenen erschwerte, ihre Aufenthaltsorte frei zu wählen. Diese Regelung sollte die Verteilung der Bevölkerung gleichmäßiger gestalten, stieß jedoch auf Kritik, da sie die Bewegungsfreiheit einschränkte.

Dieses Gesetz entstand jedoch nicht ohne politische und gesellschaftliche Kontroversen. Während der parlamentarischen Beratungen kritisierte die SPD die Gefahr einer "Zweiklassengesellschaft" und forderte, dass die Hilfen allen bedürftigen Bevölkerungsgruppen zugutekommen sollten. Dieser Standpunkt spiegelt die allgemeine Haltung der SPD wider, die sich in den parlamentarischen Debatten gegen eine Bevorzugung einzelner Gruppen und für eine gerechte Verteilung der Hilfen starkmachte. Es ist keine direkte Zuordnung dieses Zitats zu einem spezifischen Abgeordneten dokumentiert, doch prominente Vertreter wie Carlo Schmid oder Erich Ollenhauer vertraten ähnliche Positionen. Konservative Abgeordnete hingegen betonten die historische Verantwortung gegenüber den Vertriebenen, wie ein CDU-Vertreter es ausdrückte: "Diese Menschen haben alles verloren – sie verdienen unsere besondere Fürsorge." Diese konträren Positionen verdeutlichten die Spannungen zwischen Solidarität und Gleichbehandlung, die den Gesetzgebungsprozess prägten. In den parlamentarischen Debatten entzündete sich ein Streit über die Frage, ob den Vertriebenen besondere Privilegien eingeräumt werden sollten, da viele Einheimische in den kriegszerstörten Regionen ebenfalls schwere Verluste erlitten hatten. Insbesondere die SPD forderte eine gerechte Verteilung der Hilfen und eine Gleichbehandlung aller Betroffenen. Im Gegensatz dazu setzten sich konservative politische Kräfte für umfassendere Unterstützungsmaßnahmen zugunsten der Vertriebenen ein, was die Diskussionen zusätzlich polarisierte.

Die Verzögerungen bei der Umsetzung des Gesetzes spiegelten die politischen Spannungen wider, die die Integration der Vertriebenen begleiteten. Diese Spannungen manifestierten sich unter anderem in hitzigen Debatten zwischen lokalen Verwaltungen und der Bundespolitik, da viele Gemeinden ihre Kapazitätsgrenzen erreicht hatten und den Eindruck hatten, dass sie die Hauptlast der Unterbringung trugen. Zudem führten unterschiedliche Vorstellungen zur Rolle der Vertriebenen in der westdeutschen Gesellschaft zu Konflikten: Während konservative Kreise darauf drängten, den Vertriebenen eine starke Position als Träger von Tradition und Kultur zu verschaffen, betonten progressivere Strömungen die Notwendigkeit einer schnellen sozialen Integration und wirtschaftlichen Eingliederung. Die daraus resultierenden Kompromisse sorgten zwar für Fortschritte, ließen jedoch viele offene Fragen, insbesondere hinsichtlich der langfristigen Integration und Gleichstellung. Dennoch markierte das BVFG einen Meilenstein in der deutschen Nachkriegsgeschichte. Es trug entscheidend dazu bei, die soziale und wirtschaftliche Integration der Vertriebenen zu fördern, indem es ihnen nicht nur Zugang zu staatlicher Unterstützung, sondern auch gleiche Rechte mit der einheimischen Bevölkerung garantierte. Langfristig stärkte das Gesetz das Vertrauen in den jungen westdeutschen Rechtsstaat und legte den Grundstein für die spätere gesellschaftliche Stabilität. In den folgenden Jahrzehnten ermöglichte das BVFG zahlreichen Vertriebenen, sich wirtschaftlich zu etablieren und aktiv am Wiederaufbau Deutschlands mitzuwirken. So wurden viele von ihnen Unternehmer, Handwerker oder wichtige Akteure in der Verwaltung, während ihre kulturellen Traditionen die regionale Vielfalt bereicherten und das gesellschaftliche Zusammenleben prägten. Es definierte den rechtlichen Status der Vertriebenen und schuf die Grundlage für zentrale Regelungen wie Entschädigungen, soziale Leistungen und die Gleichstellung mit der einheimischen Bevölkerung. Durch diese gesetzliche Grundlage erhielten die Neuankömmlinge Zugang zu staatlicher Unterstützung, was wesentlich zur Stabilisierung ihrer Lebensverhältnisse beitrug und die Integration in die westdeutsche Gesellschaft erleichterte.[10]

Der Lastenausgleich: Eine zentrale staatliche Maßnahme

Das Lastenausgleichsgesetz (LAG) von 1952 stellte eine der bedeutendsten staatlichen Maßnahmen zur Unterstützung der Vertriebenen in der Nachkriegszeit dar. Es wurde in einer Zeit verabschiedet, in der Millionen Menschen aufgrund von Flucht und Vertreibung nicht nur ihre Heimat, sondern auch ihre wirtschaftliche Existenzgrundlage

10 Quellen: 1. Bundesministerium des Innern und für Heimat (BMI): Informationen zum Bundesvertriebenengesetz (BVFG) – 2. Bundeszentrale für politische Bildung (BpB): Vertriebene und Flüchtlinge – Integration in der Nachkriegszeit. Artikelserie zur deutschen Nachkriegsgeschichte, 2020

verloren hatten. Die westdeutsche Gesellschaft war durch diese massiven Bevölkerungsbewegungen und die daraus resultierenden sozialen Spannungen stark belastet. Angesichts der drängenden Notwendigkeit, eine gerechte Verteilung der Lasten zwischen Einheimischen und Vertriebenen zu schaffen, war das Gesetz ein entscheidender Schritt, um die wirtschaftliche Integration und den sozialen Frieden in der jungen Bundesrepublik zu fördern. Mit diesem Gesetz wurde ein Mechanismus geschaffen, der Personen, die durch Flucht, Vertreibung oder Kriegsfolgen ihr Vermögen verloren hatten, eine finanzielle Entschädigung garantierte. Dieses Ziel wurde durch die Auszahlung sogenannter „Lastenausgleichsrenten" erreicht, die insbesondere älteren Vertriebenen eine gewisse finanzielle Sicherheit boten.

Das Lastenausgleichsgesetz von 1952 war eine der zentralen gesetzgeberischen Maßnahmen der Bundesrepublik, um die wirtschaftlichen Verluste der Heimatvertriebenen abzumildern. Insgesamt wurden bis 1982 rund 140 Milliarden DM an Lastenausgleichszahlungen geleistet, die hauptsächlich durch eine Vermögensabgabe der einheimischen Bevölkerung finanziert wurden. Allerdings blieb die Verteilung der Mittel nicht unumstritten: Kritiker wiesen darauf hin, dass die Zahlungen oft nicht ausreichten, um die tatsächlichen Verluste auszugleichen, insbesondere bei landwirtschaftlichem Eigentum.

Darüber hinaus bot das LAG gezielte Hilfen für landwirtschaftliche Betriebe. So erhielten viele vertriebene Landwirte eine Anschubfinanzierung, um neues Land zu erwerben und ihre Existenz neu aufzubauen. Ein eindrucksvolles Beispiel dafür ist die Geschichte einer Bauernfamilie aus Schlesien, die nach Niedersachsen umgesiedelt wurde. Mit der Unterstützung aus dem Lastenausgleich gelang es der Familie, innerhalb weniger Jahre einen erfolgreichen landwirtschaftlichen Betrieb aufzubauen, der nicht nur die eigene Existenz sicherte, sondern auch Arbeitsplätze für andere Vertriebene schuf. Die finanzielle Hilfe ermöglichte den Erwerb von fruchtbarem Land und dringend benötigtem landwirtschaftlichem Gerät, das durch die Flucht verloren gegangen war. Zudem musste die Familie erhebliche Herausforderungen meistern, wie das Anlegen neuer Felder, die Integration in die lokale Gemeinschaft und den Aufbau stabiler Absatzmärkte für ihre Produkte. Die Kombination aus staatlicher Unterstützung und unermüdlichem Einsatz der Familie führte letztlich zu ihrem Erfolg. Solche Erfolgsgeschichten verdeutlichen die praktische Wirksamkeit des Gesetzes und den Beitrag zum wirtschaftlichen Wiederaufbau Deutschlands.

Aufteilung der Ausgleichsleistungen nach Leistungsarten

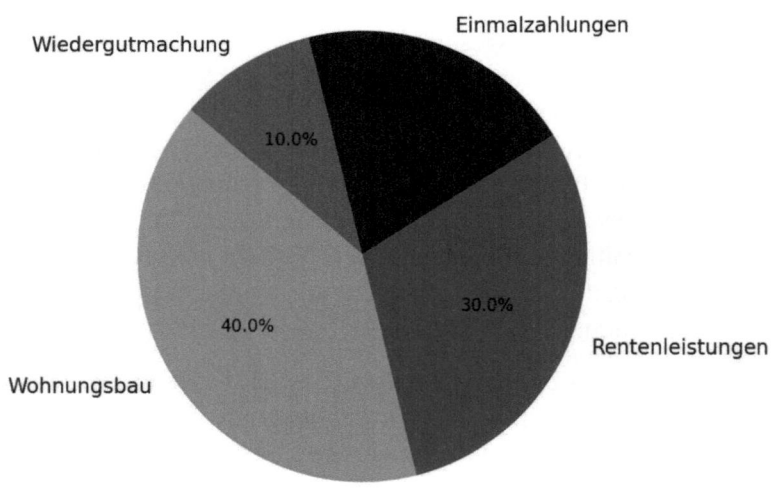

Abbildung 4 lt. Daten des Bundesausgleichsamtes Eigene Darstellung, © Ralf Schönert

Die Finanzierung des Lastenausgleichs erfolgte über eine Vermögensabgabe, die von der einheimischen Bevölkerung erhoben wurde. Diese Form der Umverteilung spiegelte ein hohes Maß an Solidarität wider und hatte das Ziel, die wirtschaftlichen Folgen der Vertreibung zu mildern sowie den Vertriebenen eine Grundlage für einen Neuanfang zu bieten. Gleichzeitig war sie jedoch nicht unumstritten: In Teilen der einheimischen Bevölkerung regten sich Widerstände gegen die Vermögensabgabe, da sie diese als zusätzliche Belastung in einer ohnehin wirtschaftlich angespannten Zeit empfanden. Manche sahen darin eine ungerechte Bevorzugung der Vertriebenen, während andere die Solidarität als notwendig und moralisch geboten verteidigten. Diese unterschiedlichen Perspektiven führten zu Diskussionen über die soziale Gerechtigkeit der Maßnahme, die jedoch langfristig zur Akzeptanz des Gesetzes beitrugen, indem es den sozialen Frieden stärkte.

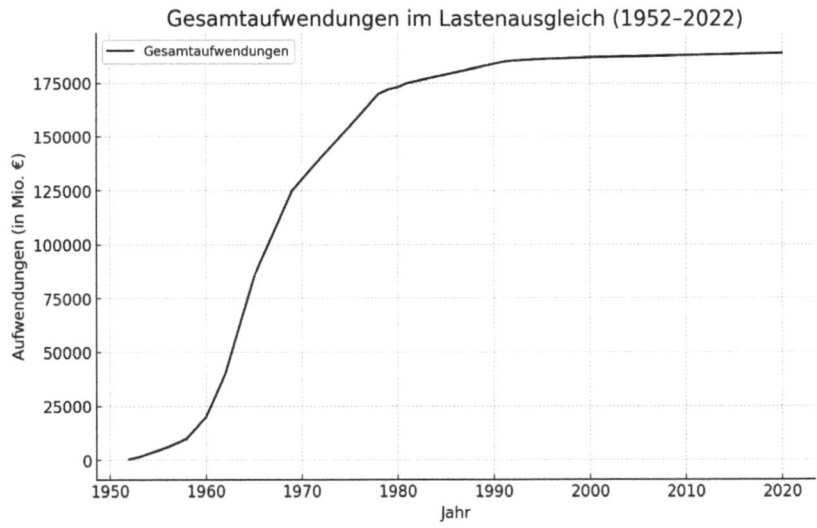

Abbildung 5: lt. Daten des Bundesausgleichsamtes Eigene Darstellung, © Ralf Schönert

Trotz seines umfassenden Ansatzes stieß das Lastenausgleichsgesetz auch auf Grenzen. Die Höhe der Entschädigungen war oft gering und konnte die Verluste von Heimat und Eigentum nicht vollständig ausgleichen. Durchschnittlich erhielten die Betroffenen etwa 5.000 bis 10.000 DM, was in vielen Fällen nicht ausreichte, um ein neues Zuhause oder eine wirtschaftliche Existenz aufzubauen. Besonders betroffen waren ältere Menschen, die aufgrund von Krankheit oder Alter kaum die Möglichkeit hatten, sich eine neue Grundlage zu schaffen. Trotz dieser Einschränkungen trug das Gesetz dazu bei, die drängendsten finanziellen Nöte zu lindern und zumindest einen symbolischen Ausgleich für das erlittene Leid zu leisten. Dennoch war das Gesetz ein Meilenstein der deutschen Sozialpolitik, da es nicht nur materielle Unterstützung leistete, sondern auch soziale Spannungen zwischen Einheimischen und Vertriebenen abfederte.

Das Lastenausgleichsgesetz wurde mehrfach überarbeitet und blieb bis in die 1970er Jahre ein zentraler Bestandteil der deutschen Sozialpolitik. Es stand als Symbol für die Bemühungen der Nachkriegsgesellschaft, mit den Folgen von Krieg und Vertreibung umzugehen und den sozialen Frieden zu sichern. Langfristig trug das Gesetz dazu bei, die Integration der Vertriebenen in die Gesellschaft nachhaltig zu verbessern. Viele der Begünstigten konnten durch die finanzielle Unterstützung neue Existenzen gründen und wirtschaftlich erfolgreich werden, wodurch sie zu wichtigen Akteuren im Wiederaufbau der Bundesrepublik wurden. Die sozialen Spannungen zwischen Einheimischen und Vertriebenen wurden durch die Verteilung der Lasten spürbar gemildert, was eine Grundlage für eine gemeinsame nationale Identität schuf. Gleichzeitig förderte das Gesetz ein Bewusstsein für die Notwendigkeit solidarischer Politik, das die deutsche Sozialpolitik noch Jahrzehnte prägen sollte.[11]

11 Quellen: 1. - Bundeszentrale für politische Bildung (BpB): Der Lastenausgleich als Modell solidarischer Umverteilung. Artikelserie zur deutschen Nachkriegsgeschichte, 2020 2. – Wolfgang Benz, Die Vertreibung der Deutschen aus dem Osten. Ursachen, Ereignisse, Folgen. Fischer TB, Frankfurt am Main 1995, ISBN 3-596-12784-X

Politische Organisationen: Der Bund der Vertriebenen

Die politische Interessenvertretung der Vertriebenen war von Anfang an ein wesentlicher Bestandteil ihrer Integration in die Nachkriegsgesellschaft der Bundesrepublik Deutschland. Nach dem Ende des Zweiten Weltkriegs standen Millionen von Vertriebenen vor der Aufgabe, in einer bereits wirtschaftlich und sozial belasteten Gesellschaft Fuß zu fassen. Die politischen Rahmenbedingungen waren geprägt von einer Mischung aus Wiederaufbau, Entnazifizierung und der Herausforderung, eine immense Zahl von Flüchtlingen und Vertriebenen zu integrieren. In diesem Kontext boten Vertriebenenverbände nicht nur eine Stimme im politischen Diskurs, sondern auch eine Plattform, um gemeinsame Anliegen zu bündeln und konkrete Forderungen an die Politik zu richten. Eine herausragende Rolle spielte dabei der Bund der Vertriebenen (BdV), der 1957 als Dachorganisation regionaler und überregionaler Vertriebenenverbände gegründet wurde. Bereits vor der offiziellen Gründung des BdV existierten seit den späten 1940er Jahren zahlreiche Organisationen, die die Anliegen der Vertriebenen bündelten und in die politische Diskussion einbrachten.

Ein Beispiel für den Erfolg des BdV war seine Mitwirkung an der Durchsetzung des Lastenausgleichsgesetzes. Der BdV organisierte gezielte Kampagnen, in denen er die Notlage der Vertriebenen mit statistischen Daten und eindrucksvollen Einzelschicksalen darstellte, um die öffentliche und politische Unterstützung zu gewinnen. Er pflegte enge Kontakte zu Bundestagsabgeordneten und nutzte sowohl direkte Gespräche als auch mediale Auftritte, um den Druck auf die Regierung zu erhöhen. Die Einbindung regionaler Vertriebenenverbände sorgte zudem für eine breite Mobilisierung der Basis, die den politischen Diskurs auf lokaler Ebene prägte und die Anliegen des BdV verstärkte. Durch seine intensive Lobbyarbeit trug der BdV entscheidend dazu bei, die Belange der Vertriebenen in den politischen Diskurs einzubringen und finanzielle Entschädigungen sowie andere Unterstützungsleistungen durchzusetzen. Gleichzeitig hatte der BdV jedoch mit internen Herausforderungen zu kämpfen. Unterschiedliche Prioritäten der Vertriebenengruppen führten zu Spannungen innerhalb der Organisation. Ein konkretes Beispiel dafür war der Fokus der Sudetendeutschen auf die Anerkennung der sogenannten Beneš-Dekrete, die sie als Symbol für das erlittene Unrecht und die Forderung nach Rehabilitierung betrachteten. Gleichzeitig hatten Gruppen aus Ostpreußen mit unmittelbaren Herausforderungen zu kämpfen, wie der unzureichenden Versorgung in den Auffanglagern, die oft überbelegt waren und kaum Infrastruktur boten. Diese unterschiedlichen Prioritäten spiegelten nicht nur die Vielfalt der Vertriebenenerfahrungen wider, sondern machten auch deutlich, wie schwer es war, gemeinsame Ziele zu definieren und die Interessen der verschiedenen Gruppen zu vereinen. Trotz dieser internen Konflikte gelang es dem BdV, als schlagkräftige Organisation aufzutreten und die Interessen der Vertriebenen effektiv zu vertreten.

Der BdV setzte sich auf verschiedenen Ebenen für die Anerkennung der besonderen Belange der Vertriebenen ein. Zu den zentralen Forderungen gehörten Entschädigungen für erlittene Verluste, der Schutz der kulturellen Identität sowie die Erinnerung an die verlorenen Heimatgebiete. Politisch positionierte sich der BdV überwiegend konservativ und pflegte enge Beziehungen zu Parteien wie der CDU/CSU. Gleichzeitig bemühte er sich, das Thema Vertreibung auf die internationale Agenda zu setzen, indem er Kontakte zu internationalen Organisationen knüpfte und eine breitere Anerkennung der Vertreibungsschicksale anstrebte.

Die Arbeit des BdV war jedoch nicht unumstritten. Kritiker warfen ihm vor, revanchistische Forderungen zu stellen, wie etwa die wiederholte Forderung nach einer Rückgabe der verlorenen Gebiete an Deutschland, die von prominenten BdV-Vertretern in politischen Reden und Veröffentlichungen thematisiert wurde. Zudem wurde dem BdV nachgesagt, durch die starke Betonung der verlorenen Heimat die Integration der Vertriebenen zu erschweren, da dies bei Einheimischen den Eindruck eines mangelnden Anpassungswillens hervorrief. Ein bekanntes Beispiel dafür ist die Debatte um die Einführung des "Tags der Heimat", der von Kritikern als Symbol für revanchistische Ideologie gewertet wurde. Diese Kritikpunkte machten sich besonders in den 1960er und 1970er Jahren bemerkbar, als die deutsche Gesellschaft zunehmend auf eine europäische Versöhnung ausgerichtet war. Diese Kritikpunkte machten sich besonders in den 1960er und 1970er Jahren bemerkbar, als die deutsche Gesellschaft zunehmend auf eine europäische Versöhnung ausgerichtet war. Trotz dieser Kontroversen bleibt der BdV eine zentrale Instanz in der Vertretung der Interessen der Vertriebenen und der Aufarbeitung des Themas Vertreibung.[12]

Der Erfolg und die Schlagkraft des BdV lassen sich nicht nur auf die breite Mobilisierung seiner Basis und die professionelle Lobbyarbeit zurückführen, sondern auch auf die Persönlichkeiten, die den Verband über die Jahre geprägt haben. Eine herausragende Rolle spielte dabei **Erika Steinbach**, deren Lebensweg und Engagement beispielhaft für die Herausforderungen und Ziele des BdV stehen. Ihre Biografie spiegelt nicht nur die Geschichte des Verbands wider, sondern auch die der Vertriebenen selbst – zwischen Verlust, Neubeginn und der unermüdlichen Arbeit für Anerkennung und Gerechtigkeit.

12 Wolfgang Benz, et al., Die Vertreibung der Deutschen aus dem Osten. Ursachen, Ereignisse, Folgen. Fischer TB, Frankfurt am Main 1995, ISBN 3-596-12784-X

Erika Steinbach – Eine kritische Biografie

Erika Steinbach ist eine der bekanntesten und gleichzeitig umstrittensten Personen in der deutschen Politik nach dem Zweiten Weltkrieg. Ihre Lebensgeschichte ist eng mit den Themen Heimat, Vertreibung und der Suche nach nationaler Identität verbunden. Diese Themen haben Steinbachs Karriere geprägt und immer wieder Diskussionen ausgelöst. Dabei wirft ihre Biografie Fragen über Erinnerungskultur, die Grenzen politischer Aufarbeitung und nationale Verantwortung auf.

Kindheit und Jugend: Geprägt von Flucht und Vertreibung

Erika Steinbach wurde am 25. Juli 1943 in Rahmel (heute Rumia, Polen) geboren. Zu dieser Zeit war das Gebiet von der deutschen Wehrmacht besetzt, und ihr Vater war dort als Soldat stationiert. Nach dem Ende des Zweiten Weltkriegs wurde ihre Familie, wie viele andere Deutsche, aus diesem Gebiet vertrieben. Diese Erfahrungen prägten Steinbach und beeinflussten später ihr politisches Engagement.

Kritiker weisen jedoch darauf hin, dass ihre Familie nicht seit Generationen in diesem Gebiet lebte, sondern erst während der Besatzung dorthin gezogen war. Diese Unterscheidung spielt eine Rolle, wenn es um die Glaubwürdigkeit ihrer Vertreibungserfahrungen geht. Dennoch sind die Erfahrungen von Verlust und Neuanfang zentrale Elemente ihrer politischen Motivation und ihrer persönlichen Narrative.

Der Weg in die Politik: Von der Musik zur CDU

Nach ihrer Ausbildung zur Musikerin arbeitete Steinbach zunächst als Violinistin. 1974 trat sie der CDU bei und begann, sich politisch zu engagieren. Schon früh interessierte sie sich für geschichtspolitische Themen und wurde Mitglied im Bund der Vertriebenen (BdV). Diese Organisation vertritt die Interessen der Menschen, die nach dem Krieg ihre Heimat verloren hatten.

1990 wurde Steinbach in den Bundestag gewählt. Dort setzte sie sich besonders für die Anliegen der Vertriebenen ein. Sie betonte immer wieder die Wichtigkeit, das Leid dieser Menschen anzuerkennen. Gleichzeitig geriet sie aber auch in Kritik, weil sie oft die Verantwortung Deutschlands für den Zweiten Weltkrieg nicht ausreichend betonte. Ihre Reden und politischen Forderungen sorgten häufig für Kontroversen, da sie als einseitig wahrgenommen wurden.

Präsidentin des Bundes der Vertriebenen: Eine kontroverse Zeit

1998 wurde Erika Steinbach Präsidentin des BdV, ein Amt, das sie bis 2014 innehatte. Während dieser Zeit setzte sie sich intensiv für die Rechte und das Gedenken der Vertriebenen ein. Ein besonders umstrittenes Projekt war ihr Vorschlag, ein "Zentrum gegen Vertreibungen" zu gründen. Dieses Zentrum sollte weltweit auf das Leid von Menschen aufmerksam machen, die aus ihrer Heimat vertrieben wurden.

Doch vor allem in Osteuropa, zum Beispiel in Polen und Tschechien, wurde dieser Plan stark kritisiert. Viele sahen darin den Versuch, die deutschen Opfer in den Vordergrund zu stellen und die Verbrechen des Zweiten Weltkriegs zu relativieren. Der Höhepunkt dieser Kontroversen war erreicht, als Polen Steinbachs Nominierung für den Stiftungsrat des Projekts ablehnte. Ihre Kritiker warfen ihr vor, durch ihre Rhetorik die deutsche Verantwortung für den Krieg zu verharmlosen. Während einige deutsche Medien ihre Arbeit verteidigten, sahen viele Historiker in ihrem Ansatz eine problematische Verkürzung der Geschichte.

Die Grenzen der Erinnerungspolitik

Steinbach argumentierte, dass es wichtig sei, das Leid aller Vertriebenen, unabhängig von Nationalität, anzuerkennen. Ihre Kritiker jedoch warfen ihr vor, mit dieser Position die deutsche Opferrolle zu überbetonen. Der Konflikt zwischen diesen beiden Perspektiven machte sie zu einer zentralen Figur in der Debatte um deutsche Erinnerungskultur. Ihre Forderungen, etwa nach einer stärkeren Sichtbarkeit deutscher Vertriebenenschicksale in Schulen und Medien, trafen auf Widerstand, da sie oft als Revisionismus interpretiert wurden.

Austritt aus der CDU und Wechsel zur AfD

2017 trat Erika Steinbach aus der CDU aus. Der Hauptgrund war ihre scharfe Kritik an Angela Merkels Flüchtlingspolitik. In den folgenden Jahren unterstützte sie die AfD und engagierte sich in der Desiderius-Erasmus-Stiftung, die der Partei nahesteht. Dieser Schritt brachte ihr viel Kritik ein, sowohl von ehemaligen politischen Weggefährten als auch von der Öffentlichkeit.

Steinbach selbst erklärte, sie sehe in der AfD die einzige Partei, die sich für den Erhalt deutscher Werte und Traditionen einsetze. Doch viele Beobachter warfen ihr vor, fremdenfeindliche und nationalistische Positionen zu unterstützen. Diese Entwicklung hat Steinbachs politische Karriere weiter polarisiert. Ihre Befürworter loben sie als mutige Verteidigerin traditioneller Werte, während ihre Kritiker in ihr eine Symbolfigur für den Rechtsruck der deutschen Politik sehen.

Erika Steinbachs Vermächtnis

Erika Steinbachs politisches Wirken zeigt, wie schwierig der Umgang mit der deutschen Geschichte ist. Sie setzte sich unermüdlich für die Interessen der Vertriebenen ein und brachte ihre Anliegen auf die politische Agenda. Doch ihre Art, Geschichte darzustellen, stieß oft auf Widerstand. Viele warfen ihr vor, ein einseitiges Bild zu zeichnen und die deutsche Opferrolle zu stark zu betonen.

Darüber hinaus bleibt ihre Entscheidung, sich der AfD anzunähern, ein umstrittener Wendepunkt ihrer Karriere. Diese Entwicklung hat nicht nur ihren politischen Einfluss verändert, sondern auch die Wahrnehmung ihres Vermächtnisses nachhaltig beeinflusst. Ihre Kritiker sehen in ihr eine Person, die zur Spaltung beigetragen hat, während ihre Anhänger sie als wichtige Stimme für eine vernachlässigte Perspektive betrachten.

Steinbachs Biografie zeigt, wie individuell erlebte Geschichte und politische Ziele miteinander verflochten sind. Sie regt dazu an, über die Art nachzudenken, wie wir uns an die Vergangenheit erinnern und wie diese Erinnerung unsere Politik prägen kann. Dabei bleibt die Frage offen, ob ihre Vision von Erinnerungspolitik zu einer echten Versöhnung beitragen konnte oder ob sie letztlich neue Konflikte geschaffen hat.

Weitere staatliche Maßnahmen

Neben dem Lastenausgleich und dem Bundesvertriebenengesetz wurden weitere staatliche Maßnahmen ergriffen, um die Integration der Millionen von Vertriebenen in die westdeutsche Gesellschaft zu erleichtern. Nach dem Zweiten Weltkrieg sah sich die junge Bundesrepublik mit einer humanitären und sozialen Krise konfrontiert, da die Unterbringung und Versorgung der Vertriebenen eine der drängendsten Aufgaben darstellte. Angesichts der zerstörten Infrastruktur und der wirtschaftlichen Herausforderungen waren schnelle und umfassende Lösungen erforderlich, um soziale Spannungen zu vermeiden und die Grundlage für ein harmonisches Zusammenleben zu schaffen. Eine der drängendsten Herausforderungen war der akute Mangel an Wohnraum, der durch gezielte Wohnungsbauprogramme angegangen wurde. Besonders in schnell wachsenden Städten wie Hannover und München wurden umfangreiche Neubauprojekte gefördert, bei denen insgesamt über 50.000 Wohneinheiten geschaffen wurden. In Hannover entstand beispielsweise das Stadtviertel Mühlenberg, das speziell für Vertriebene konzipiert war und Platz für mehrere tausend Menschen bot. In München wurden große Siedlungen wie die Parkstadt Bogenhausen errichtet, die zur Entlastung der Wohnungsnot beitrugen. Diese Programme kamen nicht nur den Vertriebenen zugute, sondern auch vielen einheimischen Obdachlosen, die durch den Krieg ihr Zuhause verloren hatten. Die Wohnungsbauprojekte trugen wesentlich dazu bei, die Lebensbedingungen der Betroffenen zu verbessern und soziale Spannungen zu reduzieren.

Ein weiterer Schwerpunkt lag auf Bildungs- und Umschulungsprogrammen, die speziell auf die Bedürfnisse der Vertriebenen zugeschnitten waren. Das 1951 ins Leben gerufene „Berufsförderungsprogramm für Vertriebene" ermöglichte tausenden Menschen, neue Qualifikationen in Handwerk und Industrie zu erwerben. Besonders stark profitierten hiervon ehemalige Landwirte, die durch Umschulungen Berufe in der Metall- und Elektroindustrie erlernten, die damals aufgrund des Wiederaufbaus stark nachgefragt waren. Ein konkretes Beispiel ist die Region Ruhrgebiet, wo zahlreiche Vertriebene erfolgreich als Maschinenschlosser oder Elektrotechniker Fuß fassten und so einen entscheidenden Beitrag zur Wirtschaft der Nachkriegszeit leisteten. Diese Initiativen waren entscheidend, um den Vertriebenen eine berufliche Perspektive zu bieten und ihre wirtschaftliche Unabhängigkeit zu fördern. Insbesondere in strukturschwachen Regionen, in denen Arbeitsmöglichkeiten begrenzt waren, leisteten diese Programme einen wichtigen Beitrag zur Integration.

Auch Siedlungsprojekte spielten eine bedeutende Rolle. Im Raum Schleswig-Holstein wurden große Flächen urbar gemacht, um landwirtschaftliche Betriebe für vertriebene Bauern zu schaffen. Diese Projekte wurden von der Bundesregierung in Zusammenarbeit mit lokalen Behörden und landwirtschaftlichen Verbänden organisiert. Die Finanzierung erfolgte teils durch den Lastenausgleich, teils durch spezielle Förderprogramme, die Kredite und Zuschüsse für den Aufbau von Infrastruktur und den Kauf von landwirtschaftlichem Gerät bereitstellten. Darüber hinaus wurden Schulungsprogramme für die be-

troffenen Bauern angeboten, um den Übergang zu den neuen landwirtschaftlichen Bedingungen zu erleichtern. Diese Projekte boten
nicht nur eine neue Existenzgrundlage, sondern trugen auch zur wirtschaftlichen Entwicklung der Region bei. Ein Beispiel für den Erfolg
dieser Maßnahmen war die Entstehung zahlreicher landwirtschaftlicher Betriebe, die in den folgenden Jahrzehnten zu stabilen Wirt-
schaftsfaktoren wurden und zusätzliche Arbeitsplätze schufen.

Darüber hinaus spielten Kirchen und Wohlfahrtsverbände eine zentrale Rolle bei der Integration der Vertriebenen. Sie organisierten
Hilfsaktionen, boten psychologischen Beistand und halfen bei der sozialen Eingliederung. Diese Initiativen waren oft lokal organisiert und
auf die spezifischen Bedürfnisse der Aufnahmegemeinden abge-
stimmt. Durch ihre Arbeit trugen sie wesentlich dazu bei, das soziale
Gefüge in den betroffenen Regionen zu stabilisieren und das Gemeinschaftsgefühl zwischen Einheimischen und Vertriebenen zu stärken.
Ein erfolgreiches Beispiel war die Errichtung von Gemeinschaftszen-
tren, in denen sowohl Einheimische als auch Vertriebene Zugang zu
Bildung, Freizeitangeboten und sozialen Dienstleistungen hatten. In
Regionen wie Bayern wurden kirchliche Einrichtungen wie die Caritas
besonders aktiv und halfen beim Aufbau solcher Zentren. Langfristig
trugen diese Initiativen dazu bei, Vorurteile abzubauen und ein Gefühl von Zusammenhalt zu fördern, das die Basis für stabile Nachbar-
schaften und nachhaltige Integration schuf.

Diese Maßnahmen, die auf verschiedenen Ebenen und durch unterschiedliche Akteure umgesetzt wurden, waren entscheidend für die
erfolgreiche Integration der Vertriebenen in die westdeutsche Gesellschaft. Sie legten den Grundstein für den wirtschaftlichen Aufstieg
und die gesellschaftliche Stabilität der Bundesrepublik Deutschland in
den Nachkriegsjahren.

Auswirkungen auf die deutsche Nachkriegsgesellschaft

Die rechtlichen und politischen Maßnahmen zur Integration der Vertriebenen hatten tiefgreifende und nachhaltige Auswirkungen auf die deutsche Nachkriegsgesellschaft. So wurden bis 1955 etwa 12 Millionen Vertriebenen erfolgreich in die westdeutsche Gesellschaft integriert, und der Lastenausgleich sorgte dafür, dass über 50 Milliarden D-Mark an Entschädigungszahlungen geleistet wurden. Diese Maßnahmen trugen nicht nur zur wirtschaftlichen Stabilisierung bei, sondern förderten auch die soziale Kohäsion und legten den Grundstein für ein neues gesellschaftliches Verständnis von Solidarität. Sie legten die Grundlage für die wirtschaftliche und soziale Eingliederung von Millionen Menschen und führten zu einer grundlegenden Neuausrichtung des gesellschaftlichen Selbstverständnisses. Besonders hervorzuheben ist die Etablierung eines neuen Gefühls von Solidarität und sozialer Gerechtigkeit, das die westdeutsche Gesellschaft in den Jahrzehnten nach dem Zweiten Weltkrieg prägte.

Ein zentrales Beispiel dafür ist der Lastenausgleich, der durch die gerechte Umverteilung von Vermögenswerten soziale Ungleichheiten auszugleichen versuchte. Dieses Gesetz stellte sicher, dass die materiellen Verluste der Vertriebenen zumindest teilweise kompensiert wurden, und setzte ein starkes Zeichen für die gesellschaftliche Verantwortung gegenüber den Schwächsten. Die damit einhergehende finanzielle Unterstützung ermöglichte vielen Vertriebenen einen Neuanfang und trug dazu bei, soziale Spannungen zu entschärfen. Darüber hinaus symbolisierte der Lastenausgleich das Bemühen des Staates, eine gerechtere Verteilung der Kriegsfolgen zu erreichen.

Parallel dazu spielte der Bund der Vertriebenen (BdV) eine entscheidende Rolle im politischen Diskurs. Als Interessensvertretung einer der größten Bevölkerungsgruppen der Nachkriegszeit brachte er die Anliegen der Vertriebenen auf die politische Agenda. Durch seine Arbeit gelang es dem BdV, nicht nur spezifische Forderungen wie den

Erhalt der kulturellen Identität der Vertriebenen durchzusetzen, sondern auch langfristig politische Strukturen zu beeinflussen. Dies machte deutlich, wie stark die Integration der Vertriebenen von der Schaffung und Nutzung politischer Plattformen abhing.

Die Integration der Vertriebenen war jedoch nicht allein eine Frage der Bereitschaft der Betroffenen und der aufnehmenden Gesellschaft. Sie wurde durch erhebliche Herausforderungen geprägt, wie den Mangel an Wohnraum und Arbeitsplätzen sowie kulturelle Differenzen zwischen Vertriebenen und Einheimischen. Konflikte entstanden insbesondere in ländlichen Regionen, wo die Einheimischen häufig Ressentiments gegenüber den Neuankömmlingen hegten. Gleichzeitig mussten Vertriebene ihre Heimatverluste verarbeiten und sich an neue gesellschaftliche Normen anpassen, was ihre Integration zusätzlich erschwerte. Sie war eng mit den staatlichen Strukturen und Institutionen verknüpft, die nach dem Krieg geschaffen wurden. Der Erfolg dieser Integration zeigt, dass umfassende rechtliche und politische Entscheidungen unverzichtbar waren, um die Rahmenbedingungen für ein harmonisches Zusammenleben zu schaffen. Gleichzeitig verdeutlicht die Geschichte der Vertriebenenintegration, dass Solidarität und soziale Gerechtigkeit zentrale Werte für den Aufbau einer stabilen Nachkriegsgesellschaft waren.[13]

Die Charta der deutschen Heimatvertriebenen (1950)

Die Verabschiedung der „Charta der deutschen Heimatvertriebenen" am 5. August 1950 in Stuttgart markierte einen entscheidenden Meilenstein auf dem Weg zur Integration der Millionen von Menschen, die nach dem Zweiten Weltkrieg aus ihren Heimatländern vertrieben wurden. Diese Zeit war von tiefen gesellschaftlichen Umbrüchen und

13 Bundeszentrale für politische Bildung (BpB): Integration der Vertriebenen. Artikelserie zur deutschen Nachkriegsgeschichte, 2020

einer nahezu überwältigenden Herausforderung geprägt: den Aufbau einer neuen, stabilen Gesellschaft, die nicht nur die materiellen Trümmer des Krieges beseitigen, sondern auch die seelischen Wunden heilen sollte. Die Heimatvertriebenen, entwurzelt und oft mittellos, fanden sich in einer fremden Umgebung wieder, die nicht immer bereit war, sie vorbehaltlos aufzunehmen. Inmitten dieser Spannungen und der Suche nach Orientierung entstand die Charta als eine mutige und vorausschauende Antwort auf die Frage, wie ein gemeinsamer Neuanfang gestaltet werden könnte. Dieses bedeutsame Dokument wurde von Vertretern der Vertriebenenorganisationen verfasst und richtete sich sowohl an die deutsche Bevölkerung als auch an die internationale Gemeinschaft. Es symbolisierte nicht nur den Willen der Vertriebenen zur Versöhnung, sondern legte auch den Grundstein für ihre politische und gesellschaftliche Eingliederung in die Bundesrepublik Deutschland.

Ein zentraler Bestandteil der Charta war der ausdrückliche Verzicht der Vertriebenen auf Rache und Vergeltung gegenüber den Ländern, die sie aus ihrer Heimat vertrieben hatten. Stattdessen bekannten sie sich zu einer Politik der Zusammenarbeit und des Aufbaus eines friedlichen Europas. Eine der markantesten Passagen der Charta verdeutlicht diesen Geist der Versöhnung und Zukunftsorientierung: „Wir werden jedes Beginnen mit allen Kräften unterstützen, das darauf gerichtet ist, die Völker zu verständigen und den Frieden zu sichern. Wir haben unsere Heimat verloren; wir wollen nicht auch noch unsere Zukunft verlieren." Diese Worte standen im deutlichen Kontrast zu den oft konfrontativen politischen Tönen jener Zeit, in der viele Stimmen in Europa noch von Vergeltung und Misstrauen geprägt waren. Zeitgenössische Reaktionen zeigten, dass die Charta sowohl im In- als auch im Ausland als bemerkenswerter Schritt zur Versöhnung wahrgenommen wurde. So bezeichnete ein prominenter britischer Journalist die Charta als „neue Hoffnung auf ein friedliches Europa", während Politiker in Frankreich sie als Zeichen einer „verlässlichen neuen Nachbarschaft" lobten. In Deutschland selbst wurde sie von Beobachtern als Beweis für die Reife und Verantwortungsbereitschaft der Vertriebenen angesehen, was wesentlich zur gesellschaftlichen Akzeptanz beitrug. Mit diesen Worten appellierten die Vertriebenen an die deutsche Gesellschaft und die internationale Gemeinschaft, ihre Rechte anzuerkennen und sie in ihren Bemühungen um eine neue Existenz zu unterstützen. Die Charta verband somit die Forderung nach Unterstützung bei der Eingliederung mit einem klaren Bekenntnis zur Friedensarbeit und zur Verantwortung für ein vereintes Europa.

Die symbolische Bedeutung dieses Dokuments kann kaum überschätzt werden. Ein besonders eindrucksvolles Beispiel für ihre Wirkung war die Resonanz in den betroffenen Gemeinden: In Stuttgart, wo die Charta verabschiedet wurde, fanden kurz darauf symbolische Begegnungen zwischen Vertriebenen und lokalen Bevölkerungsgruppen statt, bei denen Geschichten geteilt und gegenseitiges Verständnis gefördert wurden. Ein Veteran aus Schlesien erinnerte sich daran, wie die Charta ihm und anderen neuen Bewohnern seiner Stadt Hoffnung gab, dass sie nicht nur geduldet, sondern aktiv in die Gemeinschaft aufgenommen werden könnten. Solche Anekdoten unterstreichen, wie die Charta nicht nur ein politisches, sondern auch ein zutiefst menschliches Dokument war, das Brücken zwischen unterschiedlichen Teilen der Gesellschaft baute. Es war ein kraftvolles Zeichen der Versöhnung und ein Appell an die deutsche Gesellschaft, die Vertriebenen nicht als Belastung, sondern als aktive Mitgestalter einer gemeinsamen Zukunft zu betrachten. Die Charta schuf eine Grundlage für den gesellschaftlichen Diskurs über die Rolle der Vertriebenen in der Nachkriegsordnung und half dabei, Vorurteile und Ressentiments zu überwinden. Gleichzeitig ermöglichte sie es den Vertriebenen, ihre gemeinsamen Anliegen zu artikulieren und sich als politisch relevante Gruppe zu organisieren. Die in der Charta formulierten Werte und Ziele trugen wesentlich dazu bei, das Verständnis und die Akzeptanz der deutschen Bevölkerung für die Integration der Vertriebenen zu fördern.

Die politischen Auswirkungen der Charta waren ebenso tiefgreifend. Sie führte unter anderem zur Verabschiedung des Bundesvertriebenengesetzes (BVFG) im Jahr 1953, das eine rechtliche Grundlage für die Eingliederung und Unterstützung der Vertriebenen schuf. Dieses Gesetz ermöglichte beispielsweise finanzielle Hilfen und den Zugang zu Wohnraum sowie Bildungs- und Arbeitsmöglichkeiten. Auch die Schaffung des Lastenausgleichsgesetzes, das einen finanziellen Ausgleich für die verlorenen Besitztümer der Vertriebenen bot, wurde durch die Anliegen der Charta maßgeblich inspiriert. Politische Ereignisse wie die Gründung des Bund der Vertriebenen (BdV) und die Einbindung von Vertriebenenvertretern in politische Gremien verdeutlichten die Wirkung der Charta, die es schaffte, die Anliegen der Vertriebenen zu einem festen Bestandteil der deutschen Innenpolitik zu machen. Sie legte den Grundstein für die Gründung zahlreicher Verbände und Organisationen, die sich für die Interessen der Vertriebenen einsetzten. Eine dieser Organisationen ist der Bund der Vertriebenen (BdV), der bis heute eine wichtige Rolle bei der Vertretung der Anliegen der Heimatvertriebenen spielt. Der BdV entstand aus dem politischen Klima, das durch die Charta geprägt wurde, und setzt sich seit seiner Gründung für die Anerkennung der Leistungen und Rechte der Vertriebenen ein. Darüber hinaus beeinflusste die Charta auch die Gesetzgebung und politische Programme in der Bundesrepublik. Die Anliegen der Vertriebenen fanden Eingang in die politische Agenda, und zahlreiche Maßnahmen zur Unterstützung der Eingliederung wurden initiiert.

Zusammenfassend war die „Charta der deutschen Heimatvertriebenen" ein Schlüsseldokument in der Geschichte der deutschen Nachkriegszeit. Ihre langfristigen Auswirkungen sind bis in die Gegenwart spürbar. Sie trug nicht nur zur Integration der Vertriebenen in die westdeutsche Gesellschaft bei, sondern beeinflusste nachhaltig die gesellschaftspolitische Debatte über Heimat, Flucht und Integration. Die in der Charta formulierten Werte von Versöhnung, Zusammenarbeit und Verantwortung dienen auch heute noch als Leitbild für den Umgang mit Flüchtlings- und Integrationsfragen. Moderne politische Programme, die auf soziale Kohäsion und friedliches Zusammenleben abzielen, können als Fortführung der in der Charta geprägten Prinzipien gesehen werden. Darüber hinaus bleibt sie ein Mahnmal für die Bedeutung des Dialogs und der Versöhnung in Zeiten gesellschaftlicher Umbrüche, was sie zu einem zeitlosen Symbol der Menschlichkeit und Hoffnung macht. Sie verband den Wunsch nach Versöhnung und Frieden mit einer klaren politischen Vision und trug dazu bei, die gesellschaftliche Integration der Vertriebenen zu erleichtern. Gleichzeitig legte sie den Grundstein für deren politische Organisation und ihren Einfluss auf die Innenpolitik der Bundesrepublik. Durch ihren Appell an die Werte von Frieden, Zusammenarbeit und Verantwortung setzte die Charta ein dauerhaftes Zeichen der Menschlichkeit und des Fortschritts, das weit über die unmittelbaren Anliegen der Vertriebenen hinausreichte.

Der lange Weg zur sozialen Integration

Die Integration der Vertriebenen nach dem Zweiten Weltkrieg war ein langwieriger und komplexer Prozess, der sich über Jahrzehnte erstreckte und zahlreiche Aspekte des gesellschaftlichen Lebens in der Bundesrepublik Deutschland prägte. Viele Vertriebenenfamilien mussten nach ihrer Ankunft in der jungen Bundesrepublik in improvisierten Unterkünften, wie umgebauten Lagerhallen oder Behelfswohnungen, unterkommen. Diese oft schwierigen Lebensbedingungen bildeten den Ausgangspunkt für einen gesellschaftlichen Wandel, der die deutsche Nachkriegsgeschichte maßgeblich beeinflusste. So erzählt die Geschichte einer ostpreußischen Familie, die im hessischen

Dorf Nidda untergebracht wurde, von einer anfänglichen Ablehnung durch die einheimische Bevölkerung. Doch im Laufe der Jahre wuchs durch gemeinsame Arbeit und die gegenseitige Hilfe im Alltag ein Zusammengehörigkeitsgefühl, das die Grundlage für ein harmonisches Miteinander legte. Solche individuellen Beispiele verdeutlichen den großen Einsatz und die Anpassungsfähigkeit, die für die Integration notwendig waren. Erst in den 1960er Jahren konnte man von einer weitgehenden Eingliederung der Mehrheit der Vertriebenen in die Gesellschaft sprechen. Dieser Erfolg beruhte auf einer Vielzahl von Faktoren, die auf Bildung, kulturelle Verschmelzung und politische Teilhabe zurückzuführen sind.

Ein entscheidender Meilenstein auf dem Weg zur Integration war der Bildungserfolg der nachfolgenden Generationen. Die zweite Generation der Vertriebenen konnte deutlich höhere Bildungsabschlüsse erzielen als ihre Eltern: Während in den 1950er Jahren nur etwa 10 % der Vertriebenenkinder ein Gymnasium besuchten, stieg dieser Anteil bis in die 1970er Jahre auf über 30 %. Diese Generation brachte eine Vielzahl von Akademikern hervor, die als Lehrer, Ingenieure oder Ärzte überproportional zum gesellschaftlichen Fortschritt beitrugen. Ein Beispiel dafür ist die Geschichte von Elisabeth R., deren Familie aus Schlesien stammte. Trotz widriger Umstände absolvierte sie ein Studium der Rechtswissenschaften und wurde später eine angesehene Richterin. Solche Erfolgsgeschichten waren keine Einzelfälle, sondern zeugen von der zentralen Rolle, die Bildung für die Integration der Vertriebenen spielte. Die zweite Generation der Vertriebenen, jene Kinder, die nach dem Krieg geboren wurden, wuchs unter wesentlich anderen Bedingungen auf als ihre Eltern. Während die erste Generation häufig mit Diskriminierung und sozialen Herausforderungen kämpfen musste, gelang es der zweiten Generation, sich durch Bildung und berufliche Integration einen festen Platz in der Gesellschaft zu sichern. Diese jungen Menschen besuchten die Schulen und Ausbildungsstätten der Bundesrepublik, erlernten Berufe und wurden auf diese Weise Teil der Mehrheitsgesellschaft.

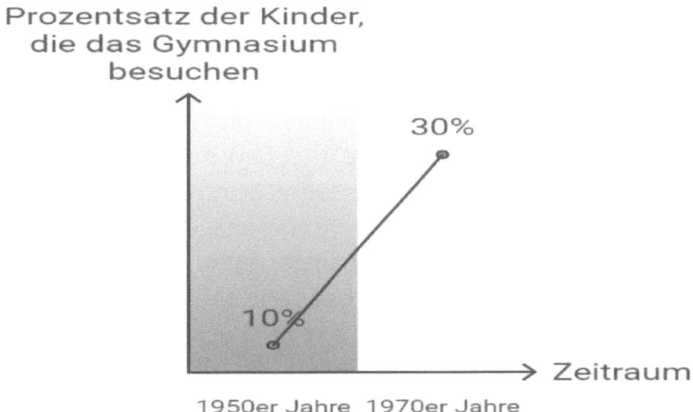

Abbildung 6: Datenquelle - Statistische Bundesamts - Bildungsdaten und Erhebungen, die die Bildungsbeteiligung der 1950er bis 1970er Jahre dokumentieren - Eigene Darstellung, © Ralf Schönert

Ihr sozialer Aufstieg und ihre Beteiligung am wirtschaftlichen Leben trugen maßgeblich dazu bei, bestehende Vorurteile gegenüber Vertriebenen abzubauen und die Akzeptanz zu erhöhen. Bildung fungierte somit als ein zentraler Hebel für die Integration und als Brücke zwischen den kulturellen Unterschieden.Neben der Bildung spielte auch die kulturelle Verschmelzung eine bedeutende Rolle. Ein Beispiel dafür ist die Weiterentwicklung regionaler Traditionen, wie sie in den Festen und Bräuchen vieler Gemeinden sichtbar wurde. In

91

Niedersachsen etwa bereicherten schlesische Vertriebenenfamilien das lokale Erntedankfest mit traditionellen Musikstücken und Tanzaufführungen, die mittlerweile fester Bestandteil der Feierlichkeiten geworden sind. Auch im badischen Raum etablierten sich ostpreußische Handwerkskunst und Muster in der lokalen Trachtenkultur, was der Region einen einzigartigen Mix aus traditionellen und neuen Einflüssen verlieh. Solche Beispiele verdeutlichen, wie die kulturellen Wurzeln der Vertriebenen nicht nur bewahrt, sondern auch harmonisch in das kulturelle Leben der Mehrheitsgesellschaft integriert wurden. Im Laufe der Jahre wurden viele kulturelle Eigenheiten der Vertriebenen von der Mehrheitsgesellschaft übernommen und bereicherten diese auf vielfältige Weise. Kulinarische Spezialitäten wie Schlesische Mohnklöße oder Ostpreußische Honigkuchen fanden ihren festen Platz in den deutschen Küchen und trugen dazu bei, die regionale Vielfalt der deutschen Kulinarik zu erweitern. Auch traditionelle Feste und Bräuche, wie das Erntedankfest, wurden in vielen Regionen durch die Einflüsse der Vertriebenen bereichert und etablierten sich als feste Bestandteile des kulturellen Lebens. Diese Traditionen wurden nicht nur bewahrt, sondern oftmals auch in ihrer Bedeutung verstärkt, indem sie als Symbole für Heimatbewusstsein und Zusammenhalt fungierten.

In diesem Zusammenhang entstanden zahlreiche Heimatvereine, die bis heute die Erinnerung an die alten Traditionen und Dialekte der verlorenen Heimat bewahren. Diese Vereine spielten eine doppelte Rolle: Einerseits dienten sie den Vertriebenen als Orte der Gemeinschaft und Identität, andererseits trugen sie dazu bei, dass die kulturelle Vielfalt der Vertriebenen als Bereicherung wahrgenommen wurde. Die Pflege von Bräuchen, die Organisation von Veranstaltungen und die Vermittlung historischer Kenntnisse über die Herkunftsregionen der Vertriebenen schufen eine Verbindung zwischen Vergangenheit und Gegenwart, die sowohl die Vertriebenen als auch die übrige Gesellschaft einschloss.

Ein weiterer wesentlicher Faktor für die Integration war die politische Teilhabe der Vertriebenen. Bedeutende Politiker wie Hans Krüger, der zeitweise Bundesminister für Vertriebene, Flüchtlinge und Kriegsgeschädigte war, oder Theodor Oberländer, der sich in seiner Funktion als Minister aktiv für die Interessen der Vertriebenen einsetzte, prägten die politischen Entscheidungen der jungen Bundesrepublik. Ein wichtiger Schritt war die Verabschiedung des Lastenausgleichsgesetzes von 1952, das die wirtschaftliche Integration der Vertriebenen förderte und zugleich ein Signal der gesellschaftlichen Anerkennung ihrer Leistungen setzte. Viele Politiker aus den Reihen der Vertriebenen stiegen in hohe politische Ämter auf und setzten sich aktiv für die Belange ihrer Gemeinschaft ein. Diese politische Repräsentation hatte eine doppelte Wirkung: Zum einen trug sie dazu bei, die Anliegen der Vertriebenen in den politischen Diskurs der jungen Bundesrepublik einzubringen, zum anderen förderte sie den Abbau von Vorurteilen und die gesellschaftliche Akzeptanz. Die Präsenz von Vertriebenenpolitikern in einflussreichen Positionen schuf ein Bewusstsein für die besonderen Herausforderungen und Leistungen dieser Gruppe und unterstrich ihren Beitrag zum Wiederaufbau und zur Gestaltung der Nachkriegsgesellschaft.

Der Prozess der Integration der Vertriebenen zeigt eindrucksvoll, wie Bildung, kulturelle Verschmelzung und politische Teilhabe zusammenwirken können, um gesellschaftliche Spaltungen zu überwinden. Trotz der anfänglichen Herausforderungen und Spannungen gelang es, eine gemeinsame Identität zu schaffen, die sowohl die Traditionen der Vertriebenen als auch die Werte und Normen der Mehrheitsgesellschaft umfasste. Dieses Beispiel bietet nicht nur einen Einblick in die deutsche Nachkriegsgeschichte, sondern auch wichtige Lektionen für den Umgang mit Integration und gesellschaftlicher Vielfalt in der Gegenwart. Aktuelle Debatten um Migration und Integration zeigen, dass die Herausforderungen, vor denen die Vertriebenen damals standen, in vielen Aspekten noch heute relevant sind. So können die Erfahrungen der Vertriebenen als Orientierung dienen, etwa bei der Bewältigung sozialer Spannungen oder der Schaffung von Akzeptanz durch Bildung und kulturellen Austausch. Besonders das Engagement in Vereinen und die gezielte politische Repräsentation bieten wertvolle Ansätze, um auch heutige Migrantengruppen erfolgreich in die Gesellschaft einzubinden. Die Geschichte der Vertriebenen mahnt zudem, dass Integration ein langfristiger Prozess ist, der Geduld, Ressourcen und das Engagement aller gesellschaftlichen Akteure erfordert.

Kritische Reflexion der Begriffe: „Geordnet und human" und „Integrationserfolg"

Die Begriffe „geordnet und human" sowie „Integrationserfolg" spielen eine wichtige Rolle in der Diskussion über die Vertreibungen der deutschen Bevölkerung nach dem Zweiten Weltkrieg. Sie sind jedoch umstritten, da sie oft die tatsächlichen Erfahrungen der Betroffenen und die Komplexität der Ereignisse verschleiern. Diese Begriffe tragen dazu bei, die Wahrnehmung der Geschichte zu beeinflussen und bestimmte Perspektiven zu betonen, während andere ausgeblendet werden. Doch sie sind nicht neutral. Sie beeinflussen, wie wir die Ereignisse wahrnehmen und bewerten. Deshalb ist es wichtig, sie genauer zu betrachten.

Was bedeutet „Geordnet und human" wirklich?

Der Ausdruck „geordnet und human" wurde auf der Potsdamer Konferenz 1945 verwendet. Die Alliierten wollten damit die geplanten Umsiedlungen der Deutschen aus Polen, der Tschechoslowakei und anderen Ländern beschreiben. Diese Worte klingen, als wären die Vertreibungen kontrolliert und menschenwürdig abgelaufen. Doch die Realität war oft anders.

In Wirklichkeit waren viele dieser Vertreibungen chaotisch und brutal. Menschen mussten ihre Häuser oft ohne Vorwarnung verlassen und wurden unter Gewaltandrohung vertrieben. Die Transporte fanden in überfüllten Zügen statt, und auf sogenannten Todesmärschen starben viele an Hunger, Krankheiten oder Erschöpfung. Diese Bedingungen waren alles andere als geordnet oder human.

Warum wurde dieser Begriff dann verwendet? Er diente vor allem dazu, die Vertreibungen politisch zu rechtfertigen. Er lenkte von den Leiden der Betroffenen ab und präsentierte die Maßnahmen als notwendig und kontrolliert. Das macht deutlich, wie Sprache genutzt wird, um die Erinnerung an Ereignisse zu formen.

„Integrationserfolg" – eine einseitige Sichtweise?

Der Begriff „Integrationserfolg" wird oft verwendet, um die Eingliederung der deutschen Vertriebenen in die Gesellschaft nach dem Krieg zu beschreiben. Tatsächlich war es eine große Leistung, Millionen Menschen aufzunehmen und ihnen eine neue Heimat zu geben. Doch dieser Begriff verschweigt auch vieles.

Er stellt den Erfolg in den Vordergrund und lässt die Probleme, die es gab, in den Hintergrund treten. Beispielsweise lebten viele Vertriebene über Jahre hinweg in schlecht ausgestatteten Notunterkünften und waren mit Vorurteilen und sozialer Ausgrenzung konfrontiert. Diese Herausforderungen zeigen, dass die Integration alles andere als reibungslos verlief. Viele Vertriebene lebten lange in Notunterkünften und mussten schwere Diskriminierung überwinden. Oft waren sie auf sich selbst gestellt, weil staatliche Hilfe nicht ausreichte. Die Integration war also häufig kein leichter Erfolg, sondern ein harter Kampf.

Außerdem klingt „Integrationserfolg" so, als wäre dieser Prozess abgeschlossen. Doch viele Betroffene litten noch jahrelang unter den Folgen der Vertreibung. Traumata, der Verlust der Heimat und Konflikte mit Einheimischen prägten ihr Leben oft für lange Zeit. Der Begriff „Integrationserfolg" wird diesen langwierigen Prozessen und den gemischten Gefühlen der Betroffenen nicht gerecht.

Warum ist Sprache so wichtig?

Die Begriffe, die wir verwenden, beeinflussen unser Verständnis der Geschichte. Sie prägen nicht nur, wie historische Ereignisse wahrgenommen werden, sondern beeinflussen auch die öffentliche Meinung und Bildungsinhalte. Durch ihre Verwendung werden bestimmte Narrative verstärkt, während andere Perspektiven oft ausgeblendet bleiben. Worte wie „geordnet und human" oder „Integrationserfolg" schaffen ein Bild, das die Ereignisse einfacher und positiver darstellt, als sie waren. Dadurch werden die Leiden der Betroffenen oft verharmlost. Auch heute noch beeinflussen solche Begriffe, wie wir über Migration und Integration denken.

Wir sollten versuchen, Begriffe zu verwenden, die die Realität besser widerspiegeln. Zum Beispiel könnte der Ausdruck „Integrationserfolg" durch „langwieriger Integrationsprozess" ersetzt werden, um die Herausforderungen und den langen Weg der Eingliederung genauer zu beschreiben. Ebenso wäre „chaotische Umsiedlungen" statt „geordnet und human" ein treffenderer Begriff, der die tatsächlichen Bedingungen verdeutlicht. Statt „geordnet und human" könnte man von „gewaltvollen Umsiedlungen" oder „katastrophalen Bedingungen" sprechen. Und statt „Integrationserfolg" wäre „Integrationsprozess" ein neutralerer Ausdruck, der sowohl die Herausforderungen als auch die Leistungen berücksichtigt.

Eine genauere Sprache hilft uns, die Vergangenheit besser zu verstehen und aus ihr zu lernen. Neben der wirtschaftlichen Integration trugen die Vertriebenen auch wesentlich zur kulturellen Landschaft der Bundesrepublik bei. Wie diese kulturellen Impulse die Gesellschaft bereicherten, wird im nächsten Kapitel beleuchtet.

5. WIRTSCHAFTLICHE IMPULSE

Nach dem Zweiten Weltkrieg leisteten die deutschen Vertriebenen einen entscheidenden Beitrag zur wirtschaftlichen Erholung der Bundesrepublik. Obwohl sie Heimat, Besitz und Status verloren hatten, trugen sie mit Fleiß, Innovationskraft und ihren Fähigkeiten zum Wiederaufbau bei.

In den Bereichen Handwerk, Mittelstand und Landwirtschaft prägten sie nachhaltig die Entwicklung des deutschen "Wirtschaftswunders" und trugen zur Schaffung eines stabilen wirtschaftlichen Fundaments bei.

1. Handwerk: Wissen und Traditionen als Fundament des Wiederaufbaus

Das Handwerk spielte eine zentrale Rolle im Wiederaufbau der deutschen Wirtschaft nach dem Zweiten Weltkrieg. Während die Industrie aufgrund der massiven Zerstörungen und des Mangels an Ressourcen häufig nur eingeschränkt arbeitsfähig war, erwies sich das Handwerk als flexibler und anpassungsfähiger Sektor. Es konnte nicht nur schnell auf lokale Bedürfnisse reagieren, sondern auch kurzfristig Arbeitsplätze schaffen, was in der wirtschaftlichen und sozialen Wiederherstellung entscheidend war. Inmitten der Zerstörung brachten die Vertriebenen nicht nur ihre Arbeitskraft, sondern auch ihre handwerklichen Fähigkeiten und Traditionen mit, die wesentlich zum Wiederaufbau der Infrastruktur und zur Belebung der Wirtschaft beitrugen. Ihre Expertise und ihr Engagement halfen, die immensen Herausforderungen dieser Zeit zu bewältigen und legten die Grundlage für die Erneuerung zahlreicher Branchen.

Handwerkliche Vielfalt: Traditionen als Ressource

Viele Vertriebenenfamilien hatten in ihrer alten Heimat, handwerkliche Berufe ausgeübt. Dazu zählten Berufe wie Schmiede, Tischler, Schneider oder Bäcker, die in Westdeutschland dringend benötigt wurden, um die zerstörten Städte und Infrastrukturen wieder aufzubauen. Besonders in der Bauwirtschaft waren ihre Kenntnisse unersetzlich. Ein Beispiel hierfür war die Wiederherstellung von Fachwerkhäusern, bei der handwerkliches Know-how gefragt war, das viele Vertriebenen aus ihrer Heimat mitbrachten. Besonders im Rhein-Main-Gebiet und in Niedersachsen wurden zahlreiche historische Gebäude restauriert, die als wichtige Symbole der regionalen Identität galten. Die präzisen Zimmermannsarbeiten der Vertriebenen trugen entscheidend dazu bei, diese architektonischen Schätze zu bewahren. Auch in Bereichen wie der Textilverarbeitung und der Metallverarbeitung leisteten sie Pionierarbeit, indem sie ihre bewährten Techniken an die Bedingungen der Nachkriegszeit anpassten.

Neugründung von Betrieben: Trotz Widrigkeiten zum Erfolg

Unter oft schwierigen Bedingungen gründeten viele Vertriebenenhandwerker tausende neue Betriebe, die die wirtschaftliche Landschaft Westdeutschlands nachhaltig prägten. Diese Neugründungen waren nicht nur ein Zeichen von Anpassungsfähigkeit, sondern auch von unternehmerischem Geist.

Ein Beispiel ist die Familie Kowalski aus Schlesien, die 1948 in Niedersachsen eine kleine Möbelwerkstatt eröffnete. Trotz knapper Ressourcen und beschränktem Zugang zu Materialien gelang es ihnen, qualitativ hochwertige Möbel zu produzieren, die bald überregional nachgefragt wurden. Innerhalb weniger Jahre entwickelte sich die Werkstatt zu einem mittelständischen Unternehmen, das zahlreiche Arbeitsplätze schuf und ein wichtiger Bestandteil der lokalen Wirtschaft wurde.

Andere Erfolgsgeschichten zeigen, wie Vertriebenenhandwerker gemeinsam mit Einheimischen Kooperativen gründeten, um Produktionsmittel effizient zu nutzen und sich gegen die schwierigen wirtschaftlichen Umstände zu behaupten. Ein bemerkenswertes Beispiel ist die "Schlesische Handwerker-Kooperative"[14] in Nordrhein-Westfalen, die 1949 gegründet wurde. Diese Kooperative ermöglichte es ihren Mitgliedern, teure Maschinen gemeinschaftlich zu nutzen, was insbesondere in der Textil- und Möbelproduktion große Vorteile brachte. Innerhalb weniger Jahre wurde die Kooperative zu einem regionalen Vorbild für wirtschaftliche Zusammenarbeit und soziale Integration.

Innovationen: Neues Wissen bereichert das Handwerk

Neben den traditionellen Fertigkeiten brachten viele Vertriebenenhandwerker auch neue Techniken, Materialien und Stile mit, die das deutsche Handwerk nachhaltig bereicherten. In Bayern wurden beispielsweise traditionelle ostpreußische Holzverarbeitungstechniken populär, die bis heute in einigen Regionen gepflegt werden. Diese Techniken zeichneten sich durch ihre Detailgenauigkeit und die Verwendung hochwertiger Hölzer aus, die den Produkten eine besondere Langlebigkeit und Ästhetik verliehen.

Ein weiteres Beispiel für innovative Impulse war die Einführung neuer Webtechniken in der Textilbranche, die von schlesischen Webern mitgebracht wurden. Diese Techniken führten nicht nur zu einer gesteigerten Effizienz, sondern auch zu einer Diversifizierung der Produktpalette, was den westdeutschen Exportmarkt belebte.

Das Handwerk der Vertriebenen war nicht nur ein wichtiger Faktor für den wirtschaftlichen Wiederaufbau Deutschlands, sondern auch ein

---

14 Die Quellenlage hierzu ist dürftig. Es gibt keine verlässlichen Hinweise auf eine derartige Organisation, vielmehr dürfte es sich um einen losen Zusammenschluss von schlesischen Handwerkern handeln.

Beispiel für die erfolgreiche Integration von Wissen und Traditionen aus verschiedenen Regionen. Langfristig führte diese Verschmelzung zu einer Bereicherung der deutschen Handwerkskultur, indem sie neue Techniken, Designs und Arbeitsmethoden etablierte, die noch heute in vielen Branchen sichtbar sind. Die Kombination aus regionalen Traditionen und den Innovationen der Vertriebenen schuf eine Grundlage, die das deutsche Handwerk sowohl national als auch international wettbewerbsfähig machte. Ihre Fähigkeiten und ihre Bereitschaft, sich den Herausforderungen zu stellen, trugen dazu bei, die kulturelle und wirtschaftliche Vielfalt des Landes zu bereichern. Heute zeugen viele Handwerksbetriebe, Techniken und Produkte von diesem nachhaltigen Beitrag, der aus der Not der Vertreibung eine Quelle der Erneuerung machte.

2. Mittelstand: Unternehmerischer Geist und wirtschaftliche Dynamik

Der deutsche Mittelstand – häufig als das wirtschaftliche Rückgrat Deutschlands bezeichnet – verdankt seinen Aufstieg nach dem Zweiten Weltkrieg in erheblichem Maße den vertriebenen Bevölkerungsgruppen. In einer Zeit, in der die Infrastruktur massiv zerstört war und es an Fachkräften mangelte, wurden ihre handwerklichen Fertigkeiten, ihr Unternehmergeist und ihre Innovationskraft dringend benötigt. Die Vertriebenen brachten nicht nur ihre Kompetenzen ein, sondern auch die Fähigkeit, sich schnell an neue Bedingungen anzupassen. Ihr Beitrag war von entscheidender Bedeutung für die wirtschaftliche Erholung und prägt die deutsche Wirtschaft bis heute.

Unternehmertum: Neue Betriebe, neue Chancen

Die Vertreibung stellte viele Menschen vor existenzielle Herausforderungen. Doch aus dieser Not heraus entwickelten sie einen bemerkenswerten Unternehmergeist. Mit unerschütterlicher Tatkraft und kreativen Ideen wagten sie den Neubeginn und prägten die deutsche Wirtschaft nachhaltig. Zahlreiche Betriebe in unterschiedlichsten Branchen entstanden durch die Initiative der Vertriebenen, die damit nicht nur ihre eigene Existenz sicherten, sondern auch neue Arbeitsplätze und Chancen für die Gesellschaft schufen.

Ein eindrucksvolles Beispiel dafür sind Familienbetriebe, die regionale Unternehmen wie kleine Brauereien oder Lebensmittelproduzenten gründeten. Diese Betriebe kombinierten traditionelle Fertigkeiten aus der alten Heimat mit den Anforderungen ihrer neuen Umgebung. Das Ergebnis: wirtschaftlicher Erfolg und ein nachhaltiger Beitrag zur Vielfalt des deutschen Mittelstands. Solche Erfolgsgeschichten sind Zeugnisse nicht nur wirtschaftlichen Geschicks, sondern auch der Fähigkeit, kulturelle Traditionen in einem neuen Kontext erfolgreich weiterzuführen.

Kreativität und Anpassungsfähigkeit: Motor des Erfolgs

Die Vertreibung bedeutete nicht nur den Verlust der Heimat, sondern auch die Notwendigkeit, sich vollkommen neuen Bedingungen anzupassen. Mit einer erstaunlichen Mischung aus Kreativität und Pragmatismus entwickelten die Vertriebenen bahnbrechende Ideen, die vielen Branchen Impulse gaben. In der Lebensmittelverarbeitung etwa schufen sie innovative Konservierungsmethoden, die die Haltbarkeit von Produkten verbesserten. In der Textilbranche brachten sie neue Färbetechniken und Webmuster ein, die schnell populär wurden. Auch im Maschinenbau setzten sie durch improvisierte Reparatur- und Konstruktionstechniken Akzente, die den Wiederaufbau der Industrie erheblich beschleunigten.

Ein Beispiel für diese Innovationskraft findet sich in der Textilindustrie. Viele Vertriebene führten neue Muster und Herstellungstechniken ein, die ihren Unternehmen einen Wettbewerbsvorteil verschafften. Diese Entwicklungen trugen nicht nur zur Steigerung der Wettbewerbsfähigkeit des deutschen Mittelstands bei, sondern setzten auch neue Maßstäbe für Qualität und Effizienz.

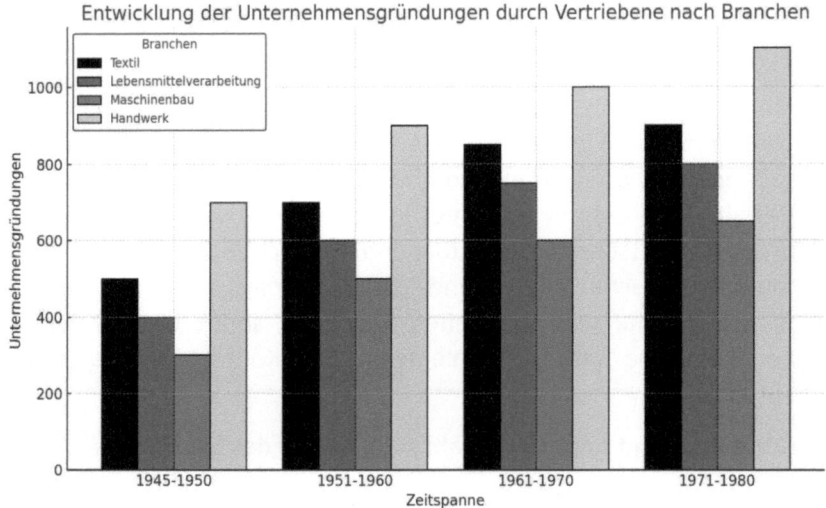

Abbildung 7: Unternehmensgründungen - Datenmaterial geschätzt, da weder das Statistische Bundesamt, noch das Inst.f.Mittelstandsforschung nach Vertriebenen unterscheiden

- Eigene Darstellung, © Ralf Schönert

Regionale Entwicklung: Wachstum in strukturschwachen Gebieten

Besonders bedeutsam war der Beitrag der Vertriebenen zur Entwicklung strukturschwacher Regionen Westdeutschlands. In wirtschaftlich abgehängten Gebieten, die nach dem Krieg oft von Armut und Abwanderung betroffen waren, verwandelten sie Rückstände in Zentren wirtschaftlicher Dynamik. Ein herausragendes Beispiel dafür ist der Raum Osnabrück in Niedersachsen. Hier gründeten Vertriebene zahlreiche Maschinenbau- und Textilbetriebe, die nicht nur dringend benötigte Arbeitsplätze schufen, sondern die Region auch als industrielle Drehscheibe etablierten.

In ländlichen Regionen Bayerns etwa sorgten vertriebene Familien mit landwirtschaftlichen Verarbeitungsbetrieben für eine Stärkung des regionalen Agrarsektors. In Niedersachsen entstanden durch ihre Initiative industrielle Zentren, die über Jahrzehnte hinweg als Motoren der regionalen Entwicklung fungierten. Ihre Fähigkeit, wirtschaftliche Strukturen aufzubauen und an lokale Gegebenheiten anzupassen, erwies sich als Schlüssel für den Wiederaufbau und das Wachstum.

Ein nachhaltiges Erbe

Der deutsche Mittelstand der Nachkriegszeit wurde in erheblichem Maße durch den Unternehmergeist, die Kreativität und die Anpassungsfähigkeit der Vertriebenen geprägt. Ihre Betriebe waren nicht nur Motoren der Stabilität und des Wachstums, sondern auch der Innovation. Bis heute zeugen viele Unternehmen, Technologien und Produkte von diesem nachhaltigen Beitrag, der die Grundlage für die Erfolgsgeschichte der deutschen Wirtschaft legte.

Ein Beispiel dafür ist die Sächsische Wollgarnfabrik Tittel & Krüger, die sich von einer regionalen Produktionsstätte zu einem der wichtigsten Zentren der deutschen Textilindustrie entwickelte. Der beeindruckende Fabrikkomplex in Leipzig – heute eines der größten Industriedenkmäler Deutschlands – erinnert an die Innovationskraft, die auch von Vertriebenenfamilien geprägt wurde. Dieses Erbe zeigt, dass inmitten von Herausforderungen und Verlusten die Chance für Wachstum und Erneuerung liegt.

3. Landwirtschaft: Traditionen und Modernisierung

Auch in der Landwirtschaft leisteten die Vertriebenen nach dem Zweiten Weltkrieg einen entscheidenden Beitrag zur wirtschaftlichen und kulturellen Entwicklung Deutschlands. In den 1950er Jahren wurden durch ihre Anstrengungen in Niedersachsen allein über 1.000 neue landwirtschaftliche Betriebe gegründet. Darüber hinaus führten sie innovative Methoden wie effiziente Bewässerungssysteme und optimierte Fruchtfolgen ein, die die Produktivität erheblich steigerten. Diese Maßnahmen trugen dazu bei, strukturschwache Regionen wiederzubeleben und gleichzeitig die kulturelle Vielfalt durch die Einführung traditioneller Anbauweisen und regionaler Speisen zu bereichern. Mit ihrem umfangreichen Wissen, ihrer Anpassungsfähigkeit und ihren Traditionen prägten sie nachhaltig die landwirtschaftliche Praxis und trugen zur Modernisierung und Belebung strukturschwacher Regionen bei.

Neuanfang in der Landwirtschaft: Wissen als Ressource

Viele der Vertriebenen stammten aus landwirtschaftlich geprägten Gebieten wie Schlesien, Pommern und Ostpreußen. Diese Regionen waren bekannt für ihre fruchtbaren Böden und ausgeprägten Agrartraditionen, wodurch die Vertriebenen ein tiefgehendes Wissen über Anbaumethoden, Viehzucht und Bodenbewirtschaftung mitbrachten. Dieses Wissen setzten sie gezielt ein, um in ihrer neuen Heimat neue landwirtschaftliche Existenzen aufzubauen.

Ein Beispiel dafür ist die Region rund um Oldenburg in Niedersachsen, wo viele vertriebene Landwirte neue Höfe errichteten. Ein Beispiel dafür ist die Region rund um Oldenburg in Niedersachsen, wo viele vertriebene Landwirte neue Höfe errichteten. Diese Betriebe trugen maßgeblich dazu bei, die regionale Agrarwirtschaft nach dem Krieg wiederzubeleben. Sie kombinierten traditionelle Anbaumethoden mit innovativen Techniken, um den Ertrag zu maximieren und die regionale Wirtschaft anzukurbeln. Solche Betriebe trugen maßgeblich dazu bei, die regionale Agrarwirtschaft nach dem Krieg wiederzubeleben. Sie kombinierten traditionelle Anbaumethoden mit innovativen Techniken, um den Ertrag zu maximieren und die regionale Wirtschaft anzukurbeln. Solche Initiativen halfen nicht nur den Vertriebenen selbst, sondern stärkten auch die lokale Agrarwirtschaft, die nach dem Krieg unter erheblichem Druck stand.

Modernisierung: Innovative Anbaumethoden und Technologien

Neben ihrem traditionellen Wissen brachten die vertriebenen Landwirte auch moderne landwirtschaftliche Praktiken mit, die in Westdeutschland oft noch wenig bekannt waren. Diese Innovationen trugen wesentlich zur Produktivitätssteigerung und zur langfristigen Entwicklung der Landwirtschaft bei.

Ein herausragendes Beispiel sind die Bewässerungssysteme, die von vertriebenen Bauern in Niedersachsen eingeführt wurden. Diese Systeme basierten auf den Erfahrungen mit Kanälen und Schleusen aus Ostpreußen, wo solche Technologien bereits vor der Vertreibung weit verbreitet waren. In Niedersachsen wurden diese Methoden an die Gegebenheiten der neuen Umgebung angepasst, indem beispielsweise Regenwasserspeicher und gezielte Flutungsfelder eingerichtet wurden. Berichte aus den 1950er Jahren dokumentieren, dass diese Systeme die Erträge in betroffenen Regionen um bis zu 30 Prozent steigern konnten. Diese Systeme, die sie aus ihrer Heimat kannten, sorgten für eine effizientere Wassernutzung und steigerten die Erträge deutlich. Darüber hinaus etablierten sie neue Fruchtfolgen und Düngemethoden, die den Boden langfristig fruchtbar hielten. Diese Modernisierungsmaßnahmen wurden später von einheimischen Landwirten übernommen und prägten nachhaltig die deutsche Agrarlandschaft.

Kooperative Ansätze: Gemeinsam stark

Die Notwendigkeit, Ressourcen zu teilen und knappe Mittel effizient zu nutzen, führte dazu, dass viele vertriebene Bauern Kooperativen und Genossenschaften gründeten. Diese genossenschaftlichen Ansätze halfen, die Herausforderungen des Wiederaufbaus zu bewältigen, und legten den Grundstein für moderne landwirtschaftliche Betriebe.

Ein bekanntes Beispiel ist die Gründung der Landwirtschaftlichen Bezugs- und Absatzgenossenschaft in Nordrhein-Westfalen[15], die es vertriebenen Landwirten ermöglichte, gemeinsam Maschinen zu kaufen, Anbauflächen zu teilen und Vermarktungswege zu organisieren. Dieser genossenschaftliche Ansatz wurde in Berichten des Westfälischen Landwirtschaftsarchivs dokumentiert und trug erheblich zur wirtschaftlichen Stabilisierung der Region bei. Solche Genossenschaften trugen erheblich zur wirtschaftlichen Stabilisierung und Integration der Vertriebenen bei. Diese Kooperativen boten nicht nur wirtschaftliche Vorteile, sondern schufen auch soziale Netzwerke, die den Vertriebenen halfen, sich in ihrer neuen Heimat zu integrieren.

Kulinarisches Erbe: Vielfalt auf dem Teller

Neben den landwirtschaftlichen Innovationen brachten die Vertriebenen auch ihre kulinarischen Traditionen mit, die eng mit der Landwirtschaft ihrer Heimat verbunden waren. Diese Gerichte bereicherten die deutsche Esskultur und wurden oft zu regionalen Klassikern.

Beispiele dafür sind schlesische Kartoffelklöße, pommersche Fischrezepte oder ostpreußische Krautspezialitäten. Diese Gerichte haben sich nicht nur in den Familien der Vertriebenen erhalten, sondern wurden auch in vielen Regionen Deutschlands fester Bestandteil der lokalen Küche. So findet man schlesische Kartoffelklöße heute häufig in süddeutschen Gasthäusern, während ostpreußische Krautspezialitäten auf Wochenmärkten in Norddeutschland angeboten werden. Diese kulinarischen Traditionen haben die deutsche Esskultur nachhaltig bereichert und stehen exemplarisch für die gelungene Integration von regionalen Einflüssen. Viele dieser Rezepte fanden Eingang in

---

15 Quelle: https://www.lwl-archivamt.de/de/archivberatung/wirtschaftsarchive/

die regionale Küche und sind bis heute fester Bestandteil der deutschen Esskultur. Sie stehen nicht nur für eine Verbindung zwischen Vergangenheit und Gegenwart, sondern auch für die kulturelle Vielfalt, die die Vertriebenen mitbrachten.

Die landwirtschaftlichen Beiträge der Vertriebenen waren ein Schlüsselfaktor für die Erholung und Weiterentwicklung der deutschen Agrarwirtschaft. Durch die Kombination von traditionellen Kenntnissen und modernen Ansätzen prägten sie nachhaltig die Landwirtschaft und trugen zur wirtschaftlichen Stabilität und kulturellen Vielfalt bei. Ihre Innovationen und Traditionen sind bis heute sichtbar und zeugen von der Resilienz und dem Unternehmergeist dieser Bevölkerungsgruppe.[16]

4. Herausforderungen und Erfolgsgeschichten

Die Vertriebenen sahen sich nach ihrer Ankunft in Westdeutschland mit einer Vielzahl von Herausforderungen konfrontiert. Dazu zählten der Verlust von Eigentum, der Mangel an Ressourcen und soziale Spannungen, die ihre Eingliederung erschwerten. Trotz dieser Widrigkeiten gelang es vielen von ihnen, ihre wirtschaftliche Existenz neu aufzubauen und bedeutende Erfolge zu erzielen. Ihre Geschichten sind geprägt von Resilienz, Unternehmergeist und dem Streben nach einer neuen Heimat.

Der Verlust von Land, Eigentum und oft auch finanziellen Rücklagen machte den wirtschaftlichen Neuanfang für viele Vertriebenen besonders schwierig. Ohne die Mittel, die sie in ihrer alten Heimat besaßen, mussten sie unter widrigsten Bedingungen neue Existenzen aufbau-

16 Michael Burleigh, Germany Turns Eastwards. A Study of Ostforschung in the Third Reich. Cambridge University Press, Cambridge u. a. 1988, ISBN 0-521-35120-0

en. Viele standen vor der Herausforderung, sich zunächst mit Notlösungen zu behelfen.

Ein Beispiel dafür ist die Region Niedersachsen, wo viele vertriebene Landwirte durch die Unterstützung lokaler Genossenschaften neue Betriebe aufbauen konnten. Diese Genossenschaften ermöglichten es den Landwirten, Maschinen zu teilen und moderne Anbaumethoden einzuführen, was wesentlich zur wirtschaftlichen Stabilität beitrug. Ähnlich erging es Handwerkern, die ihre Betriebe ohne Werkzeuge oder Maschinen wiederaufbauen mussten. Diese Einschränkungen verlangten nicht nur physische Anstrengung, sondern auch außergewöhnliche Kreativität und Durchhaltevermögen.

Die Integration der Vertriebenen wurde nicht nur durch den materiellen Mangel erschwert, sondern auch durch soziale Vorurteile und Misstrauen seitens der einheimischen Bevölkerung. In vielen Regionen wurden die Neuankömmlinge als Konkurrenz um knappe Ressourcen wie Arbeitsplätze, Wohnraum und staatliche Hilfen wahrgenommen. Diese Spannungen führten zu Konflikten und erschwerten die Eingliederung in bestehende Wirtschafts- und Gesellschaftsstrukturen.

Ein Zeitzeuge aus Bayern erinnerte sich in einem Bericht des Bayerischen Rundfunks: „Die Einheimischen schauten uns oft mit Misstrauen an und sagten, wir würden ihnen die Arbeit wegnehmen." Dabei wollten wir nur unser Leben wieder aufbauen." Trotz dieser Hindernisse arbeiteten die Vertriebenen hart daran, sich in ihre neue Heimat zu integrieren, und bewiesen dabei ein hohes Maß an Anpassungsfähigkeit.

Trotz der Herausforderungen gibt es zahlreiche Erfolgsgeschichten, die den Unternehmergeist und die Widerstandsfähigkeit der Vertriebenen verdeutlichen. Sie zeigten, dass es möglich war, aus schwierigen Bedingungen heraus Großes zu leisten und einen nachhaltigen Beitrag zur deutschen Wirtschaft zu leisten.

Ein herausragendes Beispiel ist die Textilfirma Trigema, die in der Nachkriegszeit durch die Integration von Flüchtlingen und Vertriebenen maßgeblich zum Wiederaufbau der Textilbranche beitrug. Historische Berichte zeigen, dass ähnliche Betriebe insbesondere in Nordrhein-Westfalen wichtige Arbeitsplätze schufen und die lokale Wirtschaft stärkten. Ursprünglich als kleiner Betrieb für Arbeitsbekleidung gestartet, wuchs das Unternehmen rasch und wurde zu einem der führenden Anbieter von Berufskleidung in Deutschland. Ihre innovativen Designs und die Verwendung hochwertiger Materialien machten die Marke zu einem Synonym für Qualität und Zuverlässigkeit.

Ein weiteres Beispiel ist die Entwicklung landwirtschaftlicher Betriebe in Schleswig-Holstein, wo vertriebene Familien durch die Einführung moderner Bewässerungstechniken und die Zusammenarbeit mit Genossenschaften wesentliche Beiträge zur regionalen Landwirtschaft leisteten. Diese Innovationen wurden in Berichten des Landwirtschaftlichen Zentralarchivs dokumentiert. Durch den Einsatz moderner Anbaumethoden und die Zusammenarbeit mit Genossenschaften konnte der Betrieb innerhalb weniger Jahre seine Produktion vervielfachen und einen bedeutenden Beitrag zur regionalen Versorgung leisten.

Die Vertriebenen bewiesen trotz enormer Herausforderungen eine außergewöhnliche Widerstandskraft und Entschlossenheit. Ihre Erfolgsgeschichten zeigen, dass wirtschaftlicher und sozialer Aufstieg selbst unter widrigsten Bedingungen möglich ist. Gleichzeitig erinnern sie daran, wie wichtig Unterstützung und Offenheit seitens der Aufnahmegesellschaft sind, um Integration und Erfolg zu ermöglichen. Ihre Leistungen haben die deutsche Wirtschaft nachhaltig geprägt und sind ein bedeutender Bestandteil der Nachkriegsgeschichte.

Die wirtschaftliche Prägung der Bundesrepublik durch die Vertriebenen war ein wesentlicher Bestandteil des deutschen "Wirtschaftswunders". Ihr Beitrag in den Bereichen Handwerk, Mittelstand und Landwirtschaft legte den Grundstein für die wirtschaftliche Stabilität und den Wohlstand des Nachkriegsdeutschlands. Trotz aller Hindernisse gelang es ihnen, nicht nur ihre eigenen Existenzen wieder aufzubauen, sondern auch die wirtschaftliche Struktur ihrer neuen Heimat nachhaltig zu gestalten. Ihr Erbe ist bis heute in vielen Branchen und Regionen spürbar.

6. KULTURELLE BEREICHERUNG

Die Ankunft der Vertriebenen nach dem Zweiten Weltkrieg brachte nicht nur wirtschaftliche Impulse, sondern auch eine kulturelle Bereicherung für die westdeutschen Gesellschaften. Trotz der Herausforderungen der Integration schafften es viele Vertriebenengemeinschaften, ihre Traditionen, ihre Musik, ihre Sprache und ihr Brauchtum in die neuen sozialen Strukturen einzubringen. Sie verbanden das Bewahren des Verlorenen mit der Schaffung neuer kultureller Netzwerke, die die regionale Identität vieler Orte nachhaltig prägten. Diese kulturellen Einflüsse förderten eine Vielfalt, die bis heute ein wichtiger Bestandteil der deutschen Kulturlandschaft ist.

Die kulturellen Unterschiede zwischen Vertriebenen und Einheimischen waren nicht nur eine Quelle von Missverständnissen, sondern führten auch zu Spannungen im alltäglichen Zusammenleben. Dialekte, religiöse Bräuche und traditionelle Lebensweisen der Vertriebenen wurden oft als fremdartig empfunden. Viele Vertriebenengruppen pflegten regionale Traditionen aus ihrer verlorenen Heimat, was bei Einheimischen zu Argwohn führte. Diese kulturellen Spannungen wurden oft durch fehlende Kommunikation und das Misstrauen gegenüber „Fremden" verstärkt.

1. Brauchtum und Feste: Ein Stück verlorener Heimat bewahren

Die Pflege von Brauchtum und Festen spielte eine zentrale Rolle im Leben der Vertriebenen, die nach dem Zweiten Weltkrieg in die westdeutschen Regionen umsiedelten. In einer fremden Umgebung, geprägt von wirtschaftlichen Herausforderungen und sozialer Unsicherheit, boten diese Traditionen nicht nur Halt, sondern halfen auch, kulturelle Identität zu bewahren. Gleichzeitig standen die Vertriebenen vor der Aufgabe, ihre Bräuche in eine neue gesellschaftliche Realität zu integrieren, was oft zu kreativen Anpassungen und neuen Gemeinschaftsritualen führte. Diese Traditionen boten nicht nur einen Ankerpunkt der kulturellen Identität, sondern auch eine Möglichkeit, Erinnerungen an die verlorene Heimat lebendig zu halten und an kommende Generationen weiterzugeben.

Traditionelle Feste

Viele Vertriebenengruppen brachten ihre traditionellen Festtage und Feierlichkeiten mit, die oft einen zentralen Bestandteil ihres kulturellen Lebens bildeten. So wurde beispielsweise das Schlesische Erntedankfest, das in der alten Heimat ein wichtiger Termin im Jahreskalender war, in zahlreichen Gemeinden im Westen Deutschlands wiederbelebt. In Orten wie Bochum und Nürnberg organisierten Vertriebenenvereine regelmäßig solche Feierlichkeiten, die oft mit traditionellen Tänzen und Chorgesang verbunden waren. Die Organisation lag häufig in den Händen lokaler Heimatvereine, die auch für die Beschaffung von authentischen Materialien wie Trachten und Dekorationen sorgten. Ebenso fanden ostpreußische Weihnachtsbräuche, wie das Aufstellen von Holzfiguren und das Backen spezieller Festgebäcke, Eingang in die neuen Gemeinschaften. Diese Feste boten den Vertriebenen nicht nur die Gelegenheit, ihre Traditionen zu pflegen, sondern auch neue soziale Netzwerke in der aufnehmenden Gesellschaft aufzubauen.

Neugestaltung von Feiertagen

Neben der Fortführung alter Bräuche entstanden auch neue Formen des Feierns. Heimatfeste, die von Vertriebenenverbänden in Regionen wie Schleswig-Holstein und Niedersachsen ins Leben gerufen wurden, boten eine Mischung aus traditionellen Elementen und neuen Ritualen. So wurden beispielsweise in Flensburg Heimatfeste organisiert, bei denen neben ostpreußischen Volkstänzen auch moderne Musikdarbietungen stattfanden, um jüngere Generationen einzubinden. Im Raum Bayern entwickelten sich solche Feste zu regelrechten Kulturfestivals, die regionale Besonderheiten der Vertriebenen mit den Traditionen der Aufnahmegesellschaft kombinierten. Diese Veranstaltungen wurden zu bedeutenden sozialen und kulturellen Treffpunkten. Vertriebenenverbände und regionale Vereine organisierten sogenannte Heimatfeste, die zu einer wichtigen Institution wurden. Diese Veranstaltungen dienten nicht nur der Pflege von Traditionen, sondern auch der Stärkung des Gemeinschaftsgefühls unter den Vertriebenen. Besonders bedeutsam waren die "Heimattreffen", bei denen ehemalige Nachbarn und Dorfgemeinschaften zusammenkamen, um Erinnerungen auszutauschen und die kulturelle Weitergabe an die jüngeren Generationen zu fördern. Diese Treffen entwickelten sich zu Orten der Nostalgie, aber auch der Neuorientierung in der fremden Umgebung.

Kulinarische Traditionen

Ein weiterer wichtiger Bestandteil der Brauchtumspflege war die Bewahrung kulinarischer Traditionen. Feste boten die Möglichkeit, typische Speisen der alten Heimat zuzubereiten und so die kulturelle Identität auch über den Gaumen erlebbar zu machen. Gerichte wie schlesische Mohnklöße, pommerscher Gänsebraten oder sudetendeutsche Mehlspeisen fanden nicht nur auf den Festtafeln der Vertriebenen ihren Platz, sondern bereicherten auch die regionale Gastronomie. So erzählte etwa ein ehemaliger sudetendeutscher Bäcker, wie er seine Mehlspeisen-Rezepte in einer Bäckerei in Hessen einführte und damit regionale Kunden begeisterte. Auch auf lokalen Märkten wurden traditionelle Speisen präsentiert, wie schlesischer Streuselkuchen, der schnell seinen Weg in die Backstuben westdeutscher Konditoren fand. Diese kulinarischen Geschichten illustrieren, wie Traditionen nicht nur bewahrt, sondern kreativ weiterentwickelt wurden. Manche dieser Gerichte wurden so populär, dass sie in die allgemeine westdeutsche Küche integriert wurden und bis heute ihren Platz in der kulinarischen Landschaft Deutschlands haben.

Die Pflege von Brauchtum und Festen erwies sich als entscheidender Faktor für die Bewältigung der Verlusterfahrungen und die Schaffung eines neuen Heimatgefühls. Sie bot den Vertriebenen nicht nur eine Brücke in die Vergangenheit, sondern auch eine Grundlage, um in der neuen Gesellschaft Wurzeln zu schlagen. So wurden beispielsweise gemeinsame Feste und Traditionen zu Anlässen, bei denen Einheimische und Vertriebene zusammenkamen, um sich gegenseitig kennenzulernen und Vorurteile abzubauen. In einigen Regionen halfen diese Veranstaltungen, die Aufnahmebereitschaft der einheimischen Bevölkerung zu fördern, indem sie kulturelle Vielfalt auf eine positive Weise erlebbar machten. Besonders die Integration kulinarischer Traditionen in lokale Märkte oder die Organisation von gemischten Chören und Tanzgruppen trugen dazu bei, den gesellschaftlichen Zusammenhalt zu stärken.[17]

2. Musik und Tanz: Klänge und Bewegungen der alten Heimat

Musik und Tanz waren für die Vertriebenen nach dem Zweiten Weltkrieg weit mehr als bloße Unterhaltung. Sie wurden zu einem Überlebensmechanismus, der ihnen half, trotz der schwierigen Lebensumstände in Auffanglagern und provisorischen Unterkünften Hoffnung und Zusammenhalt zu bewahren. Sie halfen ihnen, eine kulturelle Identität in der Fremde zu bewahren und ein Gemeinschaftsgefühl aufzubauen, das gerade in den ersten Jahren der Neuorientierung von großer Bedeutung war. Viele der Vertriebenen lebten zunächst

17 Bundeszentrale für politische Bildung (BpB): Vertriebene in der Bundesrepublik: Kultur und Identität. Artikelserie, 2020

114

unter schwierigen wirtschaftlichen Bedingungen in Auffanglagern oder provisorischen Unterkünften. Der Alltag war geprägt von Entbehrungen und dem Kampf um die grundlegenden Bedürfnisse. In diesem Kontext boten Musik und Tanz nicht nur Trost und Hoffnung, sondern auch eine Möglichkeit, Gemeinschaft zu erleben und kulturelle Wurzeln lebendig zu halten. Durch ihre Lieder und Tänze konnten die Vertriebenen nicht nur die Erinnerung an ihre alte Heimat wachhalten, sondern auch neue Traditionen schaffen, die ihre Erfahrungen in der neuen Umgebung widerspiegelten.

Ein Beispiel hierfür sind die zahlreichen spontanen Musik- und Tanzabende, die in den Auffanglagern organisiert wurden. Diese Veranstaltungen wurden oft von engagierten Vertriebenen selbst ins Leben gerufen, die Instrumente wie Ziehharmonikas oder Gitarren mitgebracht hatten. Diese Instrumente wurden häufig unter schwierigen Bedingungen bewahrt oder in der neuen Umgebung mühsam erworben, da sie als unverzichtbarer Bestandteil ihrer kulturellen Identität galten. Manche Vertriebenen bauten sogar einfache Musikinstrumente selbst, um die Traditionen ihrer Heimat lebendig zu halten. Beliebt waren traditionelle Lieder wie "Ännchen von Tharau" oder "Schön ist die Jugend", die gemeinsam gesungen wurden. Solche Abende boten nicht nur Ablenkung vom harten Alltag, sondern halfen auch, neue Freundschaften zu knüpfen und den Gemeinschaftsgeist zu stärken. Diese Veranstaltungen brachten die Menschen zusammen, stärkten den Gemeinschaftsgeist und gaben ihnen in schwierigen Zeiten Trost und Hoffnung.

Durch die gemeinsame Pflege von Liedern und Tänzen entstand ein starkes Gemeinschaftsgefühl, das auch jüngere Generationen prägte. Musik und Tanz wurden so zu Brücken zwischen Vergangenheit und Gegenwart sowie zwischen den Vertriebenen und ihrer neuen Umgebung. Langfristig förderten sie nicht nur den kulturellen Austausch, sondern stärkten auch das Selbstbewusstsein der Vertriebenengemeinschaften. Diese Aktivitäten halfen, Traditionen zu bewahren und gleichzeitig eine neue, gemeinsame Identität mit den Aufnahmegesellschaften zu entwickeln. So entstanden kulturelle Veranstaltungen und Kooperationen, die die deutsche Kulturlandschaft nachhaltig prägten.

Die Kraft der Volksmusik

Die Volksmusik der Vertriebenen war ein bedeutender Bestandteil ihres kulturellen Erbes. Schlesische Polkas, ostpreußische Weisen oder sudetendeutsche Walzer erklangen bei Festen und Treffen und erinnerten an die vertrauten Klänge der alten Heimat. Ein besonders bekanntes Fest war das Schlesische Sommerfest in Fulda, bei dem diese Musikstile im Mittelpunkt standen und zahlreiche Besucher anzogen. Das Fest bot nicht nur eine Bühne für Musiker und Tänzer, sondern wurde auch zu einem Treffpunkt für Einheimische und Vertriebene, die hier miteinander ins Gespräch kamen und sich kulturell austauschten. Es half dabei, Barrieren abzubauen und das Verständnis für die Traditionen der Vertriebenen in der lokalen Gemeinschaft zu stärken. Diese Veranstaltung wurde zu einem festen Termin im Kalender der Vertriebenen und diente als wichtiger Treffpunkt für den Austausch von Traditionen.

In Gemeinden wie Fulda und Nürnberg wurden regelmäßige Musikabende organisiert, bei denen diese Lieder eine zentrale Rolle spielten. Besonders populär waren Sommerfeste, bei denen Vertriebenenchöre und Musiker aus verschiedenen Regionen zusammenkamen, um gemeinsam traditionelle Melodien zu präsentieren. Häufig kamen traditionelle Instrumente wie Ziehharmonikas, Zithern oder Geigen zum Einsatz, die viele Vertriebenenfamilien mitgebracht hatten. Diese Musik spendete nicht nur Trost in schwierigen Zeiten, sondern half auch dabei, die kulturelle Identität zu bewahren. Neben diesen traditionellen Melodien entstanden auch neue Lieder, die das Leben und die Herausforderungen in der Fremde zum Thema hatten. Diese neuen

Kompositionen spiegelten die Gefühle und Hoffnungen der Vertriebenen wider und fanden schnell ihren Platz in den Gemeinschaften.

Chöre und Orchester: Tradition trifft Moderne

Viele Vertriebenengemeinschaften gründeten Chöre und Orchester, um ihr musikalisches Erbe zu pflegen und zu teilen. Diese Gruppen traten nicht nur bei internen Veranstaltungen wie Heimatabenden auf, sondern auch bei öffentlichen Festen und Konzerten. In Städten wie Hannover oder München wurden Konzerte schlesischer oder sudetendeutscher Chöre zu regelrechten Publikumsmagneten. Manche Chöre kombinierten Volkslieder mit klassischen Musikstücken und öffneten so neue musikalische Horizonte. Ein herausragendes Beispiel hierfür war der „Schlesische Sängerbund", der in den 1950er Jahren bekannte Volkslieder in aufwendigen Orchesterfassungen aufführte.

Diese Aufführungen, die oft in großen Konzertsälen wie der Philharmonie in München stattfanden, zogen nicht nur zahlreiche Vertriebene an, sondern begeisterten auch einheimische Zuhörer. Viele Einheimische lobten die außergewöhnliche Qualität und Emotionalität der Darbietungen, die ihnen einen neuen Zugang zur Kultur der Vertriebenen ermöglichten. Solche positiven Reaktionen trugen maßgeblich dazu bei, Vorurteile abzubauen und die Akzeptanz der Vertriebenengemeinschaften in der neuen Gesellschaft zu fördern. Die Verbindung von vertrauten Volksmelodien mit anspruchsvollen Arrangements wurde als Brücke zwischen den Kulturen wahrgenommen und trug dazu bei, die musikalische Landschaft der Nachkriegszeit nachhaltig zu bereichern.

Ihre Interpretation des Liedes "Kein schöner Land" in Kombination mit Beethoven-Arrangements zog bei Konzerten in München und Frankfurt hunderte Zuhörer an. Solche innovativen Darbietungen schufen nicht nur ein neues musikalisches Erlebnis, sondern stärkten auch den kulturellen Austausch zwischen Vertriebenen und Einheimischen. Solche Experimente fanden nicht nur bei den Vertriebenen selbst Anklang, sondern weckten auch das Interesse der einheimischen Bevölkerung.

Volkstanzgruppen: Bewegte Traditionen

Ein besonders lebendiger Ausdruck der kulturellen Identität waren die Volkstanzgruppen. Sie präsentierten Tänze wie schlesische Rundtänze oder sudetendeutsche Figurentänze in traditionellen Trachten, die oft mit großer Liebe zum Detail gefertigt wurden. Die Auftritte dieser Gruppen waren nicht nur bei Vertriebenenfesten, sondern auch bei regionalen und örtlichen Veranstaltungen ein Highlight. In Regionen wie Schleswig-Holstein und Bayern arbeiteten sie häufig mit einheimischen Tanzvereinen zusammen, was den kulturellen Austausch förderte.

Gemeinsame Tanzveranstaltungen, bei denen sowohl die Traditionen der Vertriebenen als auch die der einheimischen Gesellschaft gefeiert wurden, trugen dazu bei, Vorurteile abzubauen und das gegenseitige Verständnis zu stärken. Ein markantes Beispiel hierfür war das Tanz- und Trachtenfest in Lübeck im Jahr 1956, bei dem schlesische Tänze neben norddeutschen Volkstänzen präsentiert wurden. Die Zusammenarbeit zwischen den Gruppen wurde durch lokale Kulturvereine und Vertriebenenorganisationen koordiniert, die sowohl Tänzer als auch Musiker auswählten und gemeinsame Proben organisierten. Diese Kooperation förderte nicht nur das gegenseitige Verständnis, sondern zeigte auch, wie gemeinsame Ziele kulturelle Grenzen überwinden können.

Die Veranstaltung zog zahlreiche Besucher aus beiden Gruppen an und führte nicht nur zu gegenseitigem Interesse, sondern auch zu einer langfristigen Zusammenarbeit zwischen Vertriebenenvereinen und lokalen Kulturverbänden. Solche Ereignisse förderten ein positives Bild kultureller Vielfalt und stärkten den sozialen Zusammenhalt in der Region. Ein bekanntes Beispiel war das jährliche Tanzfest in Schleswig-Holstein, bei dem sudetendeutsche Volkstänze gemeinsam mit lokalen norddeutschen Tänzen aufgeführt wurden. Diese Veranstaltungen führten nicht nur zu persönlichen Begegnungen, sondern stärkten auch das Gemeinschaftsgefühl in den Aufnahmegemeinden. Langfristig trugen sie dazu bei, kulturelle Vielfalt als Bereicherung zu betrachten und die Integration auf beiden Seiten zu fördern.

Eine Brücke in die Zukunft

Musik und Tanz waren weit mehr als eine nostalgische Rückbesinnung. Sie schufen Gelegenheiten für Begegnung und Austausch, die weit über den kulturellen Bereich hinausgingen. Durch diese Aktivitäten entstanden dauerhafte Traditionen, die bis heute gepflegt werden und die kulturelle Landschaft Deutschlands bereichern. Ein Beispiel hierfür ist das jährliche Sudetendeutsche Volkstanzfest, das seit den 1950er Jahren stattfindet und noch immer Hunderte von Teilnehmern und Zuschauern anzieht.

Dieses Fest dient nicht nur der Präsentation traditioneller Tänze, sondern bietet auch Workshops und Vorträge, in denen die Geschichte und Bedeutung der sudetendeutschen Kultur vermittelt werden. Solche Aktivitäten stellen sicher, dass die Tänze und Bräuche nicht nur erhalten bleiben, sondern auch an die jüngeren Generationen weitergegeben werden, wodurch das kulturelle Erbe lebendig bleibt. Hier werden nicht nur die alten Tänze lebendig gehalten, sondern auch neue Generationen in die Pflege dieser Traditionen eingebunden. Sie sind ein Beweis dafür, dass kulturelles Erbe nicht nur bewahrt, sondern auch kreativ weiterentwickelt werden kann, um in einer neuen Umgebung Bestand zu haben.[18]

18 Quellen: 1. Bundeszentrale für politische Bildung (BpB): Kulturelles Erbe der Vertriebenen in Deutschland. Artikelserie, 2020 2. Deutscher Verband für Volksmusik: Volksmusik und Integration nach 1945. Stuttgart: Volkskultur-Verlag, 2002

3. Sprache und Dialekte: Sprachliche Vielfalt als kulturelles Erbe

Nach dem Zweiten Weltkrieg war die Sprache für die Vertriebenen nicht nur eine Art, sich zu verständigen, sondern ein wichtiger Teil ihrer kulturellen Identität. Ein Beispiel dafür ist die Familie Schumann aus Schlesien, die nach ihrer Flucht in ein niedersächsisches Dorf ihre Heimatverbundenheit durch die Pflege ihres schlesischen Dialekts ausdrückte. Während die Eltern darauf bestanden, zu Hause in ihrem vertrauten Dialekt zu sprechen, bemühten sich die Kinder, in der Schule den regionalen niedersächsischen Dialekt zu lernen. Diese zweisprachige Lebensrealität zeigte, wie Sprache sowohl eine Brücke zur neuen Gemeinschaft als auch ein Anker zur alten Heimat sein konnte. In einer neuen Umgebung, in der oft andere Dialekte gesprochen wurden, waren Sprache und Dialekte ein Stück Heimat, das sie mitnehmen konnten. Viele Vertriebenen hatten Schwierigkeiten, sich an die neue sprachliche Umgebung zu gewöhnen, aber sie bewahrten ihre Dialekte in der Familie und in ihrer Gemeinschaft. Gleichzeitig war die Sprache eine Brücke, die es ermöglichte, ihre Kultur in der Fremde lebendig zu halten.

Dialekte: Herausforderung und Erhalt

Die Dialekte der Vertriebenen, wie das Schlesische, Ostpreußische oder Sudetendeutsche, waren oft ungewohnt für die Einheimischen. Begriffe wie "Guckkasten" (Schlesisch für Fernsehgerät) oder "Katschmare" (Ostpreußisch für Gastwirtschaft) sorgten häufig für Verwirrung und Missverständnisse. Solche Unterschiede machten es für die Vertriebenen noch schwerer, sich in der neuen Umgebung zu integrieren, und führten oft zu amüsanten, aber auch irritierenden Situationen. Trotzdem ließen sich viele Vertriebenen nicht entmutigen. Sie sprachen ihre Dialekte weiter, vor allem zu Hause oder bei Treffen mit anderen Vertriebenen. Dabei wurden traditionelle Ausdrücke und Redewendungen an die nächste Generation weitergegeben. Viele Gemeinden organisierten regelmäßige "Dialektnachmittage", bei denen

Gedichte vorgetragen und typische Redewendungen geübt wurden. Diese Bemühungen sorgten dafür, dass die Dialekte nicht verloren gingen und ein wichtiger Teil des kulturellen Erbes blieben. In manchen Regionen entwickelten sich sogar Sprachgruppen, die gezielt daran arbeiteten, die Unterschiede zwischen Dialekten zu dokumentieren und zu bewahren. Solche Initiativen stärkten nicht nur die sprachliche Vielfalt, sondern auch das Gemeinschaftsgefühl.

Literatur und Mundartdichtung: Erinnerungen in Worten

Die Sprache der alten Heimat lebte nicht nur im Alltag weiter, sondern auch in der Literatur. Autoren aus den Kreisen der Vertriebenen schrieben Gedichte, Erzählungen und Bücher in ihren Dialekten. Diese Texte waren nicht nur Kunstwerke, sondern auch ein Mittel, um die Vergangenheit lebendig zu halten. Autoren wie Erich Albrecht oder Franz Jesser beschrieben in ihren Werken die Sprache, die Landschaften und die Kultur ihrer alten Heimat. Erich Albrecht, bekannt für seine Gedichtsammlung "Die Stimmen der Heimat", bewahrte mit seinen Versen typische sprachliche Wendungen des Schlesischen. Franz Jesser hingegen schilderte in seinem Roman "Wege nach Böhmen" die Bedeutung von Dialekt und lokaler Kultur für das Leben der Vertriebenen. Solche Werke halfen nicht nur den Vertriebenen, ihre Erinnerungen lebendig zu halten, sondern gaben auch Außenstehenden einen Einblick in die verlorene Vielfalt der alten deutschen Ostgebiete. Besonders die Mundartdichtung war wichtig, da sie typisch regionale Redewendungen und Sprachstile bewahrte. Diese Werke wurden nicht nur in den Gemeinschaften der Vertriebenen geschätzt, sondern fanden auch Anerkennung in der deutschen Literaturwelt. Lesungen dieser Texte fanden häufig bei regionalen Festen oder in Heimatstuben statt, wo sie nicht nur Nostalgie, sondern auch Stolz auf die bewahrte Kultur hervorriefen. Darüber hinaus förderten einige Literaturpreise, wie der "Heimatliteraturpreis", gezielt Werke, die sich mit der Sprache und Kultur der Vertriebenen beschäftigten. Dies half, diese literarischen Werke auch in der breiten Öffentlichkeit sichtbar zu machen.

Sprache als Zeichen von Identität

In den ersten Jahren nach der Vertreibung war die Sprache für die Vertriebenen ein Schlüssel zu ihrer Identität. Sie verband die Menschen mit ihrer Vergangenheit und zeigte, woher sie kamen. Heimatstuben und Museen halfen dabei, Dialekte und typische Ausdrücke zu bewahren. Sie sammelten alte Redewendungen, Lieder und Gedichte, um sie für spätere Generationen zugänglich zu machen. In einigen Heimatstuben wurden interaktive Ausstellungen eingerichtet, in denen Besucher Dialekte hören und lernen konnten. Diese Ausstellungen umfassten oft Audiostationen, an denen traditionelle Redewendungen und typische Dialoge abgespielt wurden. Besucher konnten zudem durch visuelle Darstellungen, wie Karten und Videos, die Verbreitung und Entwicklung der Dialekte nachvollziehen. Besonders beliebt waren Stationen, an denen man eigene Sprachaufnahmen machen und mit den alten Dialekten vergleichen konnte. Diese Kombination aus Hörerlebnis und aktiver Beteiligung machte die Ausstellungen zu einem lebendigen Ort der Begegnung mit der sprachlichen Vergangenheit. Auch Tonaufnahmen von älteren Vertriebenen spielten eine wichtige Rolle bei der Archivierung dieses sprachlichen Erbes. Ein bemerkenswertes Beispiel dafür ist das Projekt "Sprachbrücken", das in den 1960er Jahren in mehreren Regionen Deutschlands ins Leben gerufen wurde. Diese Initiative brachte Vertriebenenverbände und lokale Kulturvereine zusammen, um Dialekte in Tonaufnahmen, schriftlichen Sammlungen und Lehrmaterialien zu dokumentieren. Die Ergebnisse fanden nicht nur in Museen, sondern auch in Schulen Verwendung, um junge Menschen für die sprachliche Vielfalt zu sensibilisieren.

Die Sprache der Vertriebenen war ein wichtiger Teil ihres Lebens. Trotz vieler Herausforderungen gelang es ihnen, ihre Dialekte zu bewahren und sie an ihre Kinder weiterzugeben. Literatur und Museen halfen, dieses Erbe zu sichern. Besonders die Kombination aus persönlichem Engagement, literarischem Schaffen und institutioneller Unterstützung trug dazu bei, dass diese Sprachtraditionen nicht in Vergessenheit gerieten. So bleibt die Sprache nicht nur eine Brücke zur Vergangenheit, sondern auch ein lebendiges Symbol für die kulturelle Vielfalt und die Geschichte der Vertriebenen. Sie erinnert daran, wie eng Sprache mit Identität und kultureller Zugehörigkeit verbunden ist.[19]

4. Regionale Vereine und Heimatstuben: Orte der Erinnerung und Begegnung

Nach dem Zweiten Weltkrieg spielten regionale Vereine und Heimatstuben eine zentrale Rolle im Leben der Vertriebenen. Diese Organisationen und Einrichtungen waren nicht nur ein Ort der Erinnerung, sondern auch Plattformen für den kulturellen Austausch und die Bewahrung der verlorenen Traditionen. Sie halfen den Vertriebenen, ihre kulturelle Identität zu bewahren, und trugen zur Integration in die neue Gesellschaft bei.

Heimatvereine: Die Pflege der Traditionen

In nahezu jeder Region Westdeutschlands entstanden Heimatvereine der Vertriebenen. Diese Organisationen wurden oft von engagierten Vertriebenen gegründet, die den Wunsch hatten, ihre Kultur und Geschichte zu bewahren. Die Vereine organisierten traditionelle Feste, bei denen typische Musik, Tanz und Speisen der alten Heimat im Mittelpunkt standen. Neben der Unterhaltung lag ein wichtiger Fokus

19 Quelle: Deutsches Literaturarchiv: Mundart und Erinnerung: Literarische Zeugnisse der Vertreibung. Stuttgart: Archiv Verlag, 2012

darauf, die Geschichte und Kultur an die nächste Generation weiterzugeben. Häufig wurden hier auch Vorträge über die Geschichte der ehemaligen deutschen Ostgebiete gehalten, um das Bewusstsein für die gemeinsame Vergangenheit zu schärfen.

Ein besonders bekanntes Beispiel ist der "Schlesische Heimatbund", der in den 1950er Jahren in Bayern gegründet wurde. Dieser Verein organisierte nicht nur kulturelle Veranstaltungen wie Tanz- und Musikfeste, sondern auch Bildungsprojekte, bei denen die Geschichte Schlesiens durch Vorträge, Workshops und Publikationen vermittelt wurde. Besonders bekannt war das jährliche "Schlesische Erntedankfest", bei dem traditionelle Lieder und Tänze im Mittelpunkt standen und zahlreiche Besucher aus der gesamten Region anzogen. Solche Aktivitäten förderten nicht nur den Zusammenhalt innerhalb der Gemeinschaft, sondern zogen auch das Interesse der einheimischen Bevölkerung auf sich. Besonders populär waren dabei kulinarische Veranstaltungen, bei denen traditionelle Gerichte wie Schlesische Mohnklöße und Sudetendeutsche Mehlspeisen angeboten wurden. Diese Treffen vereinten Bildung, Kultur und Gemeinschaft und trugen dazu bei, die Vertriebenenkultur in das Leben der neuen Heimat zu integrieren.

Heimatstuben: Erinnerungen zum Anfassen

Heimatstuben wurden in vielen Gemeinden eingerichtet, um Erinnerungsstücke, Karten, Trachten und Gegenstände aus der alten Heimat auszustellen. Diese kleinen Museen waren meist liebevoll von den Heimatvereinen gestaltet und boten den Vertriebenen die Möglichkeit, einen Hauch ihrer verlorenen Heimat zu erleben. Für Einheimische waren sie eine Gelegenheit, mehr über die Kultur und das Leben der Vertriebenen zu erfahren. Die ausgestellten Objekte reichten von Alltagsgegenständen wie Kochgeschirr und Werkzeugen bis hin zu kunstvoll gefertigten Trachten und historischen Dokumenten.

Besondere Aufmerksamkeit fanden oft große, detaillierte Landkarten der alten Heimatregionen, die mit Erklärungen und Anekdoten ergänzt wurden. Diese Karten boten nicht nur geografische Informationen, sondern erzählten auch Geschichten von Flucht und Neubeginn. Besucher, insbesondere Nachkommen der Vertriebenen, konnten durch diese Karten die Orte ihrer Herkunft nachvollziehen und emotional eine Verbindung zur alten Heimat herstellen. Für viele Einheimische waren sie zudem eine Möglichkeit, die Kultur und das Leben in den verlorenen Gebieten besser zu verstehen. Sie wurden oft zum Mittelpunkt von Gesprächen und persönlichen Erzählungen, die den Museumsbesuch zu einem intensiven Erlebnis machten. Eine solche Karte, die in einer Heimatstube in Niedersachsen ausgestellt war, zeigte beispielsweise die exakten Grenzen der alten schlesischen Gemeinden und war mit persönlichen Geschichten über das Leben vor der Vertreibung versehen. Darüber hinaus boten viele Heimatstuben spezielle Veranstaltungen wie Erlebnistage an, bei denen Besucher Trachten anprobieren oder typische Gerichte aus den ehemaligen Ostgebieten kosten konnten. Diese Stuben wurden somit zu lebendigen Orten der Begegnung, an denen sich unterschiedliche Generationen und Bevölkerungsgruppen austauschen konnten.

Ein Beispiel für die Bedeutung dieser Heimatstuben ist die Einrichtung einer "Virtuellen Heimatstube"[20] im Jahr 2020, die es ermöglicht, digitale Rundgänge durch historische Ausstellungen zu unternehmen. Diese virtuelle Umsetzung erlaubt es, auch in Zeiten moderner Technologie eine Verbindung zur Geschichte und Kultur der Vertriebenen herzustellen. Solche Initiativen zeigen, wie diese Traditionen auch in der modernen Zeit weiterleben.

---

20 Quelle: z. B. https://www.land.nrw/pressemitteilung/virtuelle-heimatstuben-erinnerung-bewahren-und-fuer-die-zukunft-nutzen

Kulturelle Netzwerke: Zusammenarbeit und Austausch

Viele Heimatvereine vernetzten sich regional und überregional, um gemeinsame Projekte zu realisieren. Diese Netzwerke waren entscheidend, um die Reichweite ihrer Arbeit zu erhöhen und den kulturellen Austausch zu fördern. Zu den gemeinsamen Projekten gehörten die Erstellung von Chroniken, die Organisation von Folklorefestivals oder die Dokumentation von Bräuchen und Traditionen.

Ein Beispiel dafür ist das jährliche "Vertriebenentreffen", bei dem Vertreter verschiedener Heimatvereine zusammenkamen, um Erfahrungen auszutauschen und neue Initiativen zu starten. Diese Treffen wurden nicht nur für kulturelle Präsentationen genutzt, sondern auch, um politische Forderungen wie die Anerkennung der besonderen Leistungen der Vertriebenen in der deutschen Gesellschaft zu formulieren. Besonders die Durchführung von groß angelegten Folklorefestivals, bei denen Tanzgruppen aus unterschiedlichen Regionen auftraten, zeigte die Vielfalt und Kreativität der Vertriebenenkultur.

Darüber hinaus entstanden überregionale Publikationen wie "Das Heimatjournal", eine monatliche Zeitschrift, die Artikel zu historischen Themen, Porträts von Heimatvereinen und Berichte über Veranstaltungen enthielt. Eine besonders beachtete Ausgabe widmete sich im Jahr 1965 den Heimatstuben in Niedersachsen und bot einen umfassenden Einblick in ihre Arbeit sowie Interviews mit Zeitzeugen, die von der Bedeutung dieser Einrichtungen für die Vertriebenengemeinschaft erzählten. Solche Ausgaben trugen dazu bei, das Interesse der Öffentlichkeit an den Themen der Vertriebenen zu wecken. Diese Netzwerke halfen nicht nur, die Kultur und Geschichte der Vertriebenen zu bewahren, sondern machten ihre Bedeutung auch in der breiteren deutschen Gesellschaft sichtbar.

Zeitleiste: Gründung wichtiger Heimatvereine und Initiativen

- **1949**: Gründung des ersten regionalen Heimatvereins in Niedersachsen zur Unterstützung schlesischer Vertriebener.

- **1950**: Erste Organisationen schließen sich zu überregionalen Netzwerken zusammen, um den kulturellen Austausch zu fördern.

- **1955**: Beginn der jährlichen "Vertriebenentreffen", um politische und kulturelle Anliegen zu diskutieren.

- **1960**: Veröffentlichung der ersten Ausgabe von „Das Heimatjournal", einer Zeitschrift zur Dokumentation von Bräuchen und Traditionen.

- **1985**: Digitalisierung von Archiven beginnt, um die kulturellen Schätze der Heimatvereine zu bewahren.

- **2020**: Einführung der ersten „Virtuellen Heimatstube", die digitale Rundgänge und interaktive Erlebnisse ermöglicht.

Zukunftsperspektiven: Die Bewahrung des kulturellen Erbes

Mit dem Generationswechsel in den 1980er und 1990er Jahren standen viele Heimatvereine vor der Herausforderung, die jüngeren Generationen für ihre Arbeit zu gewinnen. Projekte wie die Digitalisierung historischer Dokumente und die Erstellung virtueller Heimatstuben haben dazu beigetragen, das kulturelle Erbe auch in der modernen Zeit zu sichern. Virtuelle Rundgänge durch Heimatstuben, bei denen Nutzer interaktiv Informationen zu den ausgestellten Objekten abrufen können, haben sich als besonders beliebt erwiesen.

Ein weiteres Beispiel sind Schulprojekte, bei denen Schüler ältere Vertriebene interviewen und deren Geschichten aufzeichnen. Diese Projekte wurden oft in Zusammenarbeit mit Heimatvereinen und Schulen organisiert und boten sowohl eine didaktische als auch eine emotionale Komponente. Ein besonders beeindruckendes Beispiel stammt aus einem Schulprojekt in Bayern, bei dem ein Schüler das Leben einer 90-jährigen Zeitzeugin dokumentierte, die von ihrer Flucht aus Schlesien erzählte. Diese Geschichte, die von Verlust und Neubeginn handelt, wurde später in einer regionalen Ausstellung präsentiert und bewegte viele Besucher. Solche Projekte ermöglichen es jungen Menschen, Geschichte aus erster Hand zu erfahren, und bewahren gleichzeitig wertvolle Erinnerungen für kommende Generationen. Diese Aufnahmen werden oft in Archiven der Heimatvereine aufbewahrt und für Ausstellungen oder Dokumentationen genutzt. Solche Initiativen tragen nicht nur zur Bewahrung des kulturellen Erbes bei, sondern sensibilisieren auch junge Menschen für die Bedeutung von Geschichte und kultureller Identität. Auch die Zusammenarbeit mit Kulturinstitutionen und die Einbindung moderner Technologien tragen dazu bei, das Erbe der Vertriebenen lebendig zu halten.

Regionale Vereine und Heimatstuben waren mehr als nur Orte der Erinnerung. Sie boten den Vertriebenen ein Stück Heimat in der Fremde, halfen bei der Integration und förderten den kulturellen Austausch. Durch ihr Engagement trugen sie wesentlich dazu bei, die Kultur und Geschichte der Vertriebenen zu bewahren und einer breiteren Öffentlichkeit zugänglich zu machen. Besonders die Vernetzung und die Nutzung moderner Technologien stellen sicher, dass dieses wertvolle Erbe auch für kommende Generationen lebendig bleibt.[21]

5. Der langfristige Einfluss: Integration und Bereicherung

Die kulturellen Einflüsse der Vertriebenen haben die Gesellschaft in den Aufnahmegebieten nachhaltig geprägt. Ihre Bräuche, Traditionen

---

21 Quelle: Bundeszentrale für politische Bildung (BpB): Kulturelles Erbe der Vertriebenen in Deutschland. Artikelserie, 2020

und kulturellen Ausdrucksformen wurden nicht nur bewahrt, sondern auch in das gemeinschaftliche Leben integriert und weiterentwickelt. Dieser Prozess hat zur Bereicherung der regionalen Kultur beigetragen und den sozialen Zusammenhalt gestärkt.

Kulturelle Vielfalt: Ein bleibendes Erbe

Viele von den Vertriebenen eingeführte Traditionen sind heute fester Bestandteil des kulturellen Lebens in den Regionen, in denen sie sich niedergelassen haben. In Bayern pflegen zahlreiche Volkstanzgruppen schlesische oder sudetendeutsche Trachten und treten bei Festen auf. In Niedersachsen sind Lieder aus dem ostpreußischen Liedgut Bestandteil des Repertoires vieler Chöre. Auch kulinarische Traditionen wie schlesische Mohnklöße und sudetendeutsche Mehlspeisen bereichern regionale Speisekarten und Familienfeiern. Diese Elemente verdeutlichen, wie tief die kulturellen Beiträge der Vertriebenen in den Alltag eingewoben sind.

Integration durch Kultur: Brücken zwischen Einheimischen und Vertriebenen

Die Teilnahme an Festen und kulturellen Veranstaltungen trug zur Integration der Vertriebenen bei, indem sie Vorurteile abbauten und Gemeinsamkeiten aufzeigten. Einheimische und Vertriebene fanden über Musik, Tanz und gemeinsames Feiern zusammen, was zu gegenseitigem Verständnis und kultureller Verschmelzung führte.

Ein Beispiel ist das jährliche "Heimat- und Trachtenfest" in Hessen, bei dem Bräuche der Vertriebenen und lokale Traditionen gemeinsam vorgestellt werden. Auch das "Ostpreußische Sommerfest" in Niedersachsen, das traditionelle Künste und handwerkliche Fertigkeiten präsentiert, ist ein beliebter Treffpunkt.

In Schulen trugen Projektwochen dazu bei, die Bräuche der Vertriebenen zu vermitteln und ein Bewusstsein für kulturelle Vielfalt zu schaffen. Partnerschaften mit Heimatvereinen boten Schülern Workshops, in denen sie Handwerkstechniken und die Kultur der Vertriebenen praktisch erleben konnten.

Der Einfluss auf die lokale Kunst- und Kulturszene

Die kulturellen Einflüsse der Vertriebenen haben auch die lokale Kunst- und Kulturszene nachhaltig bereichert. Zahlreiche regionale Theater und Musikgruppen nahmen die Geschichten und Traditionen der Vertriebenen in ihre Programme auf. So entstanden Theaterstücke, die das Leben in den alten Heimatregionen oder die Herausforderungen der Integration thematisierten. Diese Werke fanden nicht nur innerhalb der Vertriebenengemeinschaft Anklang, sondern wurden auch von einer breiteren Öffentlichkeit geschätzt.

Auch in der bildenden Kunst spiegelten sich die Erfahrungen der Vertriebenen wider. Maler und Bildhauer aus den Reihen der Vertriebenen dokumentierten in ihren Werken die Landschaften ihrer Heimat oder das Leid der Flucht und Vertreibung. Diese Kunstwerke fanden oft ihren Weg in regionale Museen oder Heimatstuben und trugen dazu bei, das Bewusstsein für die Geschichte der Vertriebenen zu stärken.

Vielfalt als Bereicherung

Die kulturellen Einflüsse der Vertriebenen haben nicht nur zur Integration beigetragen, sondern die Gesellschaft in vielen Bereichen bereichert. Ihre Bräuche und Traditionen sind ein bleibendes Erbe, das die kulturelle Vielfalt Deutschlands nachhaltig geprägt hat. Die gemeinsame Feier von Festen, die Aufnahme ihrer Traditionen in die lokale Kunst und die gegenseitige kulturelle Bereicherung zeigen, dass Vielfalt nicht nur Herausforderungen, sondern vor allem Chancen und Wachstum mit sich bringt. Diese Einflüsse verdeutlichen, wie wichtig kultureller Austausch für den sozialen Zusammenhalt und die Entwicklung einer offenen Gesellschaft ist.

Die Vertriebenen hinterließen ein tiefgreifendes kulturelles Erbe in Westdeutschland. Ihre Traditionen, ihre Musik, ihre Sprache und ihre Vereinskultur prägten nicht nur die regionalen Identitäten, sondern bereicherten auch die gesamte Gesellschaft. Indem sie ihre kulturellen Wurzeln bewahrten und gleichzeitig in die neue Umgebung integrierten, trugen sie dazu bei, das Fundament für eine vielseitige und lebendige Kultur in der Bundesrepublik Deutschland zu schaffen.[22]

22 Marita Krauss, et al., als Herausgeberin: Integrationen. Vertriebene in den deutschen Ländern nach 1945. Vandenhoeck & Ruprecht, Göttingen 2008, ISBN 978-3-525-36757-5

7. WEST- UND OSTDEUTSCHLAND: ZWEI NARRATIVE

Die Nachkriegsgeschichte Deutschlands ist untrennbar mit der Flucht und Vertreibung von Millionen Menschen aus den ehemaligen Ostgebieten verbunden. Doch der Umgang mit den Vertriebenen nahm in den beiden deutschen Staaten – der Bundesrepublik Deutschland (BRD) und der Deutschen Demokratischen Republik (DDR) – sehr unterschiedliche Formen an. Diese Unterschiede sind nicht nur Ausdruck der divergierenden politischen Systeme, sondern auch Spiegelbild der unterschiedlichen Narrative, die die beiden Staaten über ihre nationale Identität und Geschichte entwickelten.

Die Bundesrepublik Deutschland: Integration und Erinnerung

Die Integration und Erinnerung an die Vertriebenen spielte in der Bundesrepublik Deutschland (BRD) eine wesentliche Rolle bei der politischen und gesellschaftlichen Entwicklung nach dem Zweiten Weltkrieg. Die Eingliederung von Millionen Menschen, die aus den ehemaligen deutschen Ostgebieten vertrieben wurden, stellte eine der größten Herausforderungen für die junge Republik dar. Bereits in den 1950er Jahren implementierte die Bundesregierung umfassende Maßnahmen, um die wirtschaftliche und soziale Integration der Neuankömmlinge zu erleichtern und gleichzeitig die Grundlage für eine stabile Gesellschaft zu schaffen.

Auf politischer Ebene hielten der Bund der Vertriebenen (BdV) und weitere Interessenverbände das Thema Flucht und Vertreibung in der öffentlichen Debatte präsent. Diese Organisationen vertraten die Rechte der Vertriebenen auf nationaler und internationaler Ebene und hielten die Erinnerung an die verlorenen Heimatgebiete lebendig. Der BdV organisierte regelmäßig Gedenkveranstaltungen und setzte sich aktiv für die gesetzliche Verankerung der Rechte der Vertriebenen ein, wie beispielsweise bei der Ausarbeitung des Bundesvertriebenengesetzes. Darüber hinaus lancierte der Verband Publikationen wie die Zeitschrift "Der Heimatbrief", die nicht nur Informationen und Berichte für die Vertriebenen selbst bereitstellte, sondern auch eine Plattform für den politischen Diskurs bot. Kampagnen wie die "Wahrung des Rechts auf die Heimat" unterstrichen den Anspruch auf Anerkennung und Wiedergutmachung und trugen dazu bei, das Schicksal der Vertriebenen nachhaltig im kollektiven Bewusstsein der westdeutschen Gesellschaft zu verankern.

Die BRD entwickelte ein Narrativ, das die Vertriebenen als Opfer des Zweiten Weltkriegs und der Nachkriegsordnung darstellte. Dieses Bild wurde in Schulbüchern der 1950er und 1960er Jahre gezielt durch die Darstellung von Fluchterlebnissen und den Verlust der Ostgebiete verstärkt. So fanden sich in Lehrmaterialien oft persönliche Schilderungen von Vertriebenen, die ihre Heimat verlassen mussten, ergänzt durch emotionale Fotografien zerstörter Dörfer und überfüllter Flüchtlingstrecks. Auch die Medien griffen dieses Narrativ auf: In populären Dokumentarfilmen und Radiosendungen wurde das Leid der Vertriebenen betont, um sowohl Mitgefühl zu wecken als auch den moralischen Gegensatz zur DDR und den osteuropäischen Staaten zu unterstreichen.

Diese Perspektive diente nicht nur dazu, Empathie für die Betroffenen zu schaffen, sondern auch, um sich moralisch von der Deutschen Demokratischen Republik (DDR) und der Sowjetunion abzugrenzen. Gleichzeitig bemühte sich die westdeutsche Erinnerungskultur, das Narrativ der Vertriebenen in das nationale Selbstverständnis zu integrieren, ohne dabei die Verantwortung Deutschlands für den Ausbruch des Zweiten Weltkriegs und die Verbrechen des Nationalsozialismus völlig auszublenden.

Die Integrationsleistungen der BRD für die Vertriebenen trugen entscheidend zur Stabilität und zum wirtschaftlichen Wiederaufbau der jungen Republik bei. Diese Leistungen verdeutlichen, wie eine Gesellschaft durch politische Weitsicht und solidarisches Handeln in der Lage ist, immense Herausforderungen zu bewältigen. Die Vertriebenenpolitik der BRD ist damit nicht nur ein Beispiel für gelungene Integration, sondern auch ein wichtiger Bestandteil der deutschen Nachkriegsgeschichte.

Die DDR: Verdrängung und Ideologie

Die Deutsche Demokratische Republik (DDR) ging mit dem Thema Flucht und Vertreibung grundlegend anders um als die Bundesrepublik Deutschland. Während in der Bundesrepublik die Vertriebenenfrage eine zentrale Rolle in Gesellschaft und Politik spielte, wurde sie in der DDR weitgehend tabuisiert. Zum Beispiel richtete die Bundesrepublik mit dem Lastenausgleichsgesetz von 1952 umfangreiche finanzielle Entschädigungen ein, um die Vertriebenen zu unterstützen. In der DDR hingegen war es ideologisch nicht erwünscht, die Erfahrungen der Vertriebenen öffentlich zu thematisieren, da dies die engen Beziehungen zu Polen und der Tschechoslowakei, den wichtigsten sozialistischen Partnerstaaten, hätte belasten können.

Politische Linie und ideologische Vorgaben

In der DDR wurde dieses Thema kaum öffentlich besprochen, weil es nicht in die politische Linie des Staates passte. Die ideologische Ausrichtung der DDR betonte den Aufbau einer sozialistischen Gesellschaft und die enge Zusammenarbeit mit den sozialistischen Bruderstaaten. Diese Perspektive diente dazu, die Rolle der DDR als antifaschistisches Gegenmodell zur Bundesrepublik zu stärken, was eine Thematisierung der Vertreibungen als historisches Unrecht unvereinbar machte. Die DDR sah sich selbst als antifaschistischen Staat, der sich darauf konzentrierte, die Verbrechen des Nationalsozialismus aufzuarbeiten. Gleichzeitig wollte die DDR ihre engen Beziehungen zu sozialistischen Bruderstaaten wie Polen und der Tschechoslowakei stärken.

Ein konkretes Beispiel hierfür war der 1950 geschlossene Görlitzer Vertrag zwischen der DDR und Polen, in dem die Oder-Neiße-Linie als Staatsgrenze anerkannt wurde. Dieser Schritt diente nicht nur der Festigung der Beziehungen zu Polen, sondern auch der ideologischen Untermauerung der DDR als antifaschistischer Staat, der sich von der Politik der Bundesrepublik abgrenzte. Gleichzeitig verhinderte die Betonung solcher außenpolitischer Maßnahmen eine offene Diskussion über die Vertreibung, um das Bündnis nicht zu gefährden.

Verdrängung in der öffentlichen Erinnerungskultur

In der DDR wurden die Vertriebenen offiziell nicht als eigene Gruppe anerkannt. Sie wurden "Umsiedler" genannt und sollten sich schnell in die sozialistische Gesellschaft integrieren. Damit wollte man vermeiden, dass sie eine besondere Unterstützung benötigten oder ihre Erfahrungen öffentlich gemacht wurden. Anders als in der Bundesrepublik gab es kaum Programme oder staatliche Hilfen, die speziell auf die Bedürfnisse dieser Menschen zugeschnitten waren. Die Integration verlief stillschweigend, ohne dass die besonderen Herausforderungen der Vertriebenen beachtet wurden.

Auch in den Schulbüchern und anderen Veröffentlichungen der DDR spielte das Thema Vertreibung keine Rolle. In staatlich genehmigten Lehrmaterialien wurde stattdessen ausschließlich der Fokus auf die Verbrechen des Nationalsozialismus gelegt, wie beispielsweise in Geschichtsbüchern, die den Einmarsch der Roten Armee als reine Befreiung und den Aufbau des Sozialismus als historischen Wendepunkt darstellten. Erwähnungen der Vertreibung wurden bewusst ausgelassen, um die Beziehungen zu Polen und der Tschechoslowakei nicht zu gefährden. Ein Beispiel hierfür findet sich im Geschichtsbuch "Unser sozialistisches Vaterland" von 1965, in dem die Nachkriegszeit ausschließlich aus der Perspektive der "sozialistischen Wiedergeburt" beschrieben wird.

Stattdessen wurden die antifaschistische Befreiung und der Aufbau des Sozialismus als wichtigste Themen dargestellt. Dadurch versuchte die DDR, sich moralisch von der Bundesrepublik abzugrenzen und ihre eigene Ideologie zu stärken.

Soziale Integration und Lebensbedingungen

Die bewusste Verdrängung des Themas hatte Folgen. Die soziale Eingliederung der Vertriebenen blieb oft unvollständig, weil ihre besonderen Bedürfnisse nicht berücksichtigt wurden. Zum Beispiel hatten viele der sogenannten "Umsiedler" Schwierigkeiten, qualifizierte Arbeit zu finden, da ihre Berufsabschlüsse aus den ehemaligen Ostgebieten oft nicht anerkannt wurden.

Statistiken aus den 1950er Jahren zeigen, dass ein großer Teil der Vertriebenen in der DDR zunächst in der Landwirtschaft oder in schlecht bezahlten Hilfstätigkeiten arbeitete. Laut einem Bericht des DDR-Statistischen Zentralamts von 1956 waren etwa 40 % der als "Umsiedler" bezeichneten Vertriebenen in der Landwirtschaft tätig, oft unter prekären Bedingungen, die weit unter den Standards der etablierten Bevölkerung lagen. Hinzu kam ein erheblicher Mangel an Wohnraum, der die Integration zusätzlich erschwerte. Berichte aus Archiven belegen, dass viele Vertriebenenfamilien jahrelang in behelfsmäßigen Unterkünften wie Baracken oder Sammelunterkünften untergebracht waren, ohne Aussicht auf Besserung ihrer Lebensbedingungen.

Unterschiedliche Erinnerungskulturen der beiden deutschen Staaten

Gleichzeitig wurde die Erinnerungskultur in der DDR gezielt so gestaltet, dass die Solidarität mit den sozialistischen Bruderstaaten im Vordergrund stand. Dies hob die ideologischen Unterschiede zur Bundes-republik hervor. In der Bundesrepublik wurde das Schicksal der Ver-triebenen als ein zentrales Element der Nachkriegspolitik behandelt, begleitet von umfangreichen Hilfsprogrammen und einer öffentlichen Anerkennung ihres Leids. In der DDR hingegen war die Vertreibung der Deutschen kein Teil des offiziellen Diskurses, da sie nicht mit dem Narrativ eines solidarischen sozialistischen Staates vereinbar war.

Während die Bundesrepublik die Vertriebenen als Opfer eines histori-schen Unrechts präsentierte, stellte die DDR die Freundschaft zu den sozialistischen Bruderstaaten und die antifaschistische Befreiung in den Mittelpunkt. Diese unterschiedlichen Perspektiven spiegelten die gegensätzlichen politischen Systeme und Ideologien der beiden deut-schen Staaten wider. Während die Bundesrepublik Deutschland die Vertriebenen als Opfer eines historischen Unrechts darstellte und ak-tiv in die nationale Erinnerungskultur integrierte, verfolgte die DDR eine Strategie der Verdrängung, die sich eng an ihrer sozialistischen Ideologie und den außenpolitischen Zielen orientierte. Diese Gegen-sätze verdeutlichen nicht nur die unterschiedliche Aufarbeitung der Vergangenheit, sondern auch die grundlegend verschiedenen Heran-gehensweisen an soziale Integration, historische Schuld und politi-sche Legitimation in den beiden deutschen Staaten.

Dieses Kapitel zeigt, wie unterschiedlich die beiden deutschen Staa-ten mit dem Thema Flucht und Vertreibung umgingen. Während die BRD die Vertriebenen als zentrale Gruppe in die nationale Identität in-tegrierte, wurden sie in der DDR weitgehend ignoriert. Diese unter-schiedlichen Ansätze spiegeln die politischen und ideologischen Un-terschiede der beiden Systeme wider und verdeutlichen, wie stark Geschichtsbilder von politischen Interessen beeinflusst werden kön-nen.

8. ERINNERUNGSKULTUR

Die Erinnerungskultur an Flucht, Vertreibung und Integration der Heimatvertriebenen hat sich in Deutschland seit 1945 erheblich entwickelt. Ein besonders bewegendes Beispiel sind die sogenannten „Heimattreffen", bei denen sich Vertriebenengruppen aus bestimmten Regionen wie Schlesien oder Ostpreußen regelmäßig trafen, um gemeinsam zu gedenken und ihre kulturellen Wurzeln zu pflegen. Diese Treffen wurden oft von emotionalen Berichten der Teilnehmer über ihre Fluchterlebnisse begleitet und prägten die frühe Erinnerungsarbeit nachhaltig. Ursprünglich ein umstrittenes und oft verdrängtes Thema, ist es mittlerweile ein bedeutender Bestandteil der deutschen Geschichtspolitik. Dennoch bleibt die Auseinandersetzung mit diesem Thema vielschichtig und geprägt von politischen, gesellschaftlichen und kulturellen Spannungen. Dieses Kapitel beleuchtet die Entstehung und Entwicklung von Gedenkorten, die mediale Aufarbeitung der Vertriebenenthematik sowie die Rolle der Politik bei der Gestaltung der Erinnerung. Ergänzend wird untersucht, wie internationale Perspektiven und Kontroversen die Debatte beeinflusst haben. Ein herausragendes Beispiel ist das Dokumentationszentrum Flucht, Vertreibung, Versöhnung in Berlin. Diese Einrichtung verbindet historische Aufarbeitung mit einer Plattform für den Dialog über Flucht und Migration. Besonders hervorzuheben ist die Nutzung digitaler Medien, um auch ein jüngeres Publikum anzusprechen. Solche Orte tragen dazu bei, die emotionale und historische Dimension von Migration greifbar zu machen.

Anfänge der Erinnerung: Stille und Fragmentierung

Nach dem Zweiten Weltkrieg war die Erinnerung an die Vertreibung der Deutschen in West- und Ostdeutschland unterschiedlich ausgeprägt. In der Bundesrepublik Deutschland (BRD) spielte das Thema zunächst vor allem eine Rolle im privaten und lokalen Umfeld. Vertriebenenverbände organisierten Gedenkfeiern und boten den Betroffenen die Möglichkeit, sich auszutauschen. Doch öffentlich wurde die Vertreibung kaum thematisiert, da die Gesellschaft mit dem Wiederaufbau und der Integration der Vertriebenen beschäftigt war. Viele Einheimische empfanden die Vertriebenen als Belastung, was die Eingliederung erschwerte und Spannungen in der Gesellschaft verursachte. Trotz dieser Herausforderungen trugen die Vertriebenen wesentlich zur wirtschaftlichen Entwicklung bei, insbesondere durch ihr Wissen und ihre Fertigkeiten, die sie in die neue Umgebung einbrachten.

Politisch war das Thema in Westdeutschland heikel, da es eng mit den Gebietsverlusten und den angespannten Beziehungen zu Polen und der Tschechoslowakei verknüpft war. Dennoch wurden Programme wie der Lastenausgleich eingeführt, um das wirtschaftliche Leid der Vertriebenen zu lindern, ohne die internationalen Beziehungen zu gefährden. Solche Programme sollten den Vertriebenen nicht nur eine materielle Basis schaffen, sondern auch das Gefühl vermitteln, in der neuen Heimat anerkannt und unterstützt zu werden. Diese Maßnahmen trugen langfristig dazu bei, soziale Spannungen zu reduzieren und den Integrationsprozess zu erleichtern. Trotzdem blieb die gesellschaftliche Akzeptanz der Vertriebenen eine Herausforderung, die viele Jahre lang nachwirkte.

Ignorierte Schicksale in der DDR

In der Deutschen Demokratischen Republik (DDR) wurde die Vertreibung weitgehend ignoriert. Die Vertriebenen, dort als "Umsiedler" bezeichnet, sollten sich ohne besondere Unterstützung in die sozialistische Gesellschaft eingliedern. Ihre individuellen Schicksale wurden der offiziellen Erklärung untergeordnet, dass die Vertreibung eine gerechte Folge der nationalsozialistischen Verbrechen sei. Dadurch gab es in der DDR keinen Raum für die persönlichen Erinnerungen der Betroffenen, und die offizielle Geschichtsschreibung konzentrierte sich auf die antifaschistische Ideologie. Diese ideologische Ausrichtung wurde unter anderem durch die Schulbildung gefördert, in der Lehrpläne und Unterrichtsmaterialien die Vertreibung ausschließlich als Folge der nationalsozialistischen Politik darstellten. Medien wie Zeitungen und Filme verstärkten dieses Bild, indem sie die individuellen Schicksale der Vertriebenen systematisch ausklammerten. Der Fokus lag stattdessen auf der Darstellung der DDR als moralisch überlegene antifaschistische Gesellschaft. Diese Haltung wurde durch staatliche Propaganda unterstützt, die jede Abweichung von der offiziellen Linie unterdrückte. Ein Beispiel hierfür war die bewusste Kontrolle der Medien durch die SED, die systematisch Berichte über individuelle Schicksale der Vertriebenen unterdrückte. Stattdessen wurden antifaschistische Erzählungen in den Vordergrund gestellt, um das Narrativ einer gerechteren Nachkriegsordnung zu stärken. Die fehlende Anerkennung des Leids der Vertriebenen führte dazu, dass viele Betroffene ihre Erfahrungen nicht weitergeben konnten, was eine nachhaltige Lücke in der DDR-Erinnerungskultur hinterließ.

Langfristige Auswirkungen auf die Erinnerungskultur

Die unterschiedliche Behandlung der Vertriebenen in Ost- und Westdeutschland hatte tiefgreifende Auswirkungen auf die jeweilige Gesellschaft. In der BRD entwickelten sich mit der Zeit Netzwerke und Institutionen, die sich der Erinnerung an die Vertreibung widmeten. Diese Erinnerungskultur wurde von Vertriebenenverbänden aktiv gefördert und fand schließlich auch in der Politik ihren Platz. In der DDR hingegen wurde das Thema fast vollständig ausgeblendet, wodurch viele Schicksale ungehört blieben. Erst nach der Wiedervereinigung begann eine Annäherung der beiden Erinnerungskulturen, die jedoch durch die jahrzehntelangen Unterschiede in der Aufarbeitung erschwert wurde.

Darüber hinaus war die Integration der Vertriebenen ein Prozess, der nicht nur wirtschaftliche, sondern auch kulturelle Herausforderungen mit sich brachte. Viele Vertriebenen brachten ihre Bräuche, Traditionen und Dialekte mit, die in den neuen Lebensraum integriert werden mussten. Dies führte zu einem kulturellen Austausch, der in Westdeutschland langfristig zu einer Bereicherung der regionalen Identität beitrug. In der DDR hingegen wurde dieser Aspekt weitgehend ignoriert, da die offizielle Ideologie keinen Raum für kulturelle Vielfalt ließ.

Fortschritte durch Forschung und Debatten

Die unterschiedlichen Ansätze in Ost- und Westdeutschland führten zu stark abweichenden gesellschaftlichen Perspektiven. In der BRD standen die sozialen und wirtschaftlichen Folgen der Vertreibung im Vordergrund, während in der DDR die ideologische Gleichschaltung der Erinnerung dominierte. Diese Gegensätze haben die deutsche Erinnerungskultur nachhaltig geprägt und wirken bis heute nach. Erst durch gemeinsame Forschungsprojekte und öffentliche Debatten konnten in den letzten Jahrzehnten Lücken geschlossen und die Erfahrungen der Vertriebenen umfassender dokumentiert werden. Ein Beispiel dafür ist das Forschungsprojekt "Flucht und Vertreibung im europäischen Kontext" der Bundeszentrale für politische Bildung, das sich intensiv mit den Ursachen und Folgen der Vertreibung auseinandersetzte. Das Projekt untersuchte die verschiedenen Phasen der Vertreibung, die politischen und gesellschaftlichen Reaktionen darauf sowie die langfristigen Auswirkungen auf die betroffenen Regionen. Es lieferte wertvolle Erkenntnisse darüber, wie Vertreibungserfahrungen in unterschiedliche Erinnerungskulturen eingebettet wurden, und bot eine Grundlage für die öffentliche Diskussion über historische Verantwortung und Versöhnung in Europa. Auch Debatten wie jene im Bundestag anlässlich des "Tags der Heimat" trugen dazu bei, die Perspektiven der Betroffenen sichtbar zu machen und die gesellschaftliche Auseinandersetzung voranzutreiben.[23]

Gedenkorte: Von lokal zu national

In den 1950er und 1960er Jahren wurden erste Gedenkorte geschaffen, die vor allem von Vertriebenenverbänden initiiert wurden. Diese Bemühungen zielten darauf ab, den Verlust der Heimat und die Bewahrung der kulturellen Identität der Heimatvertriebenen zu thematisieren. Beispiele wie lokale Vertriebenendenkmäler oder andere regional initiierte Projekte waren hauptsächlich der Erinnerung an die verlorene Heimat gewidmet und hatten für die betroffenen Gemeinschaften eine starke emotionale Bedeutung.

Ein entscheidender Faktor für die Entstehung solcher Gedenkorte war das Bedürfnis der Vertriebenen, ihren Verlust sichtbar zu machen und gleichzeitig ein Stück ihrer kulturellen Herkunft in der neuen Heimat zu verankern. Diese Orte dienten nicht nur der Trauerbewältigung, sondern auch als Kommunikationsplattformen innerhalb der Gemeinschaft. Indem sie die Erinnerung bewahrten, trugen sie maßgeblich zur Identitätsbildung bei und ermöglichten es, kulturelle Traditionen an nachfolgende Generationen weiterzugeben.

Trotz ihrer Bedeutung für die Vertriebenengemeinschaft stießen diese Gedenkorte in der breiteren Gesellschaft auf wenig Resonanz. Sie

23 Pertti Ahonen, After the Expulsion - West Germany and Eastern Europe 1945-1990, Oxford University Press (Verlag), 978-0-19-925989-2 (ISBN), 2003

wurden oft als interne Erinnerungsräume wahrgenommen, die kaum über die Gemeinschaft der Vertriebenen hinauswirkten. Ein Grund hierfür könnte in der Nachkriegsgesellschaft liegen, die sich vor allem mit dem Wiederaufbau und der Verarbeitung der Kriegsschuld beschäftigte. Dennoch spielten sie eine wesentliche Rolle bei der Bewahrung regionaler Traditionen und kultureller Praktiken. Solche Orte boten den Betroffenen einen Raum für den Austausch von Erfahrungen und stärkten das Bewusstsein für die eigene Identität. Gleichzeitig trugen sie zur Weitergabe von Bräuchen und lokalen Erinnerungen an jüngere Generationen bei.

Ein wichtiger Schritt in der Weiterentwicklung der Erinnerungskultur markierte die Gründung der Stiftung „Zentrum gegen Vertreibungen" im Jahr 2000. Diese Initiative fand ihren institutionellen Ausdruck im Dokumentationszentrum „Flucht, Vertreibung, Versöhnung" in Berlin. Im Unterschied zu den lokal begrenzten Gedenkorten der früheren Jahrzehnte bemühte sich dieses Zentrum, das Thema Vertreibung in einen umfassenderen gesellschaftlichen und internationalen Kontext zu stellen. Mit Ausstellungen, Publikationen und Bildungsprogrammen hat das Zentrum nicht nur die historische Perspektive erweitert, sondern auch Brücken zu aktuellen Fragen geschlagen, wie etwa der globalen Migrationskrise. Besonders erfolgreich war die Einbindung von Zeitzeugenberichten, die eine emotionale Dimension hinzufügen und Geschichte greifbarer machen.

Ein herausragendes Merkmal des Dokumentationszentrums ist die Zusammenarbeit mit polnischen und tschechischen Institutionen, die eine grenzüberschreitende und multiperspektivische Aufarbeitung der Geschichte ermöglichten. Diese Kooperationen trugen nicht nur zur Versöhnung zwischen den betroffenen Ländern bei, sondern förderten auch ein tieferes Verständnis für die komplexen historischen Zusammenhänge. Insbesondere die Einbindung unterschiedlicher nationaler Perspektiven bereicherte die Diskussion über Flucht und Vertreibung. Projekte wie gemeinsame Konferenzen, bilinguale Ausstellungstafeln und grenzüberschreitende Forschungsprojekte haben dabei entscheidend zum Erfolg beigetragen. Es wäre jedoch wünschenswert, die Ergebnisse solcher Kooperationen stärker in der Öffentlichkeit sichtbar zu machen, um die Relevanz dieser Arbeit zu unterstreichen.

Ein zentraler Aspekt der gesellschaftlichen Debatte ist die doppelte Rolle der Deutschen als Opfer von Vertreibungen und als Täter in der Vorgeschichte des Zweiten Weltkriegs. Diese differenzierte Herangehensweise ermöglichte eine erweiterte Perspektive, die auch das Leid anderer betroffener Gruppen einbezog. Solch eine kritische Erinnerungskultur vermeidet sowohl die Relativierung von Verantwortung als auch die Verharmlosung von Leid. Durch die Einbindung dieser komplexen Dimensionen konnte ein Raum für Dialog entstehen, der es ermöglicht, historische Verantwortung mit einer Anerkennung des individuellen und kollektiven Leids zu verknüpfen. Hierbei könnte der Einsatz digitaler Medien eine noch größere Rolle spielen, um insbesondere junge Menschen stärker einzubinden.

Ein weiterer bedeutender Schwerpunkt liegt auf der universellen Dimension von Vertreibungserfahrungen. Die Erinnerung an die deutschen Vertriebenen wird zunehmend in den Kontext globaler Flucht- und Migrationsbewegungen gestellt. So traf sich 2015, während der Flüchtlingskrise, ein älterer Vertriebenenvertreter mit syrischen Geflüchteten. „Es fühlte sich an, als würde ich in einen Spiegel der Vergangenheit blicken", sagte er nach dem Treffen. „Die Geschichten von Verlust und Überleben sind universell."

Diese Einbettung ermöglicht nicht nur eine differenzierte historische Einordnung, sondern schafft auch Bezüge zu aktuellen gesellschaftlichen Diskursen über Migration und Integration. Beispielsweise wurden Parallelen zwischen den Erfahrungen der Heimatvertriebenen nach 1945 und den Herausforderungen heutiger

Geflüchteter in Europa gezogen. Solche Perspektiven bieten nicht nur Gelegenheit zur Reflexion, sondern auch Ansätze für aktuelle politische und soziale Fragen. Eine gezielte Zusammenarbeit mit internationalen Organisationen könnte hier weiterführende Impulse liefern.

Darüber hinaus gewinnt die Rolle der Erinnerungskultur als Instrument der Versöhnung zunehmend an Bedeutung. Projekte, die den Fokus auf gemeinsame Erfahrungen und gegenseitiges Verständnis legen, zeigen, wie Erinnerung über nationale Grenzen hinweg wirken kann. Der Einsatz digitaler Technologien hat diesen Prozess weiter verstärkt, indem er den Zugang zu historischen Materialien erleichtert und interaktive Plattformen für den Dialog geschaffen hat. Die Digitalisierung bietet neue Möglichkeiten, Geschichten von Flucht und Vertreibung sichtbar zu machen und einem breiten Publikum zugänglich zu machen. Ergänzend könnten immersive Technologien wie Virtual Reality genutzt werden, um historische Ereignisse erlebbar zu machen und so eine tiefere emotionale Verbindung zu schaffen.

Insgesamt zeigt die Entwicklung der Gedenkorte von lokalen zu nationalen und internationalen Perspektiven, wie Erinnerungsarbeit ständig neue Dimensionen annimmt. Sie reflektiert nicht nur die historische Entwicklung, sondern passt sich auch den Herausforderungen und Bedürfnissen der Gegenwart an. Gleichzeitig verdeutlicht sie, dass die Auseinandersetzung mit der Vergangenheit ein fortlaufender Prozess ist, der sowohl historische Tiefe als auch einen Blick in die Zukunft erfordert.[24]

24 Christoph Cornelissen (Herausgeber), Roman Holec (Herausgeber), Jirí Pešek (Herausgeber), 2005, Diktatur - Krieg - Vertreibung: Erinnerungskulturen in Tschechien, der Slowakei und Deutschland seit 1945, Klartext Verlag, ISBN 978-3898614306

Erinnerungskultur: Internationale Perspektiven und Inspirationen

Erinnerungskultur ist ein entscheidender Bestandteil der gesellschaftlichen Verarbeitung historischer Ereignisse. Viele Länder haben innovative Wege gefunden, ihre Vergangenheit zu bewältigen und zugleich wichtige Lektionen für die Gegenwart und Zukunft zu ziehen. Die folgenden Beispiele beleuchten, wie Erinnerungskultur in unterschiedlichen Kontexten gestaltet wird und welche Impulse sie für die deutsche Auseinandersetzung mit ihrer eigenen Geschichte geben können.

Wahrheits- und Versöhnungskommission in Südafrika

Nach dem Ende der Apartheid setzte Südafrika eine Wahrheits- und Versöhnungskommission ein, die als zentrales Instrument zur Aufarbeitung der Verbrechen dieses Regimes diente. Ziel dieser Initiative war es, sowohl den Opfern als auch den Tätern die Möglichkeit zu geben, ihre Geschichten öffentlich zu teilen. Diese Kommission, unter der Leitung von Erzbischof Desmond Tutu, bot eine Plattform für umfassende Anhörungen, die das Unrecht der Apartheid dokumentierten und die Auswirkungen auf die betroffenen Gemeinschaften sichtbar machten. Opfer berichteten von ihren Erlebnissen, während Täter unter bestimmten Bedingungen Straffreiheit beantragen konnten, wenn sie ihre Vergehen umfassend gestanden.

Neben der Dokumentation von Gewalt und Unterdrückung wurde ein Raum für Versöhnung geschaffen, der auf Vergebung und gegenseitigem Verständnis basierte. Die öffentliche Natur der Anhörungen ermöglichte es der gesamten südafrikanischen Gesellschaft, sich mit ihrer Vergangenheit auseinanderzusetzen und gemeinsam einen Heilungsprozess zu beginnen. Die Arbeit der Kommission trug nicht nur dazu bei, die Gräben zwischen den Bevölkerungsgruppen zu überwinden, sondern legte auch eine Grundlage für den Aufbau einer gerechten und integrativen Gesellschaft. Diese Bemühungen wurden international als wegweisend anerkannt und inspirierten ähnliche Versöhnungsprojekte in anderen Ländern. Offenheit und die Bereitschaft zur Konfrontation mit der eigenen Geschichte erwiesen sich als unverzichtbare Schlüssel, um gesellschaftliche Einheit und eine gemeinsame Zukunft zu fördern.

Gedenkstätten in Rwanda

Rwanda hat mit der Schaffung zahlreicher Gedenkstätten, darunter das Kigali Genocide Memorial, eine eindrucksvolle Erinnerungskultur etabliert. Diese Einrichtungen dienen nicht nur als Orte des Gedenkens an die grausamen Ereignisse des Völkermords von 1994, sondern auch als wichtige Bildungszentren, die eine nachhaltige Wirkung auf nationale und internationale Besucher haben. Das Kigali Genocide Memorial beherbergt Ausstellungen, die die historischen, sozialen und politischen Faktoren beleuchten, die zum Völkermord führten. Gleichzeitig zeigt es den Überlebenswillen und die Widerstandsfähigkeit der Betroffenen, indem es persönliche Geschichten und Erinnerungsstücke präsentiert.

Neben der Aufarbeitung der Vergangenheit spielen die Gedenkstätten eine zentrale Rolle in der Versöhnungsarbeit. Sie fördern Dialoge zwischen verschiedenen Bevölkerungsgruppen und ermutigen zu einem respektvollen Miteinander. Regelmäßige Workshops und Bildungsveranstaltungen binden besonders junge Menschen ein und vermitteln ihnen die Bedeutung von Toleranz und sozialer Verantwortung. Darüber hinaus bieten diese Gedenkstätten Raum für internationale Forschungsprojekte, die sich mit den Dynamiken von Genoziden und deren Prävention beschäftigen.

Indem sie die Geschichten der Opfer und Überlebenden bewahren, schaffen diese Gedenkstätten ein zentrales Narrativ, das darauf abzielt, das Bewusstsein für menschliche Würde und gemeinschaftliches Zusammenleben zu stärken. Sie erinnern nicht nur an die Vergangenheit, sondern mahnen auch zur Wachsamkeit gegenüber den Gefahren von Hass und Intoleranz. Auf diese Weise tragen sie zur gesellschaftlichen Heilung, zur Vermeidung künftiger Konflikte und zur Förderung eines nachhaltigen Friedens bei.

Das National Museum of African American History and Culture in den USA

Das Smithsonian Museum in Washington D.C., bekannt als das National Museum of African American History and Culture, widmet sich der umfassenden Darstellung der Geschichte der Afroamerikaner in den Vereinigten Staaten. Es beginnt mit der Sklaverei und reicht über die Zeit der Reconstruction und die Bürgerrechtsbewegung bis zu den aktuellen gesellschaftlichen Herausforderungen. Dabei wird nicht nur die Unterdrückung durch Sklaverei und Rassentrennung beleuchtet, sondern auch die bemerkenswerten Leistungen afroamerikanischer Persönlichkeiten in den Bereichen Kunst, Wissenschaft, Politik und Sport hervorgehoben.

Das Museum bietet eine einzigartige Perspektive, indem es die kulturellen, sozialen und wirtschaftlichen Beiträge der afroamerikanischen Gemeinschaft in den Mittelpunkt stellt. Besucher werden durch multimediale Ausstellungen geführt, die von historischen Dokumenten und Fotografien bis hin zu interaktiven Displays reichen. Eine besondere Attraktion ist der Raum, der der Bürgerrechtsbewegung gewidmet ist, mit originalen Exponaten wie dem Bus, in dem Rosa Parks 1955 ihre wegweisende Aktion durchführte.

Gleichzeitig thematisiert das Museum die anhaltenden Diskriminierungen und strukturellen Ungleichheiten, mit denen die afroamerikanische Gemeinschaft bis heute konfrontiert ist. Durch Bildungsprogramme und öffentliche Veranstaltungen bietet das Museum einen Raum für Dialog und Reflexion, um das Bewusstsein für soziale Gerechtigkeit und Gleichberechtigung zu fördern. Es ist nicht nur ein Ort des Gedenkens und der Aufklärung, sondern auch ein Symbol für die Resilienz und Vielfalt einer Gemeinschaft, die trotz widrigster Umstände fortlaufend bedeutende Impulse für die amerikanische Gesellschaft geliefert hat. Damit zeigt das Museum eindrucksvoll, wie Erinnerungskultur zur Würdigung und Stärkung von Gemeinschaften beitragen kann und zugleich als Inspiration für zukünftige Generationen dient.

Das POLIN-Museum in Warschau

Das POLIN-Museum in Warschau ist ein herausragendes Beispiel für eine umfassende und differenzierte Erinnerungskultur. Dieses Museum widmet sich nicht nur der Dokumentation der Schrecken des Holocausts, sondern beleuchtet auch die tausendjährige Geschichte der Juden in Polen. Mit einer einzigartigen Sammlung von Artefakten, interaktiven Ausstellungen und multimedialen Präsentationen gelingt es dem Museum, den Besuchern einen lebendigen Einblick in die historischen Ereignisse und die kulturellen Errungenschaften dieser Gemeinschaft zu bieten. Die Dauerausstellung, die chronologisch aufgebaut ist, führt durch die verschiedenen Epochen von den ersten jüdischen Siedlungen über das Goldene Zeitalter der polnischen Juden bis hin zur Shoah und der Zeit danach.

Besondere Aufmerksamkeit verdienen die Ausstellungsbereiche, die das Leben der jüdischen Gemeinschaft in den Städten und auf dem Land beleuchten. Anhand von detailgetreu rekonstruierten Synagogen, interaktiven Tafeln und persönlichen Geschichten wird das reiche kulturelle und religiöse Erbe dieser Gemeinschaft greifbar. Die Ausstellung über den Holocaust verbindet emotionale Berichte von Überlebenden mit historischen Dokumenten und Fotografien, um die Verfolgung und das Leid dieser Zeit eindringlich darzustellen. Doch das POLIN-Museum geht über die Tragödien hinaus und würdigt auch die Errungenschaften und die Resilienz der jüdischen Gemeinschaft.

Neben der festen Ausstellung bietet das Museum eine Vielzahl von temporären Ausstellungen, Workshops und kulturellen Veranstaltungen. Diese Programme richten sich sowohl an Erwachsene als auch an Schüler, um ein breites Publikum für die historische und gegenwärtige Bedeutung der jüdischen Kultur zu sensibilisieren. Besonders bemerkenswert sind die Bildungsinitiativen, die sich darauf konzentrieren, Toleranz und Vielfalt in der polnischen Gesellschaft zu fördern.

Das POLIN-Museum schafft es, eine ausgewogene Perspektive zu vermitteln, die sowohl die schmerzhaften Kapitel als auch die positiven Aspekte der Geschichte integriert. Dadurch wird nicht nur die Vergangenheit bewahrt, sondern auch ein Bewusstsein für die kulturelle Identität und die Bedeutung der Vielfalt in der Gegenwart gefördert. Dieses Museum dient nicht nur als Ort des Gedenkens, sondern auch als Plattform für Dialog und Bildung, die Menschen aus aller Welt inspiriert, die Werte von Vielfalt, Respekt und Menschlichkeit zu schätzen.

Der Hiroshima-Friedenspark in Japan

Der Hiroshima-Friedenspark in Japan ist ein eindringliches Mahnmal, das an die verheerenden Folgen des Atombombenabwurfs von 1945 erinnert. Dieser Ort, der sowohl die Trauer um die zahllosen Opfer als auch den Wunsch nach einer friedlicheren Welt symbolisiert, spielt eine zentrale Rolle in der globalen Erinnerungskultur. Der Friedenspark umfasst mehrere Denkmäler, darunter das Friedensmuseum, das detailliert die Ereignisse vor, während und nach dem Abwurf dokumentiert. Die Besucher werden durch erschütternde Fotografien, persönliche Berichte und Artefakte unmittelbar mit den menschlichen und ökologischen Folgen der Katastrophe konfrontiert. Die berühmte A-Bomb-Dome-Ruine, die als UNESCO-Weltkulturerbe anerkannt ist, steht als stumme Zeugin der Zerstörung und zugleich als Symbol der Hoffnung und des Wiederaufbaus.

Der Park wird jährlich zum Schauplatz von Gedenkveranstaltungen, wie der Friedenszeremonie am 6. August, die Tausende von Menschen aus der ganzen Welt zusammenbringt, um der Opfer zu gedenken und ein Zeichen für den Frieden zu setzen. Bildungsprogramme für Kinder und Jugendliche machen diesen Ort zu einem lebendigen Lernraum, der kommende Generationen über die Folgen von Krieg und Atomwaffen aufklärt. Darüber hinaus hat der Friedenspark durch Initiativen wie den internationalen Austausch zwischen Hiroshima und Städten weltweit einen Beitrag zur Förderung globaler Friedenskultur geleistet.

Durch seine eindrucksvolle Gestaltung, die tief bewegenden Inhalte und seine universelle Botschaft dient der Hiroshima-Friedenspark nicht nur als Ort des Gedenkens, sondern auch als Inspiration für eine Zukunft ohne Krieg und atomare Bedrohung. Hier verschmelzen die Vergangenheit und die Hoffnung auf eine friedlichere Welt zu einer starken, mahnenden Botschaft, die die Besucher nachhaltig prägt.

Medien und Erinnerung

Medien spielen eine zentrale Rolle, wenn es darum geht, historische Ereignisse wie die Vertreibung der Deutschen nach dem Zweiten Weltkrieg zu verstehen und in Erinnerung zu halten. Nach dem Ende des Krieges standen die Gesellschaften Europas vor der gewaltigen Aufgabe, mit den Folgen von Krieg und Vertreibung umzugehen. Besonders in Deutschland, das selbst eine Geschichte von Täterschaft und Leid vereinte, mussten Wege gefunden werden, die Erinnerungen der Betroffenen sichtbar zu machen und in eine kollektive Erinnerungskultur einzubinden. In diesem Prozess waren Medien ein entscheidender Faktor, um die Geschichten von Flucht, Verlust und Neuanfang zu verbreiten und ein Bewusstsein für diese Erfahrungen zu schaffen. Seit den ersten Jahren nach dem Krieg prägten sie die Art und Weise, wie diese Ereignisse dargestellt und wahrgenommen wurden. In den ersten Nachkriegsjahren dominierten Veröffentlichungen von Vertriebenenverbänden und regionalen Heimatzeitungen. Diese Medien berichteten vor allem nostalgisch über die verlorenen Regionen und wollten die Traditionen der Vertriebenen bewahren. Ihre Perspektive war jedoch stark einseitig und fand nur wenig Aufmerksamkeit außerhalb der betroffenen Gemeinschaften.

Entwicklung der Medienlandschaft ab den 1980er Jahren

Ab den 1980er Jahren veränderte sich der Umgang mit der Vertriebenenthematik in den Medien. Dieser Wandel war eng mit gesellschaftlichen und politischen Entwicklungen verbunden. In Westdeutschland führten die fortschreitende Entspannungspolitik und die Annäherung an die osteuropäischen Staaten dazu, dass Themen wie Vertreibung und Flucht zunehmend in einem internationalen Kontext diskutiert wurden. Gleichzeitig wuchs das Interesse an einer differenzierten Auseinandersetzung mit der deutschen Geschichte, unterstützt durch eine allgemeine Liberalisierung der Medienlandschaft. Auch technologische Fortschritte wie die breitere Verfügbarkeit von Farbfernsehen und Videotechnik ermöglichten es, historische Ereignisse anschaulicher und emotionaler darzustellen, was das Publikum nachhaltig beeindruckte.

Filme und Dokumentationen, die ein breiteres Publikum ansprachen, trugen dazu bei, das Thema in die allgemeine gesellschaftliche Diskussion einzubringen. Besonders bemerkenswert sind Produktionen wie *Die große Flucht* (2001) und *Die Flucht* (2007). Diese Filme zeigten nicht nur das Leid der Vertriebenen, sondern beleuchteten auch die historischen Ursachen, politischen Folgen und die internationale Dimension der Ereignisse. Ein wichtiger Schritt war die Einbeziehung der Perspektiven von Minderheiten und Nachbarn aus den ehemaligen deutschen Ostgebieten. Diese multiperspektivische Darstellung ermöglichte eine differenziertere und gerechtere Sicht auf die Ereignisse und trug zur Versöhnung zwischen den betroffenen Gruppen bei.

Auch andere kulturelle Bereiche wie Literatur, Theater und Kunst griffen das Thema zunehmend auf. Romane, autobiografische Berichte und Theaterstücke brachten die Geschichten der Vertriebenen in neue Formate, die emotional zugänglich und breit rezipiert wurden. Beispiele hierfür sind Werke wie *Im Krebsgang* von Günter Grass, das die Versenkung der *Wilhelm Gustloff* thematisiert, sowie das Theaterstück *Flucht und Vertreibung* von Peter Weiss, das sich mit den emotionalen und politischen Aspekten der Thematik auseinandersetzt. Auch Stücke wie *Mutter Courage und ihre Kinder* von Bertolt Brecht, die den Schrecken des Krieges und der Vertreibung literarisch verarbeiten, tragen zur vielfältigen Darstellung bei. Diese Werke ermöglichen es, individuelle Erfahrungen mit kollektiver Erinnerung zu verknüpfen und das Interesse an diesem Kapitel der Geschichte zu wecken.

Digitale Medien: Chancen und Herausforderungen

Mit der Verbreitung des Internets hat sich die Erinnerungskultur grundlegend gewandelt. Digitale Plattformen bieten den Vorteil, Inhalte global zugänglich zu machen und interaktive Möglichkeiten für die Nutzer zu schaffen. Anders als traditionelle Medien wie Print und Fernsehen ermöglichen digitale Formate eine direkte Beteiligung der Öffentlichkeit. Nutzer können eigene Dokumente oder Geschichten beisteuern, wodurch ein dynamisches und ständig wachsendes Gedächtnis entsteht. Darüber hinaus erlauben digitale Plattformen eine visuelle und multimediale Aufbereitung von Informationen, die historische Inhalte anschaulicher und für jüngere Generationen attraktiver gestaltet. Diese Vorteile machen digitale Plattformen zu einem unverzichtbaren Werkzeug der modernen Erinnerungskultur.

Plattformen wie das "Virtuelle Museum der Vertreibung" oder interaktive Karten, die Flucht- und Vertreibungsrouten dokumentieren, bieten innovative Möglichkeiten, das Thema einer globalen Öffentlichkeit zugänglich zu machen. Solche Projekte erlauben es Nachkommen, mehr über ihre Familiengeschichte zu erfahren, und schaffen neue Ansätze für den interkulturellen Dialog. Virtuelle Gedenkorte und digitale Archive spielen dabei eine zentrale Rolle. Sie bewahren nicht nur die Erinnerungen an die Ereignisse, sondern machen diese weltweit zugänglich. Nutzer können eigene Geschichten oder Dokumente hochladen und so zu einem wachsenden digitalen Gedächtnis beitragen. Ein Beispiel hierfür ist die Plattform "Erinnerungen teilen", die persönliche Fluchtberichte sammelt und digital archiviert. Solche Projekte machen Geschichte lebendig und regen dazu an, sich mit den Auswirkungen von Flucht und Vertreibung kritisch auseinanderzusetzen.

Neben diesen Chancen birgt die Digitalisierung jedoch auch Herausforderungen. Insbesondere besteht die Gefahr, dass populistische oder revisionistische Bewegungen digitale Plattformen nutzen, um verzerrte Darstellungen zu verbreiten. Um dem entgegenzuwirken, ist es wichtig, digitale Erinnerungsprojekte kritisch zu überwachen und sicherzustellen, dass sie wissenschaftlich fundiert und objektiv bleiben.

Herausforderungen und Chancen der Medien

Die Medien sind ein Schlüsselakteur in der Gestaltung der Erinnerungskultur. Einerseits bieten sie eine Plattform, um Geschichte lebendig und zugänglich zu machen. Andererseits müssen sie sensibel und verantwortungsvoll mit der Darstellung komplexer historischer Themen umgehen. Dies gilt besonders in Zeiten des digitalen Wandels, in denen Informationen schnell und weltweit verbreitet werden können. Eine der wichtigsten Aufgaben besteht darin, sicherzustellen, dass die mediale Darstellung von Vertreibungserfahrungen differenziert bleibt und unterschiedliche Perspektiven einbezieht. Konkrete Beispiele hierfür sind die Einbindung von Zeitzeugenberichten, die verschiedene Blickwinkel darstellen, oder die Zusammenarbeit mit internationalen Historikern, um eine multiperspektivische Sicht zu gewährleisten. Plattformen wie das "Virtuelle Museum der Vertreibung" zeigen, wie digitale Medien genutzt werden können, um interaktive Karten oder Videos zu integrieren, die die Vielschichtigkeit der Erfahrungen betonen. Ebenso haben Projekte wie bilaterale Dokumentarfilme zwischen deutschen und polnischen Filmemachern bewiesen, dass gemeinschaftliche Ansätze sowohl historische Authentizität als auch Verständnis fördern können.

Ein weiteres wichtiges Element ist die Verknüpfung der Vergangenheit mit aktuellen Themen. So können mediale Darstellungen von Flucht und Vertreibung dazu beitragen, gegenwärtige Diskussionen über Migration, Integration und Menschenrechte zu bereichern. Projekte, die historische Ereignisse mit modernen Fluchterfahrungen vergleichen, können zu einem besseren Verständnis globaler Zusammenhänge beitragen.

Die Entwicklung der Medien in der Aufarbeitung der Vertriebenenthematik zeigt, wie stark sich die Wahrnehmung und Darstellung historischer Ereignisse im Laufe der Zeit verändert haben. Von den nostalgischen Heimatzeitungen der Nachkriegszeit über vielschichtige Filme und Literatur bis hin zu interaktiven digitalen Plattformen haben die Medien entscheidend dazu beigetragen, die Erinnerung an Flucht und Vertreibung lebendig zu halten. Gleichzeitig bleibt es eine zentrale Aufgabe, diese Erinnerungen vor politischer Instrumentalisierung zu schützen und ihre Bedeutung für die Gesellschaft hervorzuheben.[25]

25 Quellen: 1. Bundeszentrale für politische Bildung (BpB) 2. Maren Röger, Flucht, Vertreibung und Umsiedlung. Mediale Erinnerungen und Debatten in Deutschland und Polen seit 1989, Herder Verlag 2011, ISBN 978-3-87969-371-9

Politik und Erinnerungskultur

Die Politik war von Beginn an ein zentraler Akteur bei der Entwicklung der Erinnerungskultur in Deutschland. In der Bundesrepublik Deutschland wurde die Vertriebenenthematik besonders von konservativen Parteien wie der CDU/CSU geprägt, die enge Verbindungen zu Vertriebenenverbänden unterhielten. Diese Verbände setzten sich für die Anerkennung des erlittenen Leids und die Pflege der kulturellen Identität der Vertriebenen ein. Gleichzeitig propagierten sie ein Narrativ, das die deutschen Ostgebiete als unveräußerlichen Teil des nationalen Erbes betrachtete. Diese Sichtweise fand in politischen Initiativen und Gedenkprojekten ihren Ausdruck, die darauf abzielten, die Erinnerung an Flucht und Vertreibung zu bewahren.

Die enge Verflechtung von Politik und Erinnerungskultur wurde in den 1950er und 1960er Jahren durch die Etablierung von Vertriebenendenkmälern und Heimatmuseen sichtbar. Diese Orte sollten nicht nur der Bewahrung von Traditionen dienen, sondern auch die Identität der Vertriebenen in einer sich verändernden Gesellschaft stärken. Die Verknüpfung dieser Erinnerung mit nationalen Interessen wurde jedoch von politischen Akteuren oft instrumentalisiert, um Forderungen nach einer Rückgabe der Ostgebiete zu untermauern.

Politische Initiativen und internationale Entwicklungen

Bereits in den 1950er und 1960er Jahren förderten Vertriebenenverbände und politische Parteien die Schaffung von Gedenkorten und kulturellen Institutionen, um die Erfahrungen der Vertriebenen zu thematisieren. Diese Bemühungen wurden jedoch zunehmend von internationalen Entwicklungen überlagert. Ein bedeutender Wendepunkt waren die Warschauer Verträge von 1970, die von der sozialliberalen Koalition unter Willy Brandt initiiert wurden. Diese Verträge waren wegweisend, da sie die Anerkennung der Oder-Neiße-Grenze als völkerrechtliche Grenze beinhalteten und somit einen wichtigen

Schritt zur Normalisierung der deutsch-polnischen Beziehungen darstellten. Gleichzeitig waren sie kontrovers, da sie innerhalb Deutschlands auf heftigen Widerstand trafen, insbesondere von konservativen Kräften, die dies als Aufgabe nationaler Interessen ansahen. Willy
Brandts Kniefall vor dem Ehrenmal für die Opfer des Warschauer
Ghettos symbolisierte zudem eine neue Haltung Deutschlands zur eigenen Verantwortung und fand weltweit Anerkennung als Geste der
Versöhnung. Diese Verträge markierten eine neue Phase in der deutschen Außenpolitik, indem sie die Oder-Neiße-Grenze als völkerrecht-
lich anerkannten und somit den Weg zur Normalisierung der Beziehungen zu Polen und der Tschechoslowakei ebneten. Diese Schritte signalisierten die Bereitschaft der Bundesrepublik, die Vergangenheit
kritisch zu reflektieren und die Verantwortung für die nationalsozialistischen Verbrechen anzuerkennen.

In den 1990er Jahren intensivierten gemeinsame Gedenkprojekte mit
Polen und Tschechien diese Bemühungen. Gedenkstätten, Ausstellungen und bilaterale Veranstaltungen sollten nicht nur die Erinnerung
an die Vergangenheit wachhalten, sondern auch die Grundlage für einen dauerhaften Dialog schaffen. Zivilgesellschaftliche Initiativen, die
Begegnungen zwischen ehemaligen deutschen Siedlern und heutigen
Bewohnern der ehemaligen Ostgebiete organisierten, trugen dazu
bei, Vorurteile abzubauen und ein besseres Verständnis füreinander
zu entwickeln. Besonders bemerkenswert ist die Rolle von Historiker-
treffen, die eine multiperspektivische Betrachtung der Ereignisse förderten und zu einem differenzierten Verständnis der Vertreibungsge-
schichte beitrugen.

Erinnerungskultur in der DDR

Im Gegensatz zur Bundesrepublik Deutschland war die Vertriebenenthematik in der DDR ein weitgehend tabuisiertes Thema. Die antifaschistische Ideologie der DDR stellte die Vertreibung der Deutschen
als zwangsläufige Konsequenz der nationalsozialistischen Expansions-

politik dar. Vertriebenenverbände existierten nicht, und das Thema wurde weder in offiziellen Gedenkinitiativen noch in der öffentlichen Diskussion aufgegriffen. Erst in den 1980er Jahren begann eine behutsame Auseinandersetzung mit dem Thema, initiiert durch Intellektuelle und Künstler. Diese Ansätze blieben jedoch marginal und fanden kaum Resonanz in der breiteren Gesellschaft.

Mit der Wiedervereinigung Deutschlands wurde die bundesdeutsche Erinnerungskultur vor die Herausforderung gestellt, das Schweigen der DDR über die Vertriebenenthematik zu integrieren. Dieses Schweigen hatte dazu geführt, dass die Erfahrungen der Vertriebenen in der DDR weder gesellschaftlich noch institutionell aufgearbeitet wurden, wodurch ein großes Defizit in der gesamtdeutschen Erinnerungskultur entstand. Nach der Wiedervereinigung mussten Maßnahmen ergriffen werden, um dieses Defizit zu beheben. Dazu gehörte unter anderem die Einbindung ostdeutscher Stimmen in Gedenkveranstaltungen sowie die Förderung gemeinsamer historischer Forschungen durch gesamtdeutsche Institutionen. Neue Plattformen und Ausstellungen in den neuen Bundesländern zielten darauf ab, das Thema bekannter zu machen und die Auseinandersetzung mit den unterschiedlichen Narrativen zu fördern. Es galt, die unterschiedlichen Narrative beider deutscher Staaten zu vereinen und eine gemeinsame Grundlage für die Erinnerungskultur zu schaffen. In den neuen Bundesländern fehlten sowohl Institutionen als auch gesellschaftliche Strukturen, die eine differenzierte Auseinandersetzung mit der Vertriebenenthematik hätten erleichtern können. Dies führte zu einer Asymmetrie in der Wahrnehmung und Aufarbeitung der Geschichte.

Herausforderungen nach der Wiedervereinigung

Nach 1990 stand das vereinte Deutschland vor der komplexen Aufgabe, eine integrative Erinnerungskultur zu entwickeln, die den Erfahrungen und Perspektiven sowohl der alten Bundesrepublik als auch der DDR gerecht wird. Diese Bemühungen führten zu teils kontroversen Debatten. Beispielsweise wurde über die Errichtung von Vertriebenendenkmälern diskutiert, ebenso wie über die institutionelle Rolle der Vertriebenenverbände in der gesamtdeutschen Gesellschaft. Während in der alten Bundesrepublik bereits etablierte Gedenkorte und -initiativen weitergeführt wurden, mussten in den neuen Bundesländern erst grundlegende Strukturen geschaffen werden.

Zusätzlich trat die Frage auf, wie die gesamtdeutsche Erinnerungskultur international eingebettet werden kann. Projekte wie das "Deutsch-Polnische Jugendwerk" und gemeinsame Veranstaltungen von deutschen und tschechischen Historikern boten Plattformen für den Dialog und trugen dazu bei, Spannungen zwischen den betroffenen Nationen abzubauen. Diese Initiativen verdeutlichten, dass Erinnerungskultur nicht nur retrospektiv ist, sondern auch Zukunftsperspektiven schafft.

Die Rolle der Zivilgesellschaft

Ein zentraler Faktor bei der Gestaltung der Erinnerungskultur war die Rolle der Zivilgesellschaft. Neben staatlichen Initiativen trugen bürgerschaftliche Projekte dazu bei, die Erinnerungen an Flucht und Vertreibung lebendig zu halten. Beispiele sind interkulturelle Begegnungen, lokale Gedenkveranstaltungen und digitale Archive, die persönliche Geschichten dokumentieren. Besonders hervorzuheben sind Plattformen wie "Erinnerungen teilen", die es Nachfahren von Vertriebenen ermöglichen, ihre Familiengeschichten zu erforschen und mit anderen zu teilen. Diese Initiativen tragen nicht nur zur historischen Aufarbeitung bei, sondern stärken auch das gesellschaftliche Bewusstsein für die Bedeutung von Erinnerungskultur.

Die Erinnerungskultur in Deutschland war stets eng mit politischen Entscheidungen verknüpft. In der Bundesrepublik prägten konservative Parteien und Vertriebenenverbände die Diskussion, während die

DDR das Thema weitgehend ignorierte. Erst nach der Wiedervereinigung konnte eine gesamtdeutsche Erinnerungskultur entstehen, die unterschiedliche Perspektiven berücksichtigt und Raum für einen internationalen Dialog über Flucht, Vertreibung und Versöhnung bietet. Die Verknüpfung von staatlichen und zivilgesellschaftlichen Initiativen hat gezeigt, dass Erinnerungskultur nicht nur der Vergangenheitsbewältigung dient, sondern auch eine Brücke zwischen verschiedenen historischen Erfahrungen und gesellschaftlichen Gruppen schlagen kann.

Kritik und offene Fragen

Die Diskussion über die Erinnerung an Flucht und Vertreibung bleibt bis heute ein umstrittenes Thema. Ein wichtiger Streitpunkt ist die Errichtung weiterer Denkmäler für deutsche Vertriebene, wie das umstrittene Denkmal in Berlin-Schöneberg, das von der "Stiftung Flucht, Vertreibung, Versöhnung" initiiert wurde. Dieses Denkmal geriet in die Kritik, da es von einigen als einseitige Glorifizierung der Opferrolle der Deutschen wahrgenommen wird, während andere es als dringend notwendiges Zeichen für die Anerkennung des erlittenen Leids sehen. Besondere Kontroversen entstanden durch die Gestaltung des Denkmals, die von Kritikern als nationalistisch und wenig sensibel für den historischen Kontext bewertet wurde. Für viele ist es ein wichtiges Symbol, um das Leiden der Betroffenen im Gedächtnis zu behalten.

Kritische Perspektiven

Kritiker hingegen sehen darin eine einseitige und rückwärtsgewandte Erinnerungskultur, die den Blick auf die Verantwortung Deutschlands für den Zweiten Weltkrieg und die Verbrechen des Nationalsozialismus verzerren könnte. Sie argumentieren, dass solche Denkmäler oft eine Opferrolle betonen, ohne gleichzeitig die Verstrickungen der deutschen Bevölkerung in das nationalsozialistische Regime ausreichend zu thematisieren. Zudem wird befürchtet, dass durch diese Narrative historische Schuld relativiert und ein Bild geschaffen werden könnte, das die deutsche Verantwortung in den Hintergrund drängt. Historiker wie Bill Niven warnen davor, dass eine einseitige Darstellung der Vertriebenen als Opfer die komplexe Geschichte verfälschen könnte. Auch der Verein "Gegen Vergessen – Für Demokratie" mahnt, solche Narrative könnten politisch instrumentalisiert werden.[26]

Die Rolle der Vertriebenenverbände

Die Vertriebenenverbände stehen ebenfalls in der Kritik, da ihnen vorgeworfen wird, nostalgische oder revanchistische Tendenzen zu vertreten, die eine ausgewogene Auseinandersetzung mit der Geschichte erschweren. So sorgte etwa die Forderung des Bundes der Vertriebenen (BdV) nach einer stärkeren politischen Rückgabeagenda für frühere deutsche Ostgebiete für erhebliche Kontroversen. Kritiker wie der Historiker Wolfgang Benz argumentieren, dass solche Positionen die notwendige Versöhnung zwischen Deutschland und seinen östlichen Nachbarn belasten könnten. Zugleich weisen Beobachter darauf hin, dass einige Veröffentlichungen der Verbände eine einseitige Opferperspektive einnehmen, die andere Perspektiven und die komplexen Ursachen der Vertreibung ausklammern. Dabei ist es wichtig, die deutschen Erfahrungen in einen größeren, internationalen Kontext einzuordnen.

Einbindung in den europäischen Kontext

Die Vertreibung von Polen aus den ehemaligen Ostgebieten, die Massendeportationen in der Sowjetunion oder die Vertreibungen wäh-

---

26 Quellen: Bill Niven, Facing the Nazi Past: United Germany and the Legacy of the Third Reich, Routledge, 2002, ISBN 978-0415174009

rend der Balkankriege zeigen, dass Flucht und Vertreibung globale Phänomene des 20. Jahrhunderts waren. Gemeinsam ist diesen Ereignissen der Verlust von Heimat und Eigentum sowie die Traumatisierung der Betroffenen. Gleichzeitig unterscheiden sich die Ursachen: Die deutschen Vertreibungen waren eine Folge der Niederlage im Zweiten Weltkrieg, während die Balkankriege durch ethnische Konflikte und politische Zersplitterung geprägt waren. Ein Blick auf diese Parallelen und Unterschiede hilft, die deutsche Erinnerungskultur in einen breiteren historischen Rahmen zu stellen und die Universalität solcher Erfahrungen zu verdeutlichen.

Generationenübergreifende Erinnerung

Ein weiteres Problem ist, wie die Erinnerung an Flucht und Vertreibung an jüngere Generationen weitergegeben werden kann, da die Erlebnisgeneration zunehmend verschwindet. Projekte wie die "Stiftung Flucht, Vertreibung, Versöhnung" oder das "Zeitzeugenportal" sammeln Berichte von Zeitzeugen und binden diese in Bildungsprogramme ein. Solche Initiativen helfen, das Wissen lebendig zu halten und den Zugang zu diesen Themen zu erleichtern. Schulen, digitale Archive und interaktive Ausstellungen spielen hierbei eine zentrale Rolle. Besonders innovative Ansätze, wie virtuelle Rundgänge durch historische Schauplätze oder digitale Storytelling-Plattformen, können helfen, die komplexen Zusammenhänge auch für ein jüngeres Publikum zugänglich zu machen. Die große Frage bleibt jedoch, wie man die Komplexität der Ereignisse und die unterschiedlichen Perspektiven in der Vermittlung bewahren kann.

Die Erinnerungskultur zu Flucht und Vertreibung ist ein dynamischer Prozess, der sowohl die historischen Erfahrungen der Vertriebenen als auch die gesellschaftlichen und politischen Entwicklungen Deutschlands widerspiegelt. Ein markantes Beispiel für die Herausforderungen heutiger Migration ist die Integration von Geflüchteten in den Arbeitsmarkt. Während nach dem Zweiten Weltkrieg ein großer

Bedarf an Arbeitskräften herrschte, stellen heute Sprachbarrieren und der hohe Qualifikationsanspruch oft Hürden dar. Initiativen wie die „Ankomm-App" der Bundesregierung oder lokale Projekte wie die 'Willkommenslotsen' zeigen, wie digitale und persönliche Ansätze erfolgreich kombiniert werden können, um diese Herausforderungen zu meistern. Gedenkorte, Medien und politische Initiativen sind zentrale Elemente dieser Auseinandersetzung, die immer wieder neue Herausforderungen mit sich bringt. Letztlich bleibt Erinnerungskultur ein Spannungsfeld zwischen Geschichte, Identität und Politik – und eine Aufgabe, die auch zukünftige Generationen beschäftigen wird. Die Herausforderung besteht darin, eine ausgewogene Erinnerung zu schaffen, die sowohl nationale als auch internationale Perspektiven berücksichtigt und so zur Versöhnung und Verständigung beiträgt.

9. PARALLELEN ZU HEUTIGEN MIGRATIONSBEWEGUNGEN

Historische Erfahrung und heutige Parallelen

Migration hat seit jeher eine zentrale Rolle in der Geschichte der Menschheit gespielt. Ein prägnantes Beispiel ist die Auswanderung europäischer Bevölkerungsgruppen nach Amerika im 19. Jahrhundert, bei der Millionen Menschen ihre Heimat auf der Suche nach einem besseren Leben hinter sich ließen. Ebenso markant war die Migration innerhalb Europas im 20. Jahrhundert, etwa von italienischen Arbeitskräften nach Deutschland während des Wirtschaftswunders. Diese Bewegungen zeigen, wie Migration sowohl individuelle Hoffnungen als auch wirtschaftliche Notwendigkeiten widerspiegelt. Menschen ziehen aus unterschiedlichen Gründen um: Krieg, Verfolgung, Armut oder die Hoffnung auf bessere Lebensbedingungen.

Nach dem Zweiten Weltkrieg erlebte Deutschland eine der größten Bevölkerungsbewegungen seiner Geschichte: Rund 12 bis 14 Millionen Menschen wurden aus den ehemaligen deutschen Ostgebieten sowie anderen Teilen Mittel- und Osteuropas vertrieben und mussten in Deutschland eine neue Heimat finden. Diese Umsiedlungen waren nicht nur eine logistische Mammutaufgabe, sondern auch emotional belastend. Die Betroffenen ließen ihre Heimat, Freunde und oft ihr Hab und Gut zurück. Viele waren gezwungen, unter schwierigen Bedingungen zu reisen, oft zu Fuß oder in überfüllten Zügen. In den neuen Aufnahmegebieten stießen sie häufig auf Vorbehalte und Ressentiments, was die Integration zusätzlich erschwerte. Diese Erfahrung prägte die junge Bundesrepublik Deutschland nachhaltig.

Seit 2010 steht Deutschland erneut vor großen Herausforderungen: Allein im Jahr 2015 kamen rund 890.000 Flüchtlinge nach Deutschland, was die Aufnahmekapazitäten vieler Gemeinden an ihre Grenzen brachte. Die Bundesregierung reagierte mit Maßnahmen wie der Einführung von Integrationskursen und der Beschleunigung von Asylverfahren. Gleichzeitig engagierten sich viele ehrenamtliche Helfer, um die Neuankömmlinge zu unterstützen, was die Bedeutung zivilgesellschaftlicher Initiativen unterstrich. Diese Entwicklungen zeigen, wie wichtig nachhaltige Lösungen für Migration und Integration sind, um den sozialen Zusammenhalt in der Gesellschaft zu bewahren.

Migration betrifft die gesamte Gesellschaft: Sie hat Einfluss auf die Wirtschaft, das Bildungssystem, die Kultur und das soziale Zusammenleben. Nach dem Zweiten Weltkrieg stellte sich Deutschland die Frage: Wie können so viele Menschen integriert werden? Heute stehen wir vor ähnlichen Fragen, auch wenn die Umstände anders sind.

Die Erfahrungen mit den deutschen Vertriebenen zeigen, wie Integration gelingen kann, aber auch, welche Fehler man vermeiden sollte. Ein konkretes Beispiel ist das östliche Niedersachsen, wo nach 1945 viele Heimatvertriebene angesiedelt wurden. Anfangs gab es Konflikte zwischen Einheimischen und Neuankömmlingen, etwa wegen begrenzten Wohnraums und Arbeitsmöglichkeiten. Durch gezielte Maßnahmen wie den Bau neuer Siedlungen und die Integration in lokale Vereine konnte das soziale Miteinander langfristig stabilisiert werden. Diese Erfolgsgeschichte zeigt, dass eine aktive Gestaltung des Integrationsprozesses entscheidend ist. Trotz anfänglicher Vorurteile schafften es die Vertriebenen, einen wichtigen Beitrag zum Wiederaufbau Deutschlands zu leisten.

Migration stellt aber auch die Belastbarkeit einer Gesellschaft auf die Probe. Dabei spielen wirtschaftliche Spannungen, etwa durch Druck auf Arbeitsmärkte und Wohnraum, ebenso eine Rolle wie soziale Konflikte, die aus kulturellen Missverständnissen oder Vorurteilen resultieren. Auch die Fähigkeit politischer Institutionen, effektive Lösungen zu entwickeln und umzusetzen, beeinflusst, wie gut eine Gesellschaft mit den Herausforderungen von Migration umgehen kann. Gesellschaften, die sich aktiv mit Migration auseinandersetzen, können sich positiv weiterentwickeln. Die Integration der Vertriebenen nach 1945 zeigt, dass langfristige Planung und eine klare politische Strategie notwendig sind, um Konflikte zu vermeiden und ein friedliches Zusammenleben zu fördern.

Migration bringt nicht nur Herausforderungen, sondern auch langfristig positive Veränderungen mit sich. Nach dem Zweiten Weltkrieg musste sich die deutsche Gesellschaft mit vielen neuen Fragen auseinandersetzen: Wie teilt man Wohnraum und Arbeit? Wie schafft man gleiche Chancen für alle? Diese Fragen sind auch heute wieder aktuell, besonders seit dem Zustrom von Flüchtlingen ab 2015.

Ein Unterschied zur Vergangenheit ist, dass Migration heute oft global stattfindet. Während es nach 1945 hauptsächlich um Menschen aus Europa ging, kommen Migranten heute aus der ganzen Welt nach Deutschland. Dies erfordert nicht nur nationale, sondern auch internationale Lösungen.

Zudem spielt Technologie eine immer größere Rolle. Früher war es schwierig, Unterkünfte und Ressourcen effizient zu organisieren. Heute bieten digitale Plattformen und technische Innovationen neue Möglichkeiten, um die Integration von Migranten zu unterstützen. Die Erfahrungen aus der Vergangenheit könnten modernisiert werden, um sie auf die heutigen Gegebenheiten anzupassen.

Der Vergleich zwischen den deutschen Vertriebenen nach 1945 und heutigen Migranten zeigt viele Gemeinsamkeiten, aber auch Unterschiede. Die Vertreibung der Deutschen war eine Folge des Zweiten Weltkriegs und oft erzwungen. Viele heutige Migranten kommen freiwillig, weil sie vor Konflikten fliehen oder bessere Lebensbedingungen suchen.

Trotz der Unterschiede können wir aus der Geschichte lernen. Damals hat sich gezeigt, dass Vorurteile und Diskriminierung überwunden werden können, wenn die richtigen politischen Entscheidungen getroffen und gesellschaftliche Offenheit gefördert werden. Auch heute kann Migration eine Bereicherung sein, wenn die Probleme gemeinsam angegangen werden.

Eine zentrale Frage bei Migration ist die nach der Identität. Nach dem Zweiten Weltkrieg mussten die Deutschen neu definieren, was es bedeutet, deutsch zu sein. Die Gesellschaft hatte sich durch Krieg, Teilung und Migration stark verändert. Auch heute wird diskutiert, wie sich die deutsche Identität in einer vielfältigeren Gesellschaft entwickelt.

Die Geschichte zeigt, dass Identität nicht statisch ist, sondern sich ständig weiterentwickelt. Damals gelang es, eine gemeinsame Basis auf Werten und Zielen zu schaffen. Dies könnte auch heute ein guter Ansatz sein.

Identität hängt oft mit sozialen und wirtschaftlichen Fragen zusammen. Menschen, die dazugehören möchten, brauchen Chancen und Gerechtigkeit. Dies galt in der Nachkriegszeit genauso wie heute.

Medien spielen eine Schlüsselrolle in der Wahrnehmung von Migration. Nach 1945 berichteten Zeitungen oft über das Leid der Vertriebenen, etwa hungernde Familien oder Kinder auf langen Fußmärschen. Diese Darstellungen weckten Mitgefühl, verstärkten aber auch das Bild der Vertriebenen als Last. Ähnliche Muster sind auch heute erkennbar: Während Bilder von Flüchtlingen auf der Balkanroute 2015 Mitgefühl auslösten, trugen andere Berichte über Kriminalität von Migranten zu Vorurteilen bei.

Besonders soziale Medien haben heute großen Einfluss. Sie ermöglichen einerseits, positive Geschichten zu teilen und Verständnis zu fördern, andererseits tragen sie oft zur Polarisierung bei. Ein Vergleich mit der Nachkriegszeit könnte aufzeigen, welche Mechanismen damals und heute ähnlich wirken und wie die mediale Darstellung den gesellschaftlichen Diskurs beeinflusst.

Die Integration der deutschen Vertriebenen nach dem Zweiten Weltkrieg war schwierig, aber letztlich erfolgreich. Ein Beispiel hierfür ist das "Lastenausgleichsgesetz" von 1952, das finanzielle Unterstützung für Vertriebene vorsah. Zudem halfen Initiativen wie Genossenschaften und Handwerkskammern den Vertriebenen, sich beruflich zu integrieren. Diese Maßnahmen trugen dazu bei, den sozialen Frieden zu wahren und eine neue Existenzgrundlage zu schaffen.

Diese Geschichte zeigt, dass Migration Herausforderungen mit sich bringt, aber auch Chancen zur Erneuerung bietet. Aus der Vergangenheit können wir lernen, wie Integration gelingen kann – durch politische Vision, gesellschaftliches Engagement und individuelle Resilienz. Vielfalt sollte nicht als Problem, sondern als Bereicherung betrachtet werden. Nur durch Zusammenarbeit von Politik, Gesellschaft und den Migranten selbst ist langfristiger Erfolg möglich.[27]

Migration als gesamtgesellschaftliche Herausforderung

Migration hat die Gesellschaft schon immer beeinflusst und vor neue Aufgaben gestellt. Zum Beispiel sorgte der Zustrom von Millionen Vertriebenen nach dem Zweiten Weltkrieg in Deutschland für große Herausforderungen, aber auch für innovative Lösungen. Oder denken wir an die massive Auswanderung aus Irland im 19. Jahrhundert, als Millionen Menschen nach Amerika flohen, um Hunger und Armut zu entkommen. Solche Ereignisse zeigen, wie tiefgreifend Migration das

27 OECD-Bericht zur Integration von Geflüchteten (z.B. Integration Indicators 2023), https://www.oecd.org/policy-issues

Leben von Einzelnen und ganzen Nationen verändern kann. Wenn Menschen aus anderen Regionen oder Kulturen zuziehen, betrifft das fast alle Bereiche des öffentlichen und privaten Lebens. Migration kann Chancen bieten, aber auch Herausforderungen und Konflikte mit sich bringen. Deutschland ist ein gutes Beispiel dafür, wie Migration eine Nation verändern kann. Besonders in der Nachkriegszeit und in den letzten Jahrzehnten hat das Land oft vor der Aufgabe gestanden, viele Migranten zu integrieren. Der Erfolg von Migration hängt stark davon ab, wie eine Gesellschaft diese Aufgabe angeht.

Welche Bereiche der Gesellschaft betrifft Migration?

Migration beeinflusst viele Aspekte des Lebens, zum Beispiel:

1. **Wirtschaft**: Migranten arbeiten in vielen Berufen und kaufen Produkte, was der Wirtschaft hilft. Studien zeigen, dass im Jahr 2020 rund 25 % der Pflegekräfte in Deutschland Migrationshintergrund hatten, was eine enorme Entlastung für das Gesundheitssystem darstellte. Gleichzeitig gründen Migranten überproportional viele Unternehmen: Laut einer Untersuchung der KfW im Jahr 2019 war fast jeder fünfte Existenzgründer in Deutschland ein Migrant. Allerdings kann es auch Wettbewerb um Jobs geben, besonders in Berufen mit niedrigen Qualifikationsanforderungen, wie im Bauwesen oder in der Gastronomie.

2. **Bildung**: Schulen müssen Migrantenkinder unterstützen, damit sie Deutsch lernen und am Unterricht teilnehmen können. Bildung ist wichtig, damit Migranten langfristig Erfolg haben.

3. **Soziales**: Migration kann zu Spannungen führen, wenn Menschen das Gefühl haben, dass Ressourcen wie Jobs oder Wohnungen knapp werden. Es ist wichtig, das Gefühl von Zusammengehörigkeit zu stärken.

4. **Kultur**: Migranten bringen ihre eigene Kultur mit. Das kann bereichern, aber auch zu Konflikten führen, wenn Normen und Werte unterschiedlich sind.

5. **Politik**: Migration ist oft ein Thema, das in Wahlen eine große Rolle spielt. Unterschiedliche Parteien haben verschiedene Ansichten dazu.

Migration und Gesellschaft

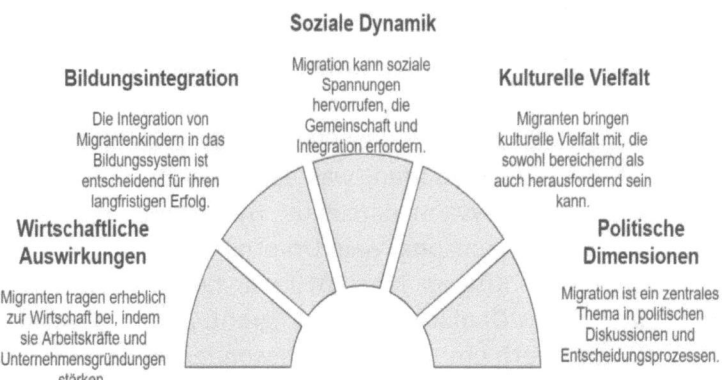

Soziale Dynamik

Bildungsintegration

Die Integration von Migrantenkindern in das Bildungssystem ist entscheidend für ihren langfristigen Erfolg.

Migration kann soziale Spannungen hervorrufen, die Gemeinschaft und Integration erfordern.

Kulturelle Vielfalt

Migranten bringen kulturelle Vielfalt mit, die sowohl bereichernd als auch herausfordernd sein kann.

Wirtschaftliche Auswirkungen

Migranten tragen erheblich zur Wirtschaft bei, indem sie Arbeitskräfte und Unternehmensgründungen stärken.

Politische Dimensionen

Migration ist ein zentrales Thema in politischen Diskussionen und Entscheidungsprozessen.

Abbildung 8: Migration / Gesamtgesellschaft Eigene Darstellung, © Ralf Schönert

Darüber hinaus beeinflusst Migration auch weniger offensichtliche Bereiche wie das Gesundheitssystem oder die Medienlandschaft. Zum Beispiel berichten Medien häufig über Migrationsthemen, was die öffentliche Meinung stark beeinflussen kann. In den 2010er Jahren trugen Bilder von Flüchtlingen auf der Balkanroute zu Mitgefühl bei, während Berichte über einzelne kriminelle Vorfälle oft Vorurteile verstärkten. Eine Studie des Mediendienstes Integration zeigte, dass positive Geschichten über gelungene Integration in den Medien deutlich seltener vorkommen als negative Schlagzeilen. Diese Diskrepanz beeinflusst, wie Migration wahrgenommen wird und welche Narrative in der Gesellschaft dominieren. Zum Beispiel erfordert der Zugang zu Gesundheitsdiensten eine Anpassung an sprachliche und kulturelle Bedürfnisse. Gleichzeitig berichten Medien unterschiedlich über Migration, was die Wahrnehmung in der Öffentlichkeit beeinflusst.

Wie wirkt sich Migration auf die Wirtschaft aus?

Migration hat viele Auswirkungen auf die Wirtschaft. Positive Effekte sind:

- **Fachkräfte**: In vielen Ländern fehlen Arbeitskräfte, vor allem in Deutschland. Migranten können helfen, diese Lücken zu schließen.

- **Neue Ideen**: Viele Migranten gründen eigene Unternehmen und bringen neue Perspektiven in die Wirtschaft ein.

- **Mehr Konsum**: Migranten kaufen Produkte und kurbeln so die Wirtschaft an.

Es gibt aber auch Herausforderungen:

- **Konkurrenz um Jobs**: In manchen Branchen können Migranten die Löhne drücken oder den Wettbewerb erhöhen.

- **Kosten**: Staatliche Programme für Bildung, Wohnungen und Integration kosten Geld, besonders am Anfang.

Langfristig zeigt sich jedoch oft, dass die Vorteile die Kosten überwiegen, wenn Integration gelingt. Ein konkretes Beispiel dafür ist die Stadt Duisburg, die in den letzten Jahrzehnten viele Zuwanderer aufgenommen hat. Durch gezielte Investitionen in Bildungsprogramme, interkulturelle Begegnungszentren und Arbeitsmarktprojekte konnte die Integration verbessert werden. Heute gilt Duisburg als Modell für erfolgreiche Integration, da viele Migranten hier nicht nur Arbeit gefunden haben, sondern auch aktiv zur Gemeinschaft beitragen, sei es durch Unternehmensgründungen oder Engagement in lokalen Initiativen. Ein Beispiel dafür ist der deutsche Arbeitsmarkt, wo viele Migranten in Bereichen arbeiten, die stark nachgefragt sind, wie Pflege, Bauwesen oder IT.

Bildung: Der Schlüssel zur Integration

Bildung ist entscheidend für die Integration von Migranten. Sie hilft nicht nur, Arbeit zu finden, sondern auch, ein Teil der Gesellschaft zu werden. Gute Bildungsprogramme für Migranten bieten:

- **Sprachkurse**: Deutsch zu lernen ist der erste Schritt, um in Schule und Beruf erfolgreich zu sein.

- **Interkulturelles Lernen**: Schulen können helfen, Vorurteile abzubauen und Vielfalt zu feiern.

- **Unterstützung**: Zusätzliche Hilfe wie Nachhilfe oder Mentorenprogramme können Migrantenkindern helfen, Rückstände aufzuholen.

Nach dem Flüchtlingszuzug 2015 hat Deutschland viele Programme gestartet, um Kinder und Jugendliche zu fördern. Erfolgreich waren vor allem Projekte, die Familien einbezogen und individuelle Unterstützung boten. Gleichzeitig gibt es Ansätze, digitale Bildungsplattformen verstärkt zu nutzen, um Sprach- und Fachkenntnisse flexibel zu vermitteln.

Wie kann der soziale Zusammenhalt gewährleistet werden?

Migration kann den sozialen Zusammenhalt stärken oder schwächen. Positiv ist, dass Vielfalt die Gesellschaft kreativer und resilienter machen kann. Es gibt aber auch Probleme:

- **Vorurteile**: Wenn Menschen Migranten misstrauen oder sie unfair behandeln, entsteht Spaltung.

- **Ungleiche Chancen**: Wenn Migranten schlechtere Chancen auf Jobs, Wohnungen oder Bildung haben, können Konflikte entstehen.

- **Trennung**: Wenn Migranten und Einheimische wenig Kontakt haben, bleiben oft Missverständnisse bestehen.

Projekte wie interkulturelle Sportvereine oder Nachbarschaftsinitiativen können helfen, Begegnungen zu fördern und gegenseitiges Verständnis zu stärken. Auch digitale Plattformen, die Dialog und Austausch über kulturelle Unterschiede fördern, können eine wichtige Rolle spielen.

Kultur: Zwischen Bereicherung und Konflikten

Migranten bringen neue Traditionen, Sprachen und Werte mit. Diese Vielfalt kann spannend und bereichernd sein. Es gibt aber auch Herausforderungen:

- **Kulturelle Unterschiede**: Verschiedene Werte und Normen können zu Missverständnissen führen.

- **Anpassung**: Wie viel Migranten ihre Kultur anpassen sollten, ist oft umstritten.

Die Balance zwischen Integration und dem Erhalt der eigenen Identität ist eine wichtige Aufgabe für alle Beteiligten. Erfolgreiche Beispiele sind kulturelle Feste und Veranstaltungen, die den Austausch zwischen verschiedenen Gruppen fördern.

Haltung der politischen Parteien im deutschen Bundestag

Die politische Landschaft im deutschen Bundestag ist von einer Vielzahl unterschiedlicher Parteien geprägt, die jeweils eigene Positionen zu zentralen Themen wie Flucht und Integration vertreten. Die Debatten um diese Themen spiegeln nicht nur die ideologischen Differenzen wider, sondern auch unterschiedliche Ansätze zur Bewältigung gesellschaftlicher Herausforderungen. Dabei geht es sowohl um kurzfristige Maßnahmen zur Bewältigung von Flüchtlingsströmen als auch um langfristige Strategien zur Integration und gesellschaftlichen Kohäsion.

CDU/CSU (Christlich Demokratische Union/Christlich-Soziale Union)

Die CDU/CSU vertritt eine migrationskritische Position, die sich in ihrer Betonung von Sicherheit, Kontrolle und Ordnung widerspiegelt. Im Zentrum ihrer Politik steht das Konzept einer "begrenzten und gesteuerten Zuwanderung", das darauf abzielt, die Anzahl der nach Deutschland kommenden Migranten deutlich zu reduzieren und die Einreise strikt zu regulieren. Dies wird als notwendige Maßnahme dargestellt, um die Integrationskapazitäten des Landes nicht zu überfordern und die gesellschaftliche Stabilität zu bewahren.

Ein wesentlicher Bestandteil der migrationspolitischen Agenda der CDU/CSU ist die konsequente Abschiebung abgelehnter Asylbewerber. Die Partei fordert eine schnelle und effiziente Umsetzung von Ausweisungsverfahren, um sicherzustellen, dass Personen ohne Bleiberecht das Land zügig verlassen. Dabei plädiert sie für eine enge Zusammenarbeit mit Herkunftsländern und Transitstaaten, um Rückführungsabkommen durchzusetzen und illegale Migration effektiv zu bekämpfen.

Gleichzeitig betont die CDU/CSU die Bedeutung von Integration für diejenigen Migranten, die bereits in Deutschland leben und eine Perspektive auf dauerhaften Aufenthalt haben. Dabei legt sie großen Wert auf die Einhaltung bestimmter Anforderungen durch die Migranten selbst. Dazu gehören das Erlernen der deutschen Sprache, die Aufnahme einer Erwerbstätigkeit sowie die Anerkennung und

Übernahme sogenannter "deutscher Werte". Diese Erwartungen sollen sicherstellen, dass Migranten sich in die Gesellschaft einordnen und einen Beitrag zu ihrer Weiterentwicklung leisten.

Ein weiterer zentraler Punkt in der Migrationspolitik der CDU/CSU ist die Bekämpfung von Fluchtursachen. Die Partei setzt auf eine verstärkte Entwicklungszusammenarbeit mit den Herkunftsländern, um wirtschaftliche Perspektiven vor Ort zu schaffen und Konflikte zu entschärfen. Ziel ist es, Migration an der Quelle zu reduzieren und die Zahl derjenigen, die sich auf den Weg nach Europa machen, deutlich zu senken. Hierbei wird besonders betont, dass Hilfe vor Ort effizienter sei als großzügige Aufnahmeprogramme in Deutschland.

Die migrationskritische Haltung der CDU/CSU ist somit durch eine Kombination aus restriktiver Zuwanderungspolitik, Forderungen an Migranten und internationaler Entwicklungsarbeit gekennzeichnet. Sie versteht sich als Bewahrer der inneren Sicherheit und gesellschaftlichen Ordnung, wobei der Schutz nationaler Interessen im Vordergrund steht.

Die CDU/CSU verfolgt eine migrationspolitische Agenda, die auf Kontrolle und Ordnung abzielt, jedoch die Chance auf eine integrative und zukunftsgerichtete Politik nicht voll ausschöpft. Zwar wird Integration gefordert, doch die Betonung auf "deutsche Werte" und strikte Abschiebung könnte als Hindernis für ein vielfältiges und solidarisches Zusammenleben wirken. Eine stärkere Fokussierung auf echte Partizipation und die Förderung individueller Potenziale der Migranten könnte die Gesellschaft bereichern und langfristige Lösungen bieten, statt Migration primär als Problem darzustellen.

SPD (Sozialdemokratische Partei Deutschlands)

Die SPD verfolgt eine integrationsfreundlichere Politik und legt den Schwerpunkt auf Chancengleichheit und gesellschaftliche Teilhabe. Sie sieht in der Migration auch eine Chance, den Fachkräftemangel zu bekämpfen, und unterstützt Programme zur Qualifikation und Integration von Migranten in den Arbeitsmarkt. Dabei wird die Wichtigkeit von Bildungsangeboten und Sprachkursen betont. Die Partei plädiert für eine humanitäre Asylpolitik und setzt sich für eine Reform des Gemeinsamen Europäischen Asylsystems (GEAS) ein, um faire Lastenteilung unter den EU-Mitgliedsstaaten zu gewährleisten. Zudem wird die Rolle von Kommunen als zentrale Akteure bei der Integration hervorgehoben, mit einem Fokus auf ausreichende finanzielle Mittel und strukturelle Unterstützung.

Bündnis 90/Die Grünen

Die Grünen vertreten eine progressive und offene Haltung zu Flucht und Migration. Ihre Politik basiert auf den Prinzipien der Menschenrechte und der Solidarität. Sie fordern eine liberalere Asylpolitik, die den Schutzbedürftigen in den Vordergrund stellt, sowie sichere Fluchtwege, um das Sterben im Mittelmeer zu verhindern. Gleichzeitig setzen sie auf eine starke Integrationsförderung, etwa durch Bildung und kulturellen Austausch, um ein harmonisches Zusammenleben zu fördern. Die Grünen betonen auch die Notwendigkeit, Rassismus und Diskriminierung aktiv zu bekämpfen, um die gesellschaftliche Akzeptanz von Migration zu stärken. Zusätzlich fordern sie eine globale Verantwortung und die Stärkung internationaler Zusammenarbeit, um Fluchtursachen wie Klimawandel und Konflikte anzugehen.

FDP (Freie Demokratische Partei)

Die FDP steht für eine pragmatische und ökonomisch orientierte Herangehensweise an das Thema. Sie setzt sich für ein "Chancen-Zuwanderungsgesetz" ein, das qualifizierten Migranten den Zugang zum Arbeitsmarkt erleichtert. In Bezug auf Flüchtlinge fordert die FDP eine klare Unterscheidung zwischen humanitärem Schutz und Arbeitsmigration. Die Integration von Geflüchteten wird als Aufgabe gesehen, die insbesondere durch Bildung und die Vermittlung demokratischer Werte erreicht werden soll. Die FDP hebt die Bedeutung einer digitalen und transparenten Verwaltung hervor, um Asylverfahren effizienter zu gestalten. Zudem unterstützt die Partei die Idee eines Punktesystems, das die Migration besser steuern soll.

AfD (Alternative für Deutschland)

Die Alternative für Deutschland (AfD) verfolgt eine dezidiert migrationskritische Agenda, die sich in einer Vielzahl von politischen Forderungen und Positionierungen manifestiert. Ein zentraler Bestandteil ihres Programms ist die vehemente Ablehnung einer liberaleren Flüchtlingspolitik, die sie als Gefahr für die gesellschaftliche Stabilität und die kulturelle Identität Deutschlands betrachtet. Die Partei plädiert für eine drastische Begrenzung der Zuwanderung, die ihrer Ansicht nach notwendig ist, um die Belastungen für die einheimische Bevölkerung zu minimieren und die sozialen Systeme vor Überforderung zu bewahren.

Ein weiterer Schwerpunkt der AfD-Politik ist die Forderung nach einer verschärften Abschiebepraxis. Die Partei spricht sich für die Einrichtung und den Ausbau von Abschiebezentren aus, um abgelehnte Asylbewerber schneller und konsequenter ausweisen zu können. Gleichzeitig setzt sich die AfD für die Schließung der nationalen Grenzen ein und fordert eine strikte Kontrolle der Einreise, um illegale Migration effektiv zu unterbinden. Diese Maßnahmen werden von der Partei als notwendige Schritte betrachtet, um die staatliche Ordnung zu sichern und die gesellschaftliche Kohärenz zu wahren.

Die AfD lehnt den Multikulturalismus entschieden ab und sieht in der Idee der Integration häufig eine Bedrohung für die deutsche Identität. In ihrer Rhetorik wird die Migration oftmals als Quelle sozialer Spannungen und kultureller Konflikte dargestellt. Die Partei argumentiert, dass die deutsche Kultur und Werteordnung durch eine zu großzügige Zuwanderung verwässert und langfristig bedroht würden. In diesem Zusammenhang betont die AfD die Notwendigkeit, die nationale Souveränität in der Migrationspolitik wiederherzustellen. Sie kritisiert die europäische Flüchtlingspolitik scharf und fordert eine Abkehr von supranationalen Lösungen zugunsten nationalstaatlicher Entscheidungsbefugnisse.

Darüber hinaus hebt die AfD die sozialen und ökonomischen Kosten der Migration hervor. Sie argumentiert, dass die Aufnahme und Versorgung von Migranten die deutschen Sozialsysteme über Gebühr belaste und die Interessen der einheimischen Bevölkerung vernachlässige. In ihrer Darstellung wird die Migration häufig als finanzielle und strukturelle Herausforderung dargestellt, die einer strikten Regulierung bedarf. Die Partei fordert deshalb Maßnahmen zur deutlichen Entlastung der Sozialsysteme und eine prioritäre Berücksichtigung der Bedürfnisse deutscher Staatsbürger.

Die AfD verfolgt eine migrationskritische und protektionistische Agenda, die stark auf Abschottung und nationale Souveränität abzielt. Ihre Forderungen nach rigiden Grenzkontrollen, Abschiebezentren und einer drastischen Begrenzung der Zuwanderung werden als Versuche wahrgenommen, gesellschaftliche Vielfalt zu reduzieren und Integration zu erschweren. Der Fokus auf die Wahrung einer vermeintlich bedrohten nationalen Identität und die Ablehnung des Multikulturalismus widersprechen dem inklusiven, menschenrechtsorientierten Ansatz, der auf Solidarität und die Stärkung europäischer Zusammenarbeit setzt. Die von der AfD betonten sozialen Kosten der Migration könnten stattdessen durch bessere Integrationsmaßnahmen und eine gerechte Verteilung von Ressourcen effektiv adressiert werden, um langfristig gesellschaftlichen Zusammenhalt zu fördern.

Die Linke

Die Linke befürwortet eine offene und solidarische Migrationspolitik. Sie setzt sich für die Abschaffung von Abschiebungen und die Schaffung legaler Fluchtwege ein. Die Partei fordert eine umfassende Integration von Flüchtlingen, die durch soziale und finanzielle Unterstützung sowie den Ausbau von Sprach- und Bildungsangeboten realisiert werden soll. Zudem kritisiert Die Linke die restriktive Flüchtlingspolitik der EU scharf und plädiert für eine gerechtere globale Verantwortungsteilung. Sie sieht Migration als Grundrecht und fordert eine Abkehr von der Abschottungspolitik. Gleichzeitig macht sie auf die Notwendigkeit aufmerksam, Fluchtursachen wie Armut, Krieg und Umweltzerstörung global zu bekämpfen.

Die politischen Positionen der Parteien im Bundestag zum Thema Flucht und Integration zeigen ein breites Spektrum, das von strenger Begrenzung bis hin zu offener Solidarität reicht. Während konservative und rechte Parteien wie die CDU/CSU und die AfD auf Kontrolle und Abschottung setzen, verfolgen linke und progressive Kräfte wie Die Grünen und Die Linke eine humanitäre und integrative Agenda. Zwischen diesen Polen versuchen Parteien wie die SPD und die FDP, pragmatische Lösungen zu entwickeln, die sowohl wirtschaftlichen als auch gesellschaftlichen Anforderungen gerecht werden. Diese Unterschiede prägen die parlamentarischen Debatten und die öffentliche Wahrnehmung der Flüchtlingspolitik in Deutschland. In diesem Spannungsfeld wird deutlich, dass die Frage nach Migration und Integration nicht nur von politischen, sondern auch von kulturellen und wirtschaftlichen Faktoren bestimmt wird, die auf verschiedene Weise miteinander verflochten sind. Die Debatte bleibt eine zentrale Herausforderung der deutschen Politik, die weiterhin die gesellschaftliche Zukunft prägen wird.

Wie beeinflusst Migration die Politik?

Migration ist oft ein Thema, das die politische Landschaft stark beeinflusst. Parteien nutzen es, um Stimmen zu gewinnen, und es kann Wahlen entscheiden. Migration beeinflusst:

- **Wahlentscheidungen**: In polarisierten Gesellschaften können Migrationsthemen eine große Rolle spielen.

- **Politische Programme**: Regierungen müssen Gesetze und Programme entwickeln, um Migration und Integration zu steuern.

- **Internationale Zusammenarbeit**: Migration erfordert oft Absprachen zwischen verschiedenen Ländern, etwa bei der Verteilung von Flüchtlingen oder der Regulierung von Einwanderung.

Migration betrifft alle Bereiche des Lebens und stellt Gesellschaften vor Herausforderungen. Gleichzeitig bietet sie die Gelegenheit, innovative Lösungen zu entwickeln und eine zukunftsorientierte Gesellschaft zu gestalten. Es stellt sich die Frage: Welche neuen Ansätze könnten dazu beitragen, Migration noch erfolgreicher zu gestalten, und wie können die gesellschaftlichen Chancen der Vielfalt optimal genutzt werden? Mit der richtigen Herangehensweise kann sie jedoch eine große Chance sein. Erfolgreiche Gesellschaften erkennen die Stärken der Vielfalt und arbeiten daran, alle Menschen einzubeziehen. Bildung, Begegnung und eine kluge Politik sind der Schlüssel, um Migration zu einer Bereicherung für alle zu machen. Zudem zeigt sich, dass eine langfristige Perspektive, die auf sozialen Zusammenhalt und wirtschaftliche Integration setzt, der beste Weg ist, die Chancen der Migration zu nutzen.

Rezeption in der Gesellschaft

Migration ist ein Phänomen, das Gesellschaften bereichern, aber auch vor Herausforderungen stellen kann. Eine zentrale Frage, die sich dabei immer wieder stellt, ist die nach dem sozialen Zusammenhalt: Wie können Gemeinschaften geformt werden, die sowohl die Vielfalt der Zugewanderten als auch die Bedürfnisse der einheimischen Bevölkerung berücksichtigen? Dieser Text untersucht die Auswirkungen von Migration auf den sozialen Zusammenhalt, beleuchtet potenzielle Konfliktfelder und zeigt Wege auf, wie Integration gelingen kann, um eine inklusive Gesellschaft zu schaffen.

Was ist sozialer Zusammenhalt?

Sozialer Zusammenhalt beschreibt das Gefühl von Gemeinschaft und gegenseitigem Vertrauen innerhalb einer Gesellschaft. Dabei geht es darum, dass Menschen trotz unterschiedlicher Hintergründe und Interessen das Gefühl entwickeln, Teil eines größeren Ganzen zu sein. Eine wichtige Voraussetzung dafür ist der gleichberechtigte Zugang zu Ressourcen wie Bildung, Arbeit und Wohnraum. Nur wenn diese Grundlagen für alle gesichert sind, kann ein gerechtes und inklusives Zusammenleben entstehen.

Ebenso entscheidend sind gemeinsame Werte und Normen, die Orientierung bieten und ein Gefühl der Zugehörigkeit schaffen. Diese gemeinsamen Grundprinzipien können als Brücke zwischen unterschiedlichen Bevölkerungsgruppen dienen und so zu einem stabilen gesellschaftlichen Gefüge beitragen. Ein weiterer zentraler Aspekt sind soziale Netzwerke und Begegnungen. Direkte Kontakte zwischen

Menschen verschiedener Herkunft oder sozialer Schichten tragen dazu bei, gegenseitiges Vertrauen aufzubauen und Vorurteile abzubauen. Solche Begegnungen sind oft der Schlüssel, um das gegenseitige Verständnis zu vertiefen und die Basis für ein harmonisches Miteinander zu schaffen.

Herausforderungen für den sozialen Zusammenhalt

Migration stellt den sozialen Zusammenhalt auf verschiedene Weisen auf die Probe. Eine der größten Herausforderungen sind Vorurteile und Diskriminierung. Migranten sind oft Vorurteilen ausgesetzt, die ihre Integration behindern. Sie erleben Diskriminierung bei der Arbeitsplatzsuche, auf dem Wohnungsmarkt oder im Bildungssystem. Solche Benachteiligungen können soziale Spannungen verstärken und das Gefühl der Ausgrenzung fördern.

Eine weitere Schwierigkeit ergibt sich aus der ungleichen Verteilung von Ressourcen. In vielen Fällen konkurrieren Migranten und Einheimische um begrenzte Ressourcen wie bezahlbaren Wohnraum oder Arbeitsplätze. Wenn Migranten als Konkurrenten wahrgenommen werden, entstehen häufig Konflikte, die den sozialen Zusammenhalt gefährden.

Auch kulturelle Unterschiede stellen eine Herausforderung dar. Verschiedene Normen und Werte können zu Missverständnissen führen. Religiöse Praktiken oder Rollenbilder, die von den Vorstellungen der Aufnahmegesellschaft abweichen, werden oft als fremd empfunden. Solche Differenzen können Spannungen hervorrufen, insbesondere wenn es an gegenseitigem Verständnis mangelt.

Schließlich trägt die Trennung der Lebenswelten von Migranten und Einheimischen zur Entstehung von Parallelgesellschaften bei. Wenn es an Begegnungsmöglichkeiten fehlt und die beiden Gruppen wenig Kontakt zueinander haben, können Vorurteile und Misstrauen weiter zunehmen. Der Mangel an Austausch führt dazu, dass sich kulturelle und soziale Gräben vertiefen, was den Zusammenhalt in der Gesellschaft zusätzlich belastet.

Migration als Chance für den sozialen Zusammenhalt

Trotz der Herausforderungen bietet Migration auch große Chancen, um den sozialen Zusammenhalt zu stärken. Menschen, die aus anderen Ländern kommen, bringen oft neue Ideen, Perspektiven und kulturelle Traditionen mit. Diese Vielfalt bereichert nicht nur das Alltagsleben, sondern kann auch dazu beitragen, kreative Lösungen für gesellschaftliche Probleme zu finden. Zum Beispiel können Migranten durch ihre Erfahrungen und Ansichten neue Ansätze in Bildung, Arbeit oder Kunst anstoßen, die der gesamten Gesellschaft zugutekommen.

Darüber hinaus führen gemeinsame Anstrengungen, um Integrationsaufgaben zu bewältigen, oft dazu, dass sich die Menschen einer Gemeinschaft näherkommen. Wenn alle Beteiligten zusammenarbeiten, um Schwierigkeiten zu überwinden, entsteht ein Gefühl der Zugehörigkeit und Solidarität. Ein Beispiel dafür ist der Austausch zwischen Einheimischen und Migranten, der häufig über gemeinsame Projekte wie interkulturelle Nachbarschaftsinitiativen oder Sportvereine gefördert wird. Solche Erfahrungen stärken das gegenseitige Vertrauen und helfen, Vorurteile abzubauen.

Besonders wichtig ist es, Netzwerke zu schaffen, in denen Menschen verschiedener Herkunft miteinander in Kontakt treten können. Diese sozialen Netzwerke ermöglichen es Migranten und Einheimischen, voneinander zu lernen und sich gegenseitig zu unterstützen. Dadurch fühlen sich alle Beteiligten als gleichwertige Mitglieder der Gemeinschaft anerkannt und können aktiv zur gesellschaftlichen Entwicklung beitragen. Es zeigt sich also, dass Migration nicht nur eine Herausforderung darstellt, sondern auch die Grundlage für einen starken sozialen Zusammenhalt legen kann.

Beispiele für gelungene Integration

Ein erfolgreiches Beispiel für die Förderung sozialen Zusammenhalts durch Migration ist das Programm „Stadtteile mit besonderem Entwicklungsbedarf" in Deutschland. Dieses Projekt zielt darauf ab, benachteiligte Stadtteile zu stärken, in denen viele Migranten leben. Durch den Ausbau von Bildungs- und Freizeitangeboten, die Renovierung von Wohnraum und die Förderung von Nachbarschaftsprojekten wird das Miteinander gefördert.

Ein weiteres Beispiel ist die „Buddy-Initiative", bei der Einheimische und Migranten in Tandems zusammenarbeiten, um Sprachbarrieren abzubauen und kulturellen Austausch zu fördern. Solche Programme zeigen, dass Begegnungen und gemeinsames Lernen die Basis für sozialen Zusammenhalt bilden.

Wege zur Förderung des sozialen Zusammenhalts

Sozialer Zusammenhalt in einer Migrationsgesellschaft kann durch verschiedene Maßnahmen gestärkt werden. Bildung und Sprachförderung spielen dabei eine zentrale Rolle. Sprachkenntnisse sind die Grundlage für soziale und berufliche Teilhabe, da sie es Migranten ermöglichen, aktiv am gesellschaftlichen Leben teilzunehmen. Eine Studie des Bundesamts für Migration und Flüchtlinge aus dem Jahr 2020 zeigt, dass Migranten mit guten Sprachkenntnissen deutlich höhere Chancen haben, eine feste Anstellung zu finden und sich langfristig in die Gesellschaft zu integrieren. Schulen können hier eine entscheidende Rolle spielen, indem sie interkulturelle Kompetenzen vermitteln, die das gegenseitige Verständnis zwischen Schülern mit unterschiedlichem Hintergrund fördern.

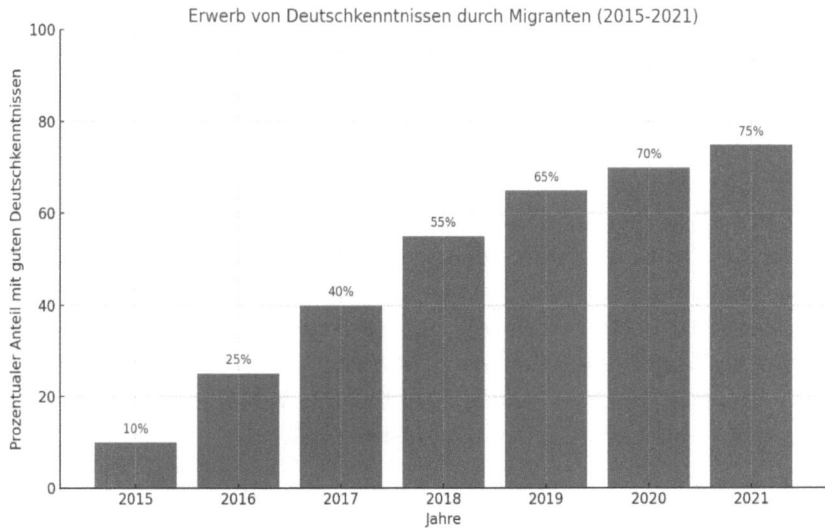

Abbildung 9: Daten aus Studie des Bundesamts für Migration und Flüchtlinge (BAMF) aus dem Jahr 2020 Eigene Darstellung, © Ralf Schönert

Darüber hinaus ist die Schaffung von Begegnungsräumen eine wichtige Voraussetzung für den sozialen Zusammenhalt. Interkulturelle Zentren, Sportvereine oder Nachbarschaftsinitiativen bieten Gelegenheiten, bei denen Menschen direkt miteinander in Kontakt treten können. Ein Beispiel dafür ist das interkulturelle Zentrum in Stuttgart, das regelmäßig Veranstaltungen wie Kochabende und Sprachcafés organisiert. Diese schaffen nicht nur eine lockere Atmosphäre für Begegnungen, sondern helfen auch, kulturelle Schranken zu überwinden und Vertrauen zwischen Einheimischen und Migranten aufzubauen. Projekte wie Urban Gardening oder kulturelle Veranstaltungen bringen Menschen verschiedener Herkunft zusammen und schaffen ein Gemeinschaftsgefühl, das Vorurteile abbaut und das Vertrauen stärkt.

Ein weiterer wichtiger Punkt ist die Bekämpfung von Diskriminierung. Ein Beispiel dafür ist das "No Hate Speech Movement", das von der EU ins Leben gerufen wurde, um Hass und Vorurteile im Internet aktiv zu bekämpfen. Diese Initiative hat es sich zur Aufgabe gemacht, durch Aufklärungsarbeit und die Einbindung junger Menschen die Verbreitung von Hassrede online zu minimieren. Ein weiteres erfolgreiches Beispiel ist die Arbeit der Antidiskriminierungsstelle des Bundes in Deutschland, die Betroffenen rechtliche Unterstützung bietet und durch Kampagnen wie "Rassismus erkennen – Rassismus bekämpfen" öffentliche Aufmerksamkeit auf strukturelle Diskriminierung lenkt. Solche Programme schaffen nicht nur ein Bewusstsein für die Problematik, sondern tragen auch dazu bei, das Vertrauen in staatliche und gesellschaftliche Institutionen zu stärken.[28]

Partizipation als Schlüssel zum sozialen Zusammenhalt

Ein weiterer wesentlicher Ansatz zur Förderung des sozialen Zusammenhalts ist die aktive Einbindung von Migranten in politische und gesellschaftliche Entscheidungsprozesse. Die Partizipation von Migranten stärkt ihr Zugehörigkeitsgefühl und ermöglicht es ihnen, eigene Perspektiven und Bedürfnisse in die Gemeinschaft einzubringen. Ein erfolgreiches Beispiel ist das Hamburger Projekt "Migranten als Stadtgestalter", bei dem Migranten aktiv in die Stadtplanung einbezogen wurden. Durch diese Initiative entstanden nicht nur innovative Lösungen für städtebauliche Herausforderungen, sondern auch ein

---

28 Quellen: **1.** Bundesamt für Migration und Flüchtlinge (BAMF)- Studien und Berichte des BAMF über Integration, Sprachförderung und soziale Teilhabe von Migranten **2.** Europäische Union - No Hate Speech Movement- Offizielle Informationen zur Kampagne und deren Zielsetzung, Hassrede online zu bekämpfen und Bewusstsein für Diskriminierung zu schaffen

stärkeres Bewusstsein für die Bedeutung von Vielfalt in der Stadtentwicklung.

Darüber hinaus können lokale Dialogforen oder Migrantenbeiräte wertvolle Plattformen sein, um den Dialog zwischen Einheimischen und Zugewanderten zu fördern. Solche Einrichtungen helfen, Spannungen abzubauen und gegenseitiges Verständnis zu fördern, indem sie allen Beteiligten die Möglichkeit geben, ihre Anliegen auf Augenhöhe zu diskutieren.

Die Förderung des sozialen Zusammenhalts in einer Gesellschaft, die durch Migration geprägt ist, erfordert eine Vielzahl von Maßnahmen. Bildung, Begegnung und Partizipation spielen dabei eine zentrale Rolle. Der Abbau von Vorurteilen und Diskriminierung sowie die Schaffung von Chancengleichheit und Dialogräumen sind essenziell, um Vertrauen und Solidarität innerhalb der Gesellschaft zu stärken. Migration bietet nicht nur Herausforderungen, sondern auch enorme Chancen, eine Gesellschaft zu bereichern und widerstandsfähiger gegen interne Spannungen zu machen. Erfolgreiche Integrationsprojekte und ein offener Dialog zeigen, dass sozialer Zusammenhalt kein Selbstläufer ist, sondern aktiv gestaltet werden muss – zum Nutzen aller Mitglieder der Gesellschaft.

Integrationserfahrungen im Vergleich

Integration ist ein komplexer Prozess, der viele verschiedene Bereiche des gesellschaftlichen Lebens beeinflusst. Beispiele wie die erfolgreiche Integration von deutschen Heimatvertriebenen nach dem Zweiten Weltkrieg oder die Herausforderungen bei der Aufnahme Hunderttausender Geflüchteter ab 2015 verdeutlichen die zentrale Bedeutung von Bildung, Arbeitsmarkt und sozialer Teilhabe. Diese Prozesse unterscheiden sich jedoch je nach historischem und kulturellem Kontext. Der folgende Abschnitt untersucht, wie Integration in verschiedenen Epochen und für unterschiedliche Gruppen gestaltet wurde, welche Parallelen bestehen und welche spezifischen Unterschiede die heutigen Herausforderungen prägen.

Integration von Vertriebenen nach 1945

Die Eingliederung von etwa 12 bis 14 Millionen deutschen Heimatvertriebenen nach dem Zweiten Weltkrieg war eine der größten Integrationsaufgaben der deutschen Geschichte. Nach dem Krieg waren Infrastruktur und Wohnraum knapp, und die einheimische Bevölkerung begegnete den Vertriebenen häufig mit Vorbehalten. Dennoch gilt ihre Integration langfristig als Erfolg.

Bildung spielte eine zentrale Rolle: Viele Vertriebene brachten berufliche Qualifikationen und Bildung mit, was ihnen den Zugang zum Arbeitsmarkt erleichterte. Statistiken aus den 1950er Jahren zeigen, dass etwa 60 Prozent der Vertriebenen über Fähigkeiten im Handwerk oder in der Landwirtschaft verfügten, die direkt in den Wiederaufbau eingebracht wurden. Um auch die nächste Generation zu fördern, wurden spezielle Bildungsinitiativen ins Leben gerufen, die Kindern von Vertriebenen den Zugang zu Schulen und Universitäten erleichterten. Diese Maßnahmen sorgten dafür, dass Vertriebene langfristig nicht nur ökonomisch, sondern auch kulturell in die Gesellschaft integriert wurden.

Auf dem Arbeitsmarkt fanden viele Vertriebene in der Industrie und im Handwerk Beschäftigung und trugen wesentlich zum "Wirtschaftswunder" bei. Ihre Integration wurde auch durch politische Maßnahmen wie das Lastenausgleichsgesetz unterstützt, das materielle Verluste ausglich und Spannungen zwischen Einheimischen und Neuankömmlingen abbaute. Die Integration der Vertriebenen zeigt eindrucksvoll, wie staatliche Unterstützung und gesellschaftlicher Wille zusammenwirken können.

Integration von Gastarbeitern in den 1960er und 1970er Jahren

Anders verlief die Integration der Gastarbeiter, die ab den 1960er Jahren nach Deutschland kamen, um den Arbeitskräftemangel zu beheben. Sie wurden als temporäre Arbeitskräfte betrachtet, deren dauerhafte Eingliederung nicht vorgesehen war. Dieses Konzept erschwerte ihre soziale und wirtschaftliche Integration erheblich und führte zu langfristigen Herausforderungen.

Die Bildungschancen der Gastarbeiter und ihrer Kinder waren begrenzt. Viele hatten nur geringe schulische oder berufliche Qualifikationen, und spezifische Bildungsangebote für ihre Kinder fehlten lange Zeit. Diese Lücke hatte oft zur Folge, dass die nachfolgende Generation in einer ähnlichen sozialen und wirtschaftlichen Lage blieb wie ihre Eltern. Auch auf dem Arbeitsmarkt waren die Möglichkeiten stark eingeschränkt. Gastarbeiter arbeiteten oft in körperlich anspruchsvollen, schlecht bezahlten Jobs in der Bauindustrie oder Produktion, wie etwa viele türkische Arbeitskräfte im Ruhrgebiet. Diese Berufe boten kaum Aufstiegsmöglichkeiten, was viele Gastarbeiter dauerhaft in prekären Verhältnissen hielt.

Die fehlende gesellschaftliche Integration führte häufig zur Bildung von Parallelstrukturen, in denen Gastarbeiter unter sich blieben. Ein Beispiel dafür ist die Entwicklung von Wohnvierteln wie Duisburg-Marxloh, wo viele türkische Migranten lebten und eigene Geschäfte, Moscheen und Vereine gründeten. Diese Parallelstrukturen boten zwar einen Raum für kulturellen Austausch innerhalb der Gemeinschaft, erschwerten jedoch die Interaktion mit der einheimischen Bevölkerung und die gesellschaftliche Durchmischung. Politische und soziale Partizipationsmöglichkeiten waren kaum vorhanden, was ihre aktive Mitwirkung am gesellschaftlichen Leben stark einschränkte. Erst in den folgenden Jahrzehnten begannen spezifische Maßnahmen, wie interkulturelle Projekte und kommunale Initiativen, die Integration der zweiten und dritten Generation zu fördern.

Herausforderungen der Integration seit 2015

Die Flüchtlingsbewegung ab 2015 brachte neue Dimensionen der Migration nach Deutschland. Besonders die Überwindung von Sprachbarrieren erwies sich als zentrale Herausforderung. Viele Flüchtlinge mussten Alphabetisierungskurse absolvieren, bevor sie am regulären Bildungssystem teilnehmen konnten. Initiativen wie das "Schreibzentrum für Erwachsene" in Berlin verhalfen zahlreichen Menschen zu grundlegenden Lese- und Schreibkenntnissen und förderten ihr Selbstvertrauen. Gleichzeitig erkannten viele Bildungseinrichtungen die Notwendigkeit, ihre Angebote zu erweitern, um den Anforderungen gerecht zu werden.

Auch der Zugang zum Arbeitsmarkt gestaltete sich schwierig. Viele Flüchtlinge brachten zwar berufliche Qualifikationen mit, doch diese wurden oft nicht anerkannt. Bürokratische Hürden und unsichere Aufenthaltsstatus erschwerten ihre Integration zusätzlich. Dennoch halfen Programme wie "Integration durch Qualifizierung" (IQ), das Migranten bei der Anerkennung ausländischer Berufsabschlüsse und der Weiterbildung unterstützt. Dieses Programm ermöglichte es vielen, eine den Qualifikationen entsprechende Anstellung zu finden. Zusätzlich entstanden regionale Initiativen, die Flüchtlinge direkt mit Unternehmen zusammenbrachten, um Praktika und berufliche Netzwerke aufzubauen.

Im Bereich der sozialen Teilhabe begegneten Flüchtlinge häufig Vorurteilen und Diskriminierung. Gleichzeitig zeigte die Zivilgesellschaft große Solidarität. Ehrenamtliche engagierten sich in Sprachkursen, Freizeitangeboten und Patenschaftsprojekten, um die Eingliederung der Flüchtlinge zu fördern. Diese Projekte betonten die Bedeutung von Begegnungen auf Augenhöhe, um Vorurteile abzubauen und gegenseitiges Vertrauen aufzubauen.

Parallelen und Unterschiede in den Herausforderungen

Die Herausforderungen der Integration zeigen Parallelen über verschiedene Epochen hinweg. Ressourcenknappheit, wie bei Wohnraum oder Bildungseinrichtungen, war ein wiederkehrendes Problem. Ebenso begegnete die Aufnahmegesellschaft neuen Gruppen oft mit Skepsis. Bildung spielte in allen Kontexten eine Schlüsselrolle, um berufliche Perspektiven zu eröffnen und den sozialen Zusammenhalt zu fördern.

Unterschiede bestehen vor allem in der staatlichen Unterstützung und den kulturellen Distanzen. Vertriebenen wurde ein dauerhafter Verbleib garantiert, während Gastarbeiter als temporäre Kräfte galten. Auch die umfangreichen Integrationsmaßnahmen nach 2015, wie Sprachkurse und Sozialleistungen, unterscheiden sich deutlich von den begrenzten Angeboten für Gastarbeiter in den 1960er Jahren. Diese Unterschiede zeigen, wie stark politische Rahmenbedingungen den Erfolg von Integrationsprozessen beeinflussen.

Darüber hinaus ist die kulturelle Distanz ein entscheidender Faktor. Während Vertriebenen kulturelle und sprachliche Gemeinsamkeiten den Einstieg erleichterten, mussten Gastarbeiter und Flüchtlinge oft grundlegende Barrieren überwinden. Diese Unterschiede erfordern individuell angepasste Ansätze, die den spezifischen Bedürfnissen der jeweiligen Gruppen gerecht werden.

Strategien für die Zukunft

Um Integration in den Bereichen Bildung, Arbeitsmarkt und soziale Teilhabe nachhaltig zu gestalten, sind langfristige Ansätze erforderlich. Investitionen in Schulen, Sprachkurse und Weiterbildung sind entscheidend, um Migranten den Zugang zu Bildung zu erleichtern. Gleichzeitig müssen qualifizierte Lehrkräfte bereitgestellt und die Kapazitäten von Bildungseinrichtungen erweitert werden. Initiativen, die auf die Bedürfnisse von Kindern und Erwachsenen gleichermaßen eingehen, können nachhaltige Fortschritte fördern.

Die berufliche Integration erfordert Programme zur Anerkennung ausländischer Berufsabschlüsse und die Förderung von Migrantenunternehmen. Projekte wie das IQ-Programm zeigen, wie effektive Unterstützung zur wirtschaftlichen Eingliederung beitragen kann. Zusätzlich könnten gezielte Maßnahmen, wie Mentorenschaftsprogramme oder branchenspezifische Schulungen, die Eingliederung in den Arbeitsmarkt beschleunigen.

Im Bereich der sozialen Teilhabe sind Begegnungsräume und interkulturelle Veranstaltungen wichtig, um Vorurteile abzubauen und den Dialog zwischen verschiedenen Bevölkerungsgruppen zu fördern. Die Bekämpfung von Diskriminierung und die Förderung von Chancengleichheit sollten zentrale Ziele sein. Programme, die den Austausch zwischen Einheimischen und Migranten fördern, wie Nachbarschaftsinitiativen oder kulturelle Festivals, könnten die Basis für ein besseres Miteinander schaffen.

Die Erfahrungen der Integration in Deutschland verdeutlichen, dass Bildung, Arbeitsmarkt und soziale Teilhabe zentrale Elemente für den Erfolg von Integrationsprozessen sind. Trotz der Unterschiede in den Herausforderungen bieten die Parallelen wertvolle Lehren für die Zukunft. Langfristige Strategien, die Vielfalt als Chance begreifen, sind essenziell, um eine inklusive und stabile Gesellschaft zu gestalten. Ein umfassender Ansatz, der sowohl die individuellen Bedürfnisse der Migranten als auch die gesellschaftlichen Rahmenbedingungen berücksichtigt, könnte den Weg für eine nachhaltige Integration ebnen.

Rolle von Politik und Verwaltung

Die Integration von Migranten und Vertriebenen ist ein zentraler Bestandteil gesellschaftlicher Entwicklungen und eine essenzielle Aufgabe für Politik und Verwaltung. Historische Erfahrungen, wie die Eingliederung der deutschen Heimatvertriebenen nach dem Zweiten Weltkrieg, bieten wichtige Vergleichsgrundlagen für die Strategien, die seit 2015 zur Integration Geflüchteter angewandt werden. Neben politischen Maßnahmen spielt die Rolle der Bürokratie in der Steuerung von Migrationsprozessen eine entscheidende Rolle. Dieses Kapitel analysiert Gemeinsamkeiten und Unterschiede der Ansätze und bewertet ihre Effektivität.

Politische Maßnahmen zur Integration der Vertriebenen nach 1945

Die Vertreibung von rund 12 bis 14 Millionen Menschen aus ehemaligen deutschen Ostgebieten nach dem Zweiten Weltkrieg stellte eine der größten Herausforderungen für die Nachkriegsgesellschaft dar. Angesichts von Wohnungsnot, Arbeitslosigkeit und Ressourcenkonflikten entwickelte die Bundesrepublik eine Reihe von politischen Maßnahmen, die sowohl Soforthilfe als auch langfristige Eingliederung ermöglichten.

Das Lastenausgleichsgesetz von 1952 war eine zentrale politische Antwort auf die materielle Not der Vertriebenen. Es schuf einen finanziellen Ausgleich, um durch Vertreibung und Enteignung entstandene Verluste zu kompensieren. Finanziert durch Abgaben der übrigen Bevölkerung, unterstrich das Gesetz das Prinzip der gesellschaftlichen Solidarität. Es ermöglichte vielen Vertriebenen, neue Existenzen aufzubauen – sei es durch den Erwerb von Wohneigentum oder die Gründung von Unternehmen. Dieses Gesetz war entscheidend für die wirtschaftliche Integration und trug langfristig zur Stabilisierung der jungen Bundesrepublik bei.

Nach dem Krieg war der akute Mangel an Wohnraum eines der drängendsten Probleme. Vertriebenensiedlungen entstanden durch umfangreiche Wohnungsbauprogramme, die von Bund, Ländern und Kommunen koordiniert wurden. Diese Programme boten nicht nur physische Unterkünfte, sondern auch eine Basis für die Integration der Vertriebenen in bestehende Gemeinden. Die enge Zusammenarbeit zwischen verschiedenen Verwaltungsebenen war hier von zentraler Bedeutung.

Die rasch wachsende Nachkriegswirtschaft bot zahlreiche Chancen für die Integration der Vertriebenen in den Arbeitsmarkt. Besonders in der Industrie und im Handwerk fanden viele eine Beschäftigung. Ausbildungsprogramme und die Anerkennung von Qualifikationen spielten eine zentrale Rolle, um den Eintritt in den Arbeitsmarkt zu erleichtern. Die erfolgreiche Eingliederung dieser Arbeitskräfte legte den Grundstein für das deutsche Wirtschaftswunder.

Die Bildungspolitik zielte darauf ab, den Kindern von Vertriebenen gleiche Chancen zu ermöglichen. Spezielle Förderprogramme und Stipendien schufen Wege für schulische und berufliche Bildung. Dieser Fokus auf Bildung legte den Grundstein für die langfristige soziale Durchmischung und trug wesentlich zur Stabilisierung der Gesellschaft bei.

Aktuelle Integrationsstrategien seit 2015

Die Flüchtlingsbewegung ab 2015 stellte Deutschland vor neue Herausforderungen. Im Gegensatz zu den Vertriebenen der Nachkriegszeit waren die kulturellen Hintergründe und rechtlichen Rahmenbedingungen der Geflüchteten vielfältiger. Politik und Verwaltung entwickelten spezifische Strategien, um diesen komplexen Anforderungen gerecht zu werden.

Sprach- und Integrationskurse, die vom Bundesamt für Migration und Flüchtlinge (BAMF) organisiert werden, bilden das Rückgrat der aktuellen Integrationspolitik. Diese Kurse vermitteln Geflüchteten grundlegende Sprachkenntnisse und kulturelle Kompetenzen, die essenziell für den Zugang zum Arbeitsmarkt und zur gesellschaftlichen Teilhabe sind. Ihre hohe Akzeptanz unter Teilnehmern zeigt, wie wichtig diese Maßnahme ist.

Programme wie das "Integration durch Qualifizierung" (IQ)-Netzwerk unterstützen Geflüchtete bei der Anerkennung ausländischer Berufsabschlüsse. Praktika und spezielle Schulungsangebote erleichtern den Einstieg in den Arbeitsmarkt. Solche Maßnahmen zielen nicht nur darauf ab, den Fachkräftemangel zu lindern, sondern auch die wirtschaftliche Unabhängigkeit der Geflüchteten zu fördern.

Die Bereitstellung von Wohnraum bleibt eine der größten Hürden der aktuellen Integrationspolitik. Viele Geflüchtete sind auf temporäre Gemeinschaftsunterkünfte angewiesen. Kommunale Wohnungsbauprojekte und Kooperationen mit privaten Investoren zielen darauf ab, langfristig bezahlbaren Wohnraum zu schaffen. Doch die steigenden Immobilienpreise und der generelle Wohnungsmangel erschweren diesen Prozess.

Die Eingliederung geflüchteter Kinder und Jugendlicher ins Bildungssystem ist essenziell für ihre langfristigen Perspektiven. Schulen haben spezielle Sprachförderprogramme eingeführt, und berufliche Qualifizierungsangebote bereiten junge Erwachsene auf den deutschen Arbeitsmarkt vor. Diese Programme stellen sicher, dass die zweite Generation bessere Chancen auf gesellschaftliche Teilhabe hat.

Die Rolle der Bürokratie in der Steuerung von Migrationsprozessen

Die Effizienz bürokratischer Strukturen entscheidet maßgeblich über den Erfolg von Integrationsmaßnahmen. Historisch wie aktuell zeigt sich, dass gut koordinierte Verwaltungsprozesse den Unterschied zwischen Erfolg und Scheitern ausmachen.

Nach dem Zweiten Weltkrieg war die Verwaltung mit der Aufgabe betraut, Millionen von Vertriebenen zu registrieren, Unterkünfte zu schaffen und die regionale Verteilung zu organisieren. Die knappen Ressourcen und mangelnde Effizienz waren große Herausforderungen. Doch durch eine zentralisierte Steuerung und enge Zusammenarbeit zwischen Bund, Ländern und Kommunen gelang es, die Integration weitgehend zu strukturieren.

Die Flüchtlingsbewegung ab 2015 erforderte eine rasche Anpassung der Verwaltungsstrukturen. Neue Programme und Behörden wurden geschaffen, um die Registrierung, Unterbringung und Integration der Geflüchteten zu koordinieren. Trotz zahlreicher Verbesserungen bleibt die Zusammenarbeit zwischen Bund, Ländern und Kommunen ein Schwachpunkt. Langwierige Asylverfahren und komplexe Bürokratieprozesse erschweren nach wie vor den Zugang zu Arbeit und Bildung.

Ein Vergleich der historischen und aktuellen Integrationsansätze zeigt sowohl Parallelen als auch Unterschiede. Beide Epochen unterstreichen die Bedeutung staatlicher Unterstützung, insbesondere in den Bereichen Bildung und Arbeitsmarktintegration. Doch während Nachkriegsmaßnahmen wie das Lastenausgleichsgesetz auf wirtschaftliche Eingliederung abzielten, fokussieren heutige Strategien auf Sprachkompetenzen und soziale Teilhabe. Die Anforderungen an Flexibilität und Effizienz der Verwaltung sind in der heutigen Zeit deutlich gestiegen.

Die Integration von Migranten und Vertriebenen bleibt eine zentrale gesellschaftliche Aufgabe. Historische Erfahrungen bieten wertvolle Lehren für die Gestaltung moderner Strategien. Politische Maßnahmen müssen flexibel und bedarfsgerecht sein, um den vielfältigen Herausforderungen gerecht zu werden. Gleichzeitig ist eine moderne, gut ausgestattete Verwaltung notwendig, um dynamische Entwicklungen effizient zu steuern. Nur durch die Kombination von politischem

Willen, gesellschaftlicher Unterstützung und effektiven Verwaltungsstrukturen kann Integration nachhaltig gelingen.

Kulturelle Spannungen und Chancen

Migration hat die Gesellschaften der Welt seit jeher geprägt, und Deutschland bildet dabei keine Ausnahme. Auch in der Gegenwart, insbesondere seit der Flüchtlingsbewegung ab 2015, prägt Migration die deutsche Gesellschaft, indem sie sowohl Herausforderungen als auch Chancen mit sich bringt. Diese Beispiele verdeutlichen, wie Migration in unterschiedlichen historischen Kontexten eine transformative Kraft entfaltet. Migration kann jedoch gleichzeitig zu Konflikten und kultureller Bereicherung führen. Einerseits entstehen Spannungen durch unterschiedliche Werte und Traditionen, andererseits bieten neue Impulse die Chance, eine Gesellschaft kulturell und wirtschaftlich zu bereichern. In diesem Kapitel betrachten wir historische und aktuelle Aspekte dieser Dynamiken. Der Fokus liegt auf den Beiträgen der Vertriebenen zur deutschen Kultur und den Bereicherungen durch heutige Migrantengruppen.

Historischer Kontext: Die deutschen Vertriebenen und ihr kulturelles Erbe

Nach dem Zweiten Weltkrieg wurden etwa 12 bis 14 Millionen Menschen aus den ehemaligen deutschen Ostgebieten vertrieben. Diese große Migrationsbewegung war nicht nur eine wirtschaftliche und demografische Herausforderung, sondern hatte auch tiefgreifende kulturelle Auswirkungen. Die Vertriebenen brachten eigene Traditionen, Bräuche und Handwerksfertigkeiten mit, die die deutsche Kultur nachhaltig beeinflussten.

Als die Vertriebenen in Westdeutschland ankamen, gab es große Spannungen zwischen ihnen und der einheimischen Bevölkerung. In einer Zeit, in der Wohnraum und Ressourcen knapp waren, wurden die Neuankömmlinge oft als Konkurrenten angesehen. Viele Einheimische betrachteten die Bräuche und Dialekte der Vertriebenen als fremd, was zu Diskriminierung und sozialer Ausgrenzung führte. So kam es beispielsweise in manchen Dörfern vor, dass Kinder von Vertriebenen in der Schule gehänselt wurden, weil sie andere Dialekte sprachen oder ungewohnte Kleidung trugen. Diese Situationen erschwerten die Integration und verstärkten das Gefühl der Isolation auf beiden Seiten. Gleichzeitig bemühten sich die Vertriebenen darum, ihre kulturelle Identität zu bewahren. Organisationen wie Heimatvereine boten ihnen die Möglichkeit, sich auszutauschen und ihre Traditionen weiterzugeben.

Trotz dieser anfänglichen Spannungen trugen die Vertriebenen langfristig wesentlich zur deutschen Kultur bei. In der Küche hinterließen sie deutliche Spuren, zum Beispiel mit Gerichten wie schlesischem Mohnkuchen oder ostpreußischem Bienenstich. Auch traditionelle Handwerkskunst, etwa die Herstellung von Textilien oder Keramik, fand ihren Platz in der deutschen Gesellschaft. Musikalisch brachten die Vertriebenen Volkslieder und Tanztraditionen mit, die das kulturelle Leben in Deutschland bereicherten. Diese Einflüsse wurden mit der Zeit in den deutschen Kulturkanon integriert und halfen, eine Vielfalt zu schaffen, die bis heute Bestand hat.

Im Laufe der Jahrzehnte gelang es, viele der Spannungen zwischen Vertriebenen und Einheimischen zu überwinden. Kulturelle Eigenheiten der Vertriebenen wurden von der einheimischen Gesellschaft übernommen, während sich die Vertriebenen selbst an die neue Umgebung anpassten. Dieser wechselseitige Austausch zeigt, wie kulturelle Spannungen in langfristige Chancen umgewandelt werden können.

Aktueller Kontext: Migration und kulturelle Vielfalt heute

Seit den 1960er Jahren hat Deutschland Migranten aus vielen verschiedenen Ländern aufgenommen. Gastarbeiter, Flüchtlinge und andere Migrantengruppen haben die Gesellschaft geprägt. Diese Vielfalt bringt jedoch auch neue Herausforderungen mit sich.

Kulturelle Spannungen entstehen häufig durch unterschiedliche Werte und Traditionen. Ein Beispiel dafür sind Konflikte über Geschlechterrollen oder die Rolle der Familie in migrantischen Gemeinschaften, die oft anders wahrgenommen werden als in der deutschen Mehrheitsgesellschaft. Auch religiöse Unterschiede können zu Missverständnissen führen.

Medien tragen oft dazu bei, diese Spannungen zu verstärken. Ein Beispiel dafür ist die mediale Berichterstattung über bestimmte Konflikte, wie etwa Auseinandersetzungen in Schulen oder die Darstellung von Migrantengemeinschaften als abgeschottet. Solche Darstellungen konzentrieren sich oft auf negative Aspekte und vernachlässigen positive Entwicklungen wie erfolgreiche Integrationsprojekte oder interkulturelle Zusammenarbeit, was die Polarisierung in der Gesellschaft weiter verstärken kann. Wenn über Migration berichtet wird, stehen häufig Konflikte und Probleme im Vordergrund, während positive Aspekte übersehen werden. Solche Darstellungen können Vorurteile verstärken und Polarisierung begünstigen.

Trotz der Konflikte hat Migration Deutschland kulturell enorm bereichert. In der Küche sind die Einflüsse unübersehbar: Gerichte wie Döner Kebab oder Falafel gehören heute zum deutschen Alltag. Auch Kunst und Musik profitieren von der Vielfalt. Beispielsweise hat der Musiker Cem Karaca, ein Sohn türkischer Gastarbeiter, die deutsche Rockmusik mit politischen und kulturellen Themen bereichert. In der Kunstszene sind Künstler wie Emeka Ogboh, dessen Werke sich mit Migration und Identität befassen, wichtige Stimmen für den interkulturellen Dialog. Diese Beispiele zeigen, wie migrantische Perspektiven die kulturelle Landschaft Deutschlands bereichern und erweitern. Musiker mit Migrationshintergrund wie Cem Karaca haben mit ihren Werken neue Impulse gesetzt und die deutsche Musikszene bereichert.

In der Literatur und im Film spiegelt sich ebenfalls die migrantische Erfahrung wider. Autoren und Regisseure mit Migrationshintergrund bringen neue Perspektiven ein, die die deutsche Kulturlandschaft bereichern und dazu beitragen, ein differenzierteres Bild der Gesellschaft zu zeichnen.

Es gibt zahlreiche Projekte und Programme, die darauf abzielen, kulturelle Spannungen zu reduzieren und den Dialog zwischen unterschiedlichen Bevölkerungsgruppen zu fördern. Beispiele sind interkulturelle Wochen, Stadtfeste oder Bildungsprogramme wie "Kultur macht stark". Diese Initiativen schaffen Begegnungsmöglichkeiten und helfen, gegenseitiges Verständnis aufzubauen.

Chancen und Potenziale einer diversen Gesellschaft

Eine Gesellschaft, die kulturelle Vielfalt aktiv fördert, kann von den verschiedenen Perspektiven und Kompetenzen ihrer Mitglieder profitieren. Migration bringt nicht nur kulturellen, sondern auch wirtschaftlichen Mehrwert.

Studien zeigen, dass Teams mit unterschiedlichen kulturellen Hintergründen oft kreativer und innovativer sind. Migranten bringen zudem spezifische Kenntnisse und Erfahrungen mit, die in einer globalisierten Wirtschaft von Vorteil sind. Viele Start-ups und Unternehmen in Deutschland profitieren von der Diversität ihrer Mitarbeiter.

Kultureller Austausch stärkt den Zusammenhalt einer Gesellschaft. Begegnungen zwischen Menschen unterschiedlicher Herkunft helfen, Vorurteile abzubauen und gegenseitiges Verständnis zu fördern. Projekte wie interkulturelle Tage oder gemeinsame Stadtfeste zeigen, wie Diversität im Alltag gelebt werden kann.

Kulturelle Spannungen gehören zu jedem Migrationsprozess, aber sie können auch eine Grundlage für gesellschaftliches Wachstum sein. Die Erfahrungen der Vertriebenen nach dem Zweiten Weltkrieg und die Entwicklungen der letzten Jahrzehnte zeigen, dass Vielfalt eine Gesellschaft stärken kann, wenn sie konstruktiv gestaltet wird. Durch interkulturellen Dialog und gegenseitiges Verständnis können Spannungen überwunden und in Chancen umgewandelt werden.

Ökonomische Perspektiven

Migration beeinflusst die Gesellschaft nicht nur kulturell, sondern auch wirtschaftlich. Nach dem Zweiten Weltkrieg war die Integration von Millionen deutscher Vertriebenen eine immense Herausforderung, die zugleich wirtschaftliche Chancen bot. Diese historischen Erfahrungen bieten wertvolle Einblicke, um die ökonomischen Aspekte der heutigen Migration besser zu verstehen. In diesem Kapitel werden die wirtschaftlichen Auswirkungen der Vertriebenenintegration und der Migration seit 2015 umfassend betrachtet und verglichen.

Wirtschaftliche Herausforderungen und Chancen der Vertriebenenintegration nach 1945

Nach 1945 sah sich die Bundesrepublik Deutschland mit einer der größten Bevölkerungsbewegungen ihrer Geschichte konfrontiert. Rund 12 bis 14 Millionen Menschen mussten aus den ehemaligen deutschen Ostgebieten integriert werden. Diese Bevölkerungszunahme stellte die Wirtschaft vor enorme Herausforderungen. Wohnraum war knapp, die Infrastruktur stark beschädigt, und die Arbeitslosigkeit hoch. Dennoch gelang es der Bundesrepublik, diese Krise in eine Chance zu verwandeln.

Die Vertriebenen brachten wertvolle handwerkliche und landwirtschaftliche Kenntnisse mit, die dringend benötigt wurden. Viele fanden schnell Arbeit in der Landwirtschaft oder im Handwerk, wo ihre Fertigkeiten geschätzt wurden. Besondere Bedeutung kam der Industrie zu, die durch den Zustrom von Arbeitskräften schneller wachsen konnte. Dadurch trugen die Vertriebenen wesentlich zum sogenannten Wirtschaftswunder der 1950er Jahre bei.

Ein weiterer Aspekt war der Einfluss der Vertriebenen auf die Entwicklung bestimmter Wirtschaftssektoren. In der Landwirtschaft steigerten sie die Produktivität durch innovative Anbaumethoden und bewährte Techniken aus ihren Heimatregionen. Auch im Handwerk und in kleinen Unternehmen gründeten viele Vertriebenenfamilien eigene Betriebe, die zur regionalen Wirtschaft beitrugen. Ihre Steuer- und Sozialbeiträge stabilisierten zudem die öffentlichen Finanzen und halfen beim Aufbau eines modernen Sozialstaates.

Langfristig führte die Integration der Vertriebenen zu einer verstärkten Urbanisierung und zur Entwicklung neuer Wirtschaftszentren. Auch kulturell prägten sie viele Regionen Deutschlands, indem sie ihre Traditionen und ihr Know-how einbrachten.

Wirtschaftliche Effekte der Migration seit 2015

Die Flüchtlingsbewegung ab 2015 brachte Deutschland ähnliche Herausforderungen, jedoch unter anderen Bedingungen. Die Ankunft von Hunderttausenden Geflüchteten führte zu einer erheblichen Beanspruchung der sozialen Sicherungssysteme und erforderten hohe Investitionen in Unterkunft, Integrationskurse und Bildung. Dennoch bietet diese Migration auch immense wirtschaftliche Chancen, insbesondere angesichts des demografischen Wandels und des Fachkräftemangels in Deutschland.

Migranten spielen heute eine wichtige Rolle in vielen Branchen, insbesondere in Sektoren mit Arbeitskräftemangel wie der Pflege, der

Logistik und dem Bauwesen. Trotz der Herausforderungen bei der Anerkennung ausländischer Abschlüsse und Sprachbarrieren leisten Programme wie das "Integration durch Qualifizierung" (IQ)-Netzwerk einen wichtigen Beitrag, um Migranten in den Arbeitsmarkt zu integrieren. Viele Migranten gründen zudem eigene Unternehmen und bringen innovative Ideen ein, die die deutsche Wirtschaft bereichern.

Die demografischen Entwicklungen verstärken die Bedeutung der Migration für die deutsche Wirtschaft. Prognosen zufolge wird Deutschland bis 2035 mehrere Millionen Arbeitskräfte fehlen. Migranten können helfen, diese Lücke zu schließen und somit die wirtschaftliche Wettbewerbsfähigkeit Deutschlands langfristig zu sichern. Besonders im Bereich der IT, des Ingenieurwesens und des Gesundheitswesens sind sie unverzichtbar.

Trotz dieser Chancen gibt es auch Herausforderungen. Viele Migranten arbeiten in Niedriglohnsektoren und haben weniger Aufstiegschancen. Bildungs- und Qualifikationsprogramme sind notwendig, um ihnen den Zugang zu besser bezahlten Berufen zu ermöglichen. Ein weiteres Problem ist die Gefahr der Segmentierung des Arbeitsmarktes, bei der Migranten vorwiegend in bestimmten Berufsfeldern konzentriert bleiben. Hier können gezielte Umschulungen und Mentoring-Programme helfen, diese Strukturen aufzubrechen.

Ein konkretes Beispiel für den positiven Beitrag von Migranten ist die Pflegebranche. Viele Migranten arbeiten in diesem wachsenden Sektor und helfen, unbesetzte Stellen zu füllen. Dennoch sind Sprachbarrieren und die Anerkennung ausländischer Abschlüsse oft Hindernisse, die durch gezielte politische Maßnahmen abgebaut werden müssen.

Parallelen und Unterschiede zwischen historischen und aktuellen Entwicklungen

Ein Vergleich der Vertriebenenintegration nach 1945 mit der heutigen Migration zeigt sowohl Ähnlichkeiten als auch Unterschiede. In beiden Fällen haben Migranten wesentlich zur wirtschaftlichen Dynamik beigetragen. Während die Integration der Vertriebenen in einer überwiegend homogenen Gesellschaft stattfand, sind heutige Migranten oft mit größeren kulturellen und sprachlichen Barrieren konfrontiert.

Ein wesentlicher Unterschied liegt in den wirtschaftlichen Rahmenbedingungen. Nach dem Krieg herrschte ein akuter Arbeitskräftemangel, der die schnelle Integration der Vertriebenen begünstigte. Heute dagegen ist der Arbeitsmarkt komplexer, und die Anforderungen an Qualifikationen sind höher. Moderne Technologien wie Online-Lernplattformen bieten jedoch neue Möglichkeiten, um diese Herausforderungen zu meistern und Migranten schneller in den Arbeitsmarkt zu integrieren.

Strategien zur Maximierung der wirtschaftlichen Chancen

Um die ökonomischen Vorteile der Migration voll auszuschöpfen, sind gezielte Maßnahmen erforderlich. Investitionen in Bildung und berufliche Qualifikation sind der Schlüssel, um Migranten langfristig in den Arbeitsmarkt zu integrieren. Sprachkurse, Umschulungen und Mentoring-Programme sollten weiter ausgebaut werden.

Auch die Förderung von Migrantenunternehmen kann einen wichtigen Beitrag leisten. Migranten gründen überdurchschnittlich häufig Unternehmen, die nicht nur Arbeitsplätze schaffen, sondern auch Innovationen vorantreiben. Finanzielle Unterstützung und Beratung können helfen, diese unternehmerischen Aktivitäten zu stärken.

Darüber hinaus ist eine enge Zusammenarbeit zwischen Politik, Wirtschaft und Gesellschaft notwendig. Netzwerke und Partnerschaften können den Zugang zum Arbeitsmarkt erleichtern und sicherstellen, dass Migranten ihr volles Potenzial entfalten können.

Die wirtschaftlichen Auswirkungen von Migration sind vielschichtig und bieten sowohl Herausforderungen als auch immense Chancen. Die Erfahrungen der Vertriebenenintegration zeigen, dass Migration nicht nur eine Belastung, sondern auch eine Bereicherung für Wirtschaft und Gesellschaft sein kann. Mit den richtigen Strategien und Investitionen kann Migration auch heute einen wichtigen Beitrag zur Stärkung der deutschen Wirtschaft leisten. Gleichzeitig bleibt es eine gesamtgesellschaftliche Aufgabe, die Rahmenbedingungen so zu gestalten, dass Migranten erfolgreich integriert werden und ihr volles Potenzial entfalten können.

Die Rolle der Zivilgesellschaft

Migration stellt Gesellschaften vor große Herausforderungen, die oft nicht allein durch staatliche Institutionen bewältigt werden können. Die Zivilgesellschaft – bestehend aus Bürgerinitiativen, kirchlichen Organisationen und ehrenamtlichen Helfern – übernimmt dabei eine Schlüsselrolle. Dieser Text zeigt, wie die Zivilgesellschaft nach dem Zweiten Weltkrieg den Vertriebenen half und wie sie heute zur Integration von Geflüchteten beiträgt.

Hilfe nach dem Zweiten Weltkrieg: Die Vertriebenen

Nach dem Ende des Zweiten Weltkriegs mussten etwa 12 bis 14 Millionen Menschen aus den deutschen Ostgebieten in die Bundesrepublik integriert werden. Die staatlichen Strukturen waren überfordert, und es fehlte an grundlegenden Ressourcen wie Wohnraum, Nahrung und Arbeitsplätzen. Hier sprang die Zivilgesellschaft ein, um die Not zu lindern.

Kirchliche Organisationen wie die Caritas und das Diakonische Werk spielten eine entscheidende Rolle. Sie sammelten Spenden, stellten Unterkünfte bereit und versorgten die Vertriebenen mit Lebensmitteln und Kleidung. Angesichts der traumatischen Erfahrungen vieler Menschen boten sie auch seelischen Beistand an.

Zusätzlich förderten die Kirchen die Integration der Vertriebenen durch Bildungsangebote. Kirchliche Schulen nahmen die Kinder der Vertriebenen auf, und Pfarrer wirkten oft als Vermittler zwischen Neuankömmlingen und der einheimischen Bevölkerung. Diese Arbeit trug wesentlich dazu bei, Spannungen zu verringern und das Zusammenleben zu erleichtern.

Neben den Kirchen engagierten sich viele Menschen in lokalen Initiativen. In kleinen Gemeinden wurden Sprachkurse organisiert, praktische Hilfe bei der Jobsuche angeboten und die Vertriebenen bei Behördengängen unterstützt. Besonders eindrucksvoll war die Zusammenarbeit beim Bau neuer Siedlungen. In diesen sogenannten Vertriebenensiedlungen arbeiteten Einheimische und Neuankömmlinge gemeinsam daran, eine neue Existenz aufzubauen. Solche Projekte förderten nicht nur den sozialen Zusammenhalt, sondern zeigten auch, wie effektiv lokale Zusammenarbeit sein kann.

Trotz ihres Engagements stießen die Helfer oft an ihre Grenzen. Die große Zahl der Vertriebenen führte zu Überlastung, und es kam zu Konflikten zwischen Einheimischen und Neuankömmlingen. Vorurteile und Misstrauen erschwerten die Arbeit zusätzlich. Dennoch legte die Zivilgesellschaft den Grundstein für den erfolgreichen Aufbau der Bundesrepublik und die Integration der Vertriebenen.

Die heutige Migration: Neue Herausforderungen

Seit 2015 hat Deutschland erneut eine große Zahl von Menschen aufgenommen, vor allem Geflüchtete aus Syrien, Afghanistan und anderen Krisenregionen. Auch in dieser Situation spielt die Zivilgesellschaft eine entscheidende Rolle. Besonders sichtbar wird dies an Initiativen wie den "Willkommensbündnissen für Flüchtlinge", die in vielen Städten entstanden sind. Diese Netzwerke koordinieren lokale Hilfe und fördern die Zusammenarbeit zwischen ehrenamtlichen Helfern, Geflüchteten und staatlichen Einrichtungen.

Kirchliche Organisationen setzen ihre Tradition fort, Migranten und Geflüchtete zu unterstützen. Sie bieten Sprachkurse, Unterkünfte und Beratungsdienste an. Gleichzeitig fördern sie interkulturelle Begegnungen, um das Verständnis zwischen Einheimischen und Migranten zu stärken. Ein Beispiel hierfür ist das Projekt „Zusammenleben gestalten", bei dem gemeinsame Aktivitäten wie Kochen oder Sport organisiert werden. Solche Programme tragen dazu bei, Vorurteile abzubauen und Freundschaften zu fördern.

Viele Bürgerinnen und Bürger engagieren sich ehrenamtlich, um Geflüchteten den Einstieg in die Gesellschaft zu erleichtern. Sie geben Deutschunterricht, begleiten sie bei Behördengängen und helfen ihnen, sich in ihrer neuen Umgebung zurechtzufinden. Initiativen wie "Start with a Friend" bringen Geflüchtete mit Mentoren zusammen, die sie im Alltag unterstützen und den interkulturellen Austausch fördern. Dieses Engagement zeigt, wie wichtig persönliche Kontakte für eine erfolgreiche Integration sind.

Wie nach dem Zweiten Weltkrieg stößt auch die heutige Zivilgesellschaft an ihre Grenzen. Die hohe Zahl der Geflüchteten stellt Organisationen vor logistische und finanzielle Herausforderungen. Zudem erschweren gesellschaftliche Spannungen und politische Diskussionen die Arbeit der Helfer. Trotz dieser Schwierigkeiten bleibt die Zivilgesellschaft ein unverzichtbarer Bestandteil der Integrationsarbeit.

Was wir aus der Geschichte lernen können

Ein Vergleich zwischen der Integration der Vertriebenen nach dem Zweiten Weltkrieg und der heutigen Migration zeigt sowohl Parallelen als auch Unterschiede. In beiden Fällen war die Zivilgesellschaft ein unverzichtbarer Akteur, der durch pragmatische Ansätze und großes Engagement zur Bewältigung der Herausforderungen beitrug. Während die Vertriebenen kulturell und sprachlich meist homogen waren, erfordert die heutige Migration eine stärkere Förderung von interkulturellen Kompetenzen und Sprachkenntnissen.

Erfolgsfaktoren für gelungene Integration

Damit die Zivilgesellschaft erfolgreich arbeiten kann, müssen bestimmte Voraussetzungen erfüllt sein. Die Zusammenarbeit zwischen verschiedenen Akteuren ist entscheidend. Kirchen, Bürgerinitiativen und staatliche Stellen sollten eng kooperieren, um Ressourcen effizient zu nutzen. Zudem ist ein langfristiger Ansatz notwendig, da Integration Zeit braucht. Das Ehrenamt muss durch Schulungen und finanzielle Unterstützung gestärkt werden, um nachhaltig wirken zu können. Schließlich ist der Abbau von Vorurteilen essenziell. Begegnungen und gemeinsame Projekte fördern das Verständnis und den sozialen Zusammenhalt.

Die Zivilgesellschaft war und ist ein zentraler Pfeiler der Integrationsarbeit. Ob nach dem Zweiten Weltkrieg oder heute – ohne das Engagement von Kirchen, Initiativen und Ehrenamtlichen wäre die Integration von Millionen Menschen nicht möglich gewesen. Auch in Zukunft wird die Zivilgesellschaft eine Schlüsselrolle dabei spielen, Herausforderungen zu bewältigen und die Chancen von Migration zu nutzen.

Migration und Integration: Herausforderungen und Potenziale

Migration und Integration sind vielschichtige Prozesse, die tief in alle Bereiche einer Gesellschaft hineinwirken. Bildung, Arbeit, Kultur und die langfristigen Auswirkungen von Migration bilden zentrale Bausteine für eine erfolgreiche Eingliederung. Dieser Text beleuchtet die Zusammenhänge zwischen diesen Aspekten und zeigt, wie Herausforderungen bewältigt und Chancen genutzt werden können.

Bildung: Der entscheidende Schlüssel zur Integration

Bildung ist eine der wichtigsten Grundlagen für eine gelungene Integration. Nach dem Zweiten Weltkrieg spielte sie eine entscheidende Rolle für die Eingliederung der Vertriebenen. Kinder von Vertriebenen konnten Schulen besuchen, wo sie nicht nur Wissen erwarben, sondern auch soziale Kontakte knüpften. Kirchliche und staatliche Schulen arbeiteten zusammen, um Bildung als Werkzeug für soziale Teilhabe und beruflichen Aufstieg zu nutzen.

Auch heute ist Bildung unverzichtbar. Viele Migranten haben anfangs Schwierigkeiten mit der Sprache oder kommen aus Bildungssystemen, die nicht mit dem deutschen vergleichbar sind. Sprachkurse und gezielte Förderprogramme helfen, diese Hürden zu überwinden. Projekte wie „Deutsch für den Beruf" unterstützen Migranten dabei, berufliche und sprachliche Kompetenzen zu entwickeln.

Ein weiterer wichtiger Faktor ist die Einbindung von Eltern in den Bildungsprozess. Informationsveranstaltungen und Elterncafés erleichtern den Familien den Zugang zum deutschen Bildungssystem und stärken ihre Rolle im Integrationsprozess. Damit wird Bildung zu einem gemeinschaftlichen Anliegen, das individuelle Fortschritte und gesellschaftlichen Zusammenhalt fördert.

Arbeit: Der Motor der Integration

Der Zugang zum Arbeitsmarkt ist ein entscheidender Schritt, um Migranten eine Perspektive zu bieten und sie in die Gesellschaft einzubinden. Nach dem Zweiten Weltkrieg halfen spezielle Arbeitsprogramme, die Kompetenzen der Vertriebenen einzusetzen. Viele fanden Arbeit in der Landwirtschaft oder im Handwerk und leisteten so einen wichtigen Beitrag zum Wiederaufbau Deutschlands. Die starke wirtschaftliche Nachfrage erleichterte die Integration in den Arbeitsmarkt.

Heute ist der Arbeitsmarkt anspruchsvoller. Viele Migranten bringen zwar berufliche Qualifikationen mit, müssen diese jedoch erst anerkennen lassen. Sprachkenntnisse und Weiterbildungen sind oft notwendig, um eine geeignete Stelle zu finden. Das Netzwerk „Integration durch Qualifizierung" (IQ) zeigt, wie gezielte Maßnahmen Migranten helfen können, ihre Potenziale zu entfalten.

Migranten spielen eine zentrale Rolle in Branchen mit Fachkräftemangel, wie dem Gesundheitswesen, der IT oder dem Baugewerbe. Unternehmen, die kulturelle Vielfalt bewusst fördern, profitieren von Innovation und neuen Perspektiven. Gleichzeitig ist es wichtig, soziale Ungleichheiten zu verringern, indem Migranten nicht auf schlecht bezahlte Jobs beschränkt werden. Bildungs- und Aufstiegsprogramme können hier Abhilfe schaffen und die Integration langfristig verbessern.

Kultur: Herausforderung und Bereicherung

Migration bereichert die Kultur eines Landes und führt gleichzeitig zu Herausforderungen. Nach dem Zweiten Weltkrieg brachten die Vertriebenen neue Traditionen, Musik und Speisen mit, die die deutsche Kultur nachhaltig prägten. Heute trägt Migration zur kulturellen Vielfalt bei. Interkulturelle Wochen, Stadtfeste und künstlerische Projekte schaffen Plattformen für den Austausch zwischen verschiedenen Kulturen.

Kulturelle Teilhabe hängt oft von Sprachkenntnissen und gesellschaftlicher Integration ab. Zugang zu kulturellen Angeboten ist wichtig, um Migranten die Möglichkeit zu geben, sich in ihre neue Umgebung einzubringen. Medien und Kunst spielen hierbei eine zentrale Rolle. Filme, Bücher und Musik von Künstlern mit Migrationshintergrund bieten neue Perspektiven und regen zum Dialog an. Gleichzeitig können

Medien Spannungen verstärken, wenn Migration stereotyp oder einseitig dargestellt wird. Eine differenzierte Berichterstattung ist daher entscheidend.

Langfristige Auswirkungen von Migration

Migration beeinflusst die demografische und wirtschaftliche Entwicklung nachhaltig. Nach dem Zweiten Weltkrieg stabilisierten die Vertriebenen die Bevölkerung und trugen wesentlich zum wirtschaftlichen Aufschwung bei. Ihre Integration in den Arbeitsmarkt und ihre Steuer- sowie Sozialbeiträge waren entscheidend für den Aufbau der jungen Bundesrepublik.

Heute ist Migration ein zentraler Faktor, um den demografischen Wandel zu bewältigen. Eine alternde Gesellschaft und der Fachkräftemangel erfordern neue Konzepte, um Migranten effektiv in den Arbeitsmarkt zu integrieren. Studien belegen, dass kulturelle Vielfalt Innovationen fördert und das Wirtschaftswachstum stärkt. Kanada dient hier oft als Vorbild, da es durch gezielte Einwanderungsstrategien wirtschaftliche und gesellschaftliche Vorteile erzielt.

Langfristig hängt der Erfolg von Migration davon ab, wie gut die Integration gelingt. Bildung, Arbeit und kulturelle Teilhabe müssen eng verzahnt werden, um sowohl den Migranten als auch der Gesamtgesellschaft zu nutzen. Politische Rahmenbedingungen und gesellschaftliches Engagement sind dabei entscheidend.

Strategien für eine erfolgreiche Integration

Die Erfahrungen aus der Vergangenheit und die aktuellen Herausforderungen zeigen, dass Integration eine gemeinsame Aufgabe ist. Staatliche Programme, zivilgesellschaftliches Engagement und wirtschaftliche Initiativen müssen Hand in Hand arbeiten, um nachhaltige Ergebnisse zu erzielen. Bildungsangebote, Arbeitsmarktprogramme und interkulturelle Begegnungen bilden die Grundlage für erfolgreiche Integration.

Projekte, die Migranten und Einheimische zusammenbringen, können gegenseitiges Vertrauen schaffen und Vorurteile abbauen. Politische Maßnahmen müssen Diskriminierung verhindern und Vielfalt aktiv fördern. Gleichzeitig ist es wichtig, Integration als langfristigen Prozess zu begreifen, der Geduld und kontinuierliches Engagement erfordert.

Migration bringt Herausforderungen, aber auch immense Chancen mit sich. Bildung, Arbeit, Kultur und die langfristigen Auswirkungen von Migration sind eng miteinander verbunden. Die Erfahrungen nach dem Zweiten Weltkrieg zeigen, dass Integration gelingen kann, wenn sie aktiv gestaltet wird. Mit der richtigen Herangehensweise kann Migration nicht nur bestehende Probleme lösen, sondern auch den gesellschaftlichen Fortschritt vorantreiben und die Vielfalt einer Gesellschaft bereichern.

10. VERGANGENHEIT ALS WEGWEISER

Migration und Integration sind Themen, die Gesellschaften seit jeher beschäftigen. Die Geschichte liefert zahlreiche Beispiele dafür, wie Migration Gesellschaften beeinflusst hat, welche Fehler vermieden werden können und welche Strategien erfolgreich waren. In diesem Kapitel geht es darum, wie vergangene Erfahrungen helfen können, Migration und Integration heute besser zu verstehen und zu gestalten.

Migration in der Geschichte

Migration ist kein neues Phänomen. Schon in der Antike haben Menschen ihre Heimat verlassen, um neue Lebensräume zu suchen. Wanderungen wie die Völkerwanderung in Europa oder die Expansion des Römischen Reiches waren Motoren für kulturellen Austausch und wirtschaftliche Entwicklung. Doch Migration brachte auch Konflikte mit sich, die gelöst werden mussten.

Ein Beispiel dafür ist die Integration der germanischen Stämme ins Römische Reich. Zu Beginn kam es zu Konflikten und kulturellen Missverständnissen, doch durch die Aufnahme germanischer Krieger in die römische Armee und die Ansiedlung in speziellen Provinzen wurde ein langsamer Integrationsprozess eingeleitet. Dieser Prozess erinnert an heutige Integrationsstrategien, bei denen Arbeitsmöglichkeiten und strukturelle Eingliederung eine zentrale Rolle spielen. Wie damals erfordert auch heute Integration gegenseitiges Engagement und die Bereitschaft, von beiden Seiten aufeinander zuzugehen. Anfangs kam es zu Spannungen, doch mit der Zeit entwickelten sich neue gesellschaftliche Strukturen, die auf gegenseitigem Austausch basierten. Dieses Beispiel zeigt, dass Integration ein Prozess ist, der von beiden

Seiten Engagement und Offenheit erfordert. Es verdeutlicht auch, dass Migration langfristig zur Entwicklung stabilerer und vielfältigerer Gesellschaften führen kann.

Politische und Kulturelle Entwicklung nach der Vertreibung

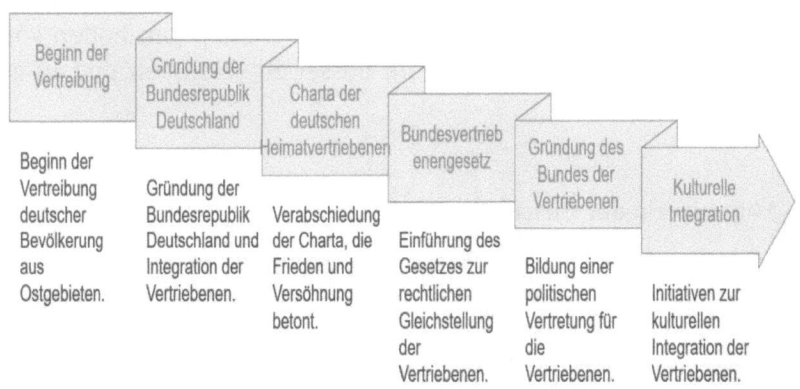

Abbildung 10: Entwicklung nach der Vertreibung Eigene Darstellung, © Ralf Schönert

Integration der Vertriebenen nach dem Zweiten Weltkrieg

Nach dem Zweiten Weltkrieg war Deutschland mit der Aufgabe konfrontiert, Millionen von Vertriebenen aus den ehemaligen deutschen Ostgebieten zu integrieren. Diese Menschen mussten in einer Gesellschaft aufgenommen werden, die selbst unter den Folgen des Krieges litt. Die Infrastruktur war weitgehend zerstört, und es herrschte akuter Mangel an Wohnraum, Nahrung und medizinischer Versorgung. Zudem waren viele Einheimische durch eigene Verluste und Traumata belastet, was das Verständnis und die Akzeptanz gegenüber den Neuankömmlingen erschwerte. Trotz dieser widrigen Umstände schufen staatliche und zivilgesellschaftliche Akteure gemeinsam die Grundlage für eine gelungene Integration. Trotz dieser Herausforderungen gelang die Integration größtenteils.

Ein wichtiger Erfolgsfaktor war der Aufbau von Wohnraum und Infrastruktur. Durch den Wiederaufbau Deutschlands entstanden neue Wohnsiedlungen, die den Vertriebenen eine Perspektive boten. Zudem spielte der Arbeitsmarkt eine zentrale Rolle. Die Vertriebenen konnten ihre beruflichen Fähigkeiten einsetzen, was nicht nur ihre wirtschaftliche Unabhängigkeit stärkte, sondern auch zur wirtschaftlichen Erholung des Landes beitrug. Viele Vertriebenen brachten handwerkliche oder landwirtschaftliche Kompetenzen mit, die dringend benötigt wurden und den Wiederaufbau erheblich unterstützten.

Ein weiterer Faktor war das soziale Engagement. Kirchliche Organisationen, lokale Netzwerke und zivilgesellschaftliche Gruppen boten praktische Hilfe und halfen, Vorurteile abzubauen. Diese Unterstützung förderte das Vertrauen zwischen Einheimischen und Vertriebenen und erleichterte die Integration. Durch gemeinsame Projekte, wie den Aufbau von Gemeinden oder die Organisation von Festen, wurde der soziale Zusammenhalt gestärkt.

Die Gastarbeiter der Nachkriegszeit

In den 1950er Jahren begann Deutschland, Gastarbeiter aus Süd- und Osteuropa anzuwerben. Millionen Menschen kamen, um in der wachsenden Industrie zu arbeiten. Zunächst war die Integration nicht geplant, da die Gastarbeiter als temporäre Arbeitskräfte betrachtet wurden. Viele blieben jedoch dauerhaft in Deutschland, was neue Herausforderungen mit sich brachte.

Diese Erfahrung zeigt, wie wichtig es ist, von Anfang an eine klare Strategie für die Integration zu haben. Wenn Integration nicht aktiv gestaltet wird, können soziale Spannungen entstehen, die langfristig schwer zu überwinden sind. Ein zentraler Fehler in dieser Phase war die mangelnde Vorbereitung auf die langfristige Ansiedlung vieler Gastarbeiter. Dennoch entwickelten sich aus dieser Erfahrung wertvolle Ansätze, wie gezielte Sprach- und Bildungsprogramme.

Internationale Beispiele

Auch andere Länder bieten wertvolle Lehren. Die USA gelten als klassisches Einwanderungsland. Die Integration von irischen Einwanderern im 19. Jahrhundert oder asiatischen Migranten im 20. Jahrhundert war oft von Konflikten begleitet. Dennoch hat sich ein Modell kultureller Vielfalt entwickelt, das die USA als Nation stärkt. Hier zeigt sich, wie wichtig politische und gesellschaftliche Offenheit für eine gelungene Integration sind.

Ein weiteres Beispiel ist Kanada, das ein gezieltes Einwanderungsmodell verfolgt. Besonders erfolgreich sind dabei klare Auswahlkriterien, die sicherstellen, dass Einwanderer mit bestimmten Qualifikationen und beruflichen Fähigkeiten aufgenommen werden. Zudem bietet Kanada Programme an, die Migranten gezielt bei der Integration unterstützen, etwa durch Sprachkurse und berufliche Weiterbildung. Die Kombination aus strikter Steuerung und umfassender Förderung schafft eine Balance zwischen wirtschaftlichen Bedürfnissen und gesellschaftlicher Vielfalt. Diese Elemente können als Vorbild für andere Länder dienen. Dieses System kombiniert die Auswahl qualifizierter Arbeitskräfte mit der Förderung kultureller Vielfalt. Es zeigt, wie staatliche Steuerung und gesellschaftliche Offenheit Migration positiv gestalten können. Durch klare Regeln und ein proaktives Integrationskonzept konnte Kanada eine harmonische Gesellschaft aufbauen, die von Migration profitiert.

Strategien für gelungene Integration

Aus der Geschichte lassen sich klare Strategien ableiten. Bildung spielt eine zentrale Rolle. Sprachkurse, Schulen und berufliche Weiterbildung geben Migranten die Möglichkeit, aktiv an der Gesellschaft teilzunehmen. Bildung fördert nicht nur individuelle Chancen, sondern auch das gegenseitige Verständnis zwischen verschiedenen Bevölkerungsgruppen. Projekte wie außerunterrichtliche Programme oder gezielte Sprachförderung für Kinder haben sich dabei als besonders effektiv erwiesen. Ein Beispiel dafür ist das Programm „Sprache verbindet", das in mehreren deutschen Bundesländern durchgeführt wurde. Hier erhalten Kinder nicht nur gezielten Sprachunterricht, sondern auch die Möglichkeit, spielerisch mit Gleichaltrigen aus verschiedenen Hintergründen in Kontakt zu treten. Dies verbessert nicht nur ihre sprachlichen Fähigkeiten, sondern fördert auch das soziale Miteinander und gegenseitiges Verständnis.

Auch der Zugang zum Arbeitsmarkt ist entscheidend. Programme, die ausländische Abschlüsse anerkennen oder Weiterbildungen anbieten, helfen Migranten, sich beruflich zu etablieren. Arbeit gibt nicht nur wirtschaftliche Sicherheit, sondern auch das Gefühl, ein wertvoller Teil der Gesellschaft zu sein. Langfristig stärkt dies auch die Wirtschaft, da Vielfalt oft Innovation und Wachstum fördert.

Kulturelle Teilhabe ist ein weiterer wichtiger Punkt. Interkulturelle Begegnungen, kulturelle Vielfalt und gemeinsame Projekte schaffen Austausch und bauen Vorurteile ab. Diese Erfahrungen zeigen, wie Migration Gesellschaften bereichern kann. Besonders wichtig sind dabei lokale Initiativen, die Begegnungsmöglichkeiten schaffen, etwa durch interkulturelle Wochen oder gemeinschaftliche Veranstaltungen.

Schließlich spielt die Zivilgesellschaft eine zentrale Rolle. Kirchliche Organisationen, NGOs und lokale Initiativen leisten wertvolle Arbeit, indem sie Migranten unterstützen und den sozialen Zusammenhalt stärken. Dieses Engagement zeigt, dass Integration nicht allein eine staatliche Aufgabe ist. Gerade in Krisenzeiten, wie bei Fluchtbewegungen, ist die Hilfe von Freiwilligen unersetzlich.

Herausforderungen der Gegenwart

Die heutigen Migrationsbewegungen unterscheiden sich von früheren Beispielen in mehrfacher Hinsicht. Während frühere Migrationen häufig durch Kriege, Hungersnöte oder die Suche nach neuen Lebensräumen ausgelöst wurden, stehen heute Globalisierung, Klimawandel und digitale Transformation im Vordergrund. Moderne Kommunikationsmittel und verbesserte Mobilität ermöglichen schnellere und umfangreichere Wanderungen. Gleichzeitig sind die politischen und gesellschaftlichen Reaktionen komplexer geworden, da globale Netzwerke und nationale Interessen oft in Konflikt geraten. Diese neuen Rahmenbedingungen schaffen sowohl Chancen als auch Herausforderungen, die eine differenzierte Betrachtung und angepasste Integrationsstrategien erfordern. Globalisierung, Digitalisierung und Klimawandel beeinflussen die Dynamik der Migration. Gleichzeitig sorgen politische Polarisierung und wirtschaftliche Ungleichheit für gesellschaftliche Spannungen. Populistische Strömungen stellen die Akzeptanz von Migranten oft infrage und erschweren den Integrationsprozess.

Trotzdem zeigt die Geschichte, dass Migration eine Chance sein kann. Mit einer vorausschauenden Politik und einem klaren Fokus auf Integration lassen sich die Potenziale von Migration nutzen und soziale Spannungen minimieren. Besonders wichtig ist die Einbindung aller gesellschaftlichen Akteure, von staatlichen Stellen bis hin zu lokalen Gemeinschaften.

Die Vergangenheit ist ein wertvoller Wegweiser für den Umgang mit Migration und Integration. Die Erfahrungen aus der deutschen Geschichte und internationalen Beispielen bieten viele Lehren, die helfen können, aktuelle Herausforderungen zu bewältigen. Bildung, Arbeit, kulturelle Teilhabe und gesellschaftliches Engagement sind die Schlüssel, um Migration als Chance für eine offene und vielfältige Gesellschaft zu nutzen. Die Vergangenheit zeigt auch, dass erfolgreiche Integration von langfristigen Konzepten, gegenseitigem Respekt und einer aktiven Zusammenarbeit abhängt.

Zum Ende des Buches stellten sich mir aber immer noch Fragen, die ich für mich wie folgt analysiert und beantwortet habe:

Wie sollte eine gerechte und effektive Migrationspolitik gestaltet sein?

Eine gerechte und effektive Migrationspolitik ist eine der größten Herausforderungen moderner Gesellschaften. Sie muss den komplexen Anforderungen gerecht werden, die sich aus humanitären Verpflichtungen, wirtschaftlichen Interessen und gesellschaftlichen Dynamiken ergeben. Eine solche Politik sollte auf klaren Prinzipien basieren, flexible Ansätze verfolgen und gleichzeitig langfristige Ziele im Auge behalten. Im Folgenden werde ich die zentralen Aspekte einer solchen Politik erläutern.

Humanitäre Verantwortung und Schutz von Grundrechten

Ein grundlegendes Element jeder gerechten Migrationspolitik ist die Achtung der Menschenrechte. Staaten, die internationale Abkommen wie die Genfer Flüchtlingskonvention unterzeichnet haben, tragen die Verantwortung, Schutzsuchenden Asyl zu gewähren und Verfolgte vor

Gefahren zu bewahren. Dies erfordert transparente und faire Asylverfahren, die den Prinzipien der Rechtsstaatlichkeit entsprechen.

Gleichzeitig muss die Migrationspolitik sicherstellen, dass Menschenwürde und Grundrechte auch während des Migrationsprozesses gewahrt bleiben. Maßnahmen wie menschenwürdige Unterkünfte, Zugang zu medizinischer Versorgung und Schutz vor Ausbeutung sind essenziell. Hier spielt die internationale Zusammenarbeit eine entscheidende Rolle, um humanitäre Krisen an den Ursprungsländern oder entlang der Fluchtrouten zu bewältigen.

Steuerung der Migration durch klare Kriterien

Eine effektive Migrationspolitik erfordert ein System, das zwischen verschiedenen Formen der Migration unterscheidet. Es ist wichtig, klare Kriterien für Arbeitsmigration, Familienzusammenführung und humanitäre Aufnahme festzulegen. Staaten wie Kanada und Australien haben bewiesen, dass punktebasierte Systeme, die Qualifikationen, Sprachkenntnisse und Arbeitsmarktrelevanz bewerten, zu einer gezielten Steuerung der Migration beitragen können.

Solche Systeme sollten jedoch flexibel genug sein, um auf kurzfristige Veränderungen reagieren zu können, beispielsweise auf einen plötzlichen Bedarf an Fachkräften oder humanitäre Krisen. Gleichzeitig muss eine gerechte Verteilung der Migrationslast gewährleistet sein. Länder mit begrenzten Kapazitäten dürfen nicht überfordert werden, während wirtschaftlich starke Staaten größere Verantwortung übernehmen sollten.

Integration als zentraler Bestandteil

Eine gerechte Migrationspolitik endet nicht mit der Aufnahme von Migranten, sondern umfasst auch deren Integration. Bildung, Sprachkurse und berufliche Qualifikationen sind die Grundpfeiler, um Migranten eine aktive Teilhabe am gesellschaftlichen Leben zu ermöglichen. Programme zur Anerkennung ausländischer Abschlüsse und gezielte Weiterbildungen sollten ein integraler Bestandteil der Politik sein.

Ein weiterer wichtiger Aspekt ist die Förderung des sozialen Zusammenhalts. Die Politik muss Maßnahmen entwickeln, die Diskriminierung verhindern, Vorurteile abbauen und die Akzeptanz von Vielfalt fördern. Interkulturelle Projekte, Begegnungsräume und die Einbindung von Migranten in gesellschaftliche Strukturen sind entscheidend, um Integration nachhaltig zu gestalten.

Wirtschaftliche Dimension

Eine gerechte und effektive Migrationspolitik muss die wirtschaftlichen Interessen des Aufnahmelandes berücksichtigen. Arbeitsmigration kann einen wichtigen Beitrag leisten, um Fachkräftemangel zu beheben und die Wirtschaft zu stärken. Gleichzeitig sollte darauf geachtet werden, dass Migranten nicht auf niedrig qualifizierte und schlecht bezahlte Jobs beschränkt bleiben. Stattdessen muss die Politik Aufstiegs- und Entwicklungsmöglichkeiten schaffen, um soziale Ungleichheit zu vermeiden.

Zusätzlich kann Migration eine Bereicherung für die Innovationskraft eines Landes sein. Studien zeigen, dass kulturelle Vielfalt oft zu neuen Perspektiven und wirtschaftlichem Fortschritt führt. Eine kluge Migrationspolitik sollte diese Potenziale gezielt fördern.

Internationale Zusammenarbeit

Da Migration ein globales Phänomen ist, kann sie nicht allein auf nationaler Ebene bewältigt werden. Internationale Zusammenarbeit ist notwendig, um Ursachen von Migration, wie Armut, Krieg und Klimawandel, anzugehen. Globale Abkommen und regionale Partnerschaften können helfen, gemeinsame Standards zu entwickeln und die Verantwortung fair zu verteilen.

Ein Beispiel dafür ist der Globale Migrationspakt der Vereinten Nationen, der darauf abzielt, Migration sicher, geordnet und regulär zu gestalten. Solche Initiativen sollten weiterentwickelt und konsequent umgesetzt werden, um Migration nachhaltig zu managen.

Herausforderungen und Lösungsansätze

Eine der größten Herausforderungen ist die Balance zwischen nationalen Interessen und globaler Verantwortung. Eine gerechte Migrationspolitik muss darauf achten, dass sie sowohl die Bedürfnisse der einheimischen Bevölkerung als auch die der Migranten berücksichtigt. Eine klare Kommunikation und die Einbindung der Zivilgesellschaft können helfen, Ängste abzubauen und eine breite gesellschaftliche Akzeptanz zu schaffen.

Ein weiteres Problem ist die Bekämpfung von illegaler Migration und Menschenhandel. Eine effektive Politik muss legale und sichere Wege schaffen, um Menschen vor gefährlichen Fluchtrouten und Ausbeutung zu schützen.

Eine gerechte und effektive Migrationspolitik erfordert ein ausgewogenes Zusammenspiel von humanitären, wirtschaftlichen und gesellschaftlichen Aspekten. Sie muss klare Kriterien für die Steuerung von Migration setzen, Integrationsmaßnahmen fördern und internationale Zusammenarbeit stärken. Mit einem langfristigen Ansatz und einem

Fokus auf Nachhaltigkeit kann Migration als Chance genutzt werden, um sowohl die Bedürfnisse von Migranten als auch die Interessen der Aufnahmeländer zu erfüllen.

Welche moralischen Verpflichtungen haben Gesellschaften gegenüber Migranten?

Die Frage nach den moralischen Verpflichtungen von Gesellschaften gegenüber Migranten ist eng mit Grundwerten wie Menschenwürde, Gerechtigkeit und Solidarität verbunden. Diese Verpflichtungen leiten sich aus humanitären Prinzipien, ethischen Überzeugungen und oft auch aus rechtlichen Rahmenbedingungen ab. Gesellschaften, insbesondere in wohlhabenden Ländern, stehen vor der Herausforderung, diese Verantwortung in einer Welt zunehmender Ungleichheiten, Krisen und globaler Mobilität gerecht und effektiv wahrzunehmen.

Menschenwürde und Grundrechte

Im Mittelpunkt der moralischen Verpflichtung steht die Wahrung der Menschenwürde. Jeder Mensch, unabhängig von Herkunft, Religion oder rechtlichem Status, hat ein Recht auf respektvolle Behandlung. Gesellschaften, die sich demokratischen und menschenrechtlichen Prinzipien verpflichtet fühlen, tragen die Verantwortung, Migranten vor Diskriminierung, Ausbeutung und Gewalt zu schützen.

Ein konkreter Ausdruck dieser Verpflichtung ist der Zugang zu grundlegenden Lebensbedürfnissen wie Nahrung, Obdach und medizinischer Versorgung. Besonders verletzliche Gruppen, etwa Kinder, Frauen und ältere Menschen, benötigen besonderen Schutz. Diese Verpflichtung gilt nicht nur für anerkannte Flüchtlinge oder Asylsuchende, sondern auch für irreguläre Migranten, die oft in prekären Situationen leben.

Gerechtigkeit und Chancengleichheit

Migranten kommen häufig aus Ländern oder Regionen, die unter Konflikten, Armut oder Umweltkatastrophen leiden. Gesellschaften, insbesondere in wohlhabenden Staaten, haben eine moralische Verantwortung, diesen Menschen Perspektiven zu bieten. Diese Verpflichtung ergibt sich nicht nur aus ethischen Überlegungen, sondern auch aus einer historischen und wirtschaftlichen Verflechtung. Viele Länder des Globalen Nordens haben durch Kolonialismus, Globalisierung oder Umweltzerstörung zur Schaffung von Ungleichheiten beigetragen, die Migration fördern.

Eine gerechte Gesellschaft sollte darauf hinarbeiten, Chancengleichheit für Migranten zu schaffen. Dies bedeutet, Hindernisse bei der Integration abzubauen, etwa durch Sprachkurse, Bildung und den Zugang zum Arbeitsmarkt. Gleichzeitig müssen rechtliche und strukturelle Hürden, wie die Anerkennung ausländischer Abschlüsse oder restriktive Aufenthaltsregelungen, reduziert werden, um Migranten eine echte Teilhabe zu ermöglichen.

Solidarität und Verantwortung

Moralische Verpflichtungen gegenüber Migranten basieren auch auf dem Prinzip der Solidarität. Dieses Prinzip erkennt an, dass alle Menschen miteinander verbunden sind und voneinander profitieren. In einer globalisierten Welt, in der Ressourcen, Informationen und Kapital frei fließen, sollten auch Menschen in Not die Möglichkeit haben, Schutz und Unterstützung zu suchen.

Solidarität bedeutet jedoch mehr als kurzfristige Hilfe. Sie fordert langfristige Lösungen, die sowohl den Migranten als auch den Aufnahmegesellschaften zugutekommen. Dazu gehört beispielsweise die Förderung von Entwicklungsprojekten in Herkunftsländern, um die

Ursachen von Migration zu bekämpfen, oder die Schaffung von legalen und sicheren Migrationswegen, die Migranten vor Ausbeutung und Gefahren schützen.

Verantwortung gegenüber der eigenen Gesellschaft

Eine wichtige, aber oft übersehene Dimension der moralischen Verpflichtungen ist die Verantwortung gegenüber der einheimischen Bevölkerung. Gesellschaften müssen sicherstellen, dass die Aufnahme und Integration von Migranten nicht zu sozialen Spannungen, wirtschaftlicher Ungleichheit oder kulturellen Konflikten führt. Dies erfordert eine klare Kommunikation, transparente Politiken und die Einbindung der Zivilgesellschaft.

Die moralische Verpflichtung gegenüber Migranten darf nicht als Gegensatz zur Verantwortung gegenüber der eigenen Bevölkerung verstanden werden. Stattdessen sollten beide Anliegen als miteinander verknüpft betrachtet werden. Eine gelungene Integration kann sowohl Migranten als auch Einheimischen zugutekommen, indem sie die Wirtschaft stärkt, kulturelle Vielfalt fördert und den sozialen Zusammenhalt verbessert.

Herausforderungen und Dilemmata

Die Umsetzung moralischer Verpflichtungen gegenüber Migranten ist oft mit Herausforderungen und Dilemmata verbunden. Ressourcen sind begrenzt, und politische Widerstände oder gesellschaftliche Vorurteile können die Aufnahmebereitschaft beeinträchtigen. Gleichzeitig stellt die Abwägung zwischen humanitärer Hilfe und der Steuerung von Migration viele Länder vor schwierige Entscheidungen.

Ein weiteres Dilemma betrifft die Frage, wie weitreichend die Verpflichtungen sein sollten. Ist es die Aufgabe einer Gesellschaft, allen Migranten gleiche Rechte und Möglichkeiten zu bieten, oder gibt es Unterschiede in der Verantwortung gegenüber Asylsuchenden, Arbeitsmigranten und irregulären Migranten? Diese Fragen erfordern eine sorgfältige Balance zwischen pragmatischen Lösungen und moralischen Prinzipien.

Die moralischen Verpflichtungen gegenüber Migranten beruhen auf der gemeinsamen Menschlichkeit und der Anerkennung universeller Werte. Gesellschaften, die diese Verpflichtungen ernst nehmen, tragen nicht nur zur Verbesserung der Lebensbedingungen von Migranten bei, sondern stärken auch ihre eigenen Werte und den gesellschaftlichen Zusammenhalt.

Um diese Verantwortung gerecht zu werden, bedarf es eines ganzheitlichen Ansatzes, der sowohl humanitäre Hilfe als auch langfristige Integration fördert. Gleichzeitig müssen Gesellschaften die Balance zwischen globaler Solidarität und lokaler Verantwortung wahren, um Migration als Chance und nicht als Belastung zu begreifen. Indem sie moralische Prinzipien in die Praxis umsetzen, können Gesellschaften zeigen, dass sie bereit sind, ihre Verantwortung in einer global vernetzten Welt wahrzunehmen.

Wie haben sich die politischen Instrumente im Umgang mit Integration verändert und welche gesellschaftlichen Diskurse (z. B. Vorurteile, Akzeptanz) prägen den Vergleich zwischen damals und heute?

Nach dem Zweiten Weltkrieg mussten Millionen Heimatvertriebene integriert werden. Die Politik konzentrierte sich damals auf akute Probleme wie Wohnungsnot und Arbeitslosigkeit. Maßnahmen wurden oft kurzfristig geplant, da es an langfristigen Strategien mangelte. Ein Beispiel ist das Lastenausgleichsgesetz von 1952, das finanzielle Verluste der Vertriebenen teilweise ausglich. Dennoch blieben Herausforderungen wie unzureichend finanzierte Bauprojekte bestehen. Arbeitsämter vermittelten zwar Arbeit, aber der Fokus lag auf schnellen Lösungen statt auf langfristiger Integration.

Heute stehen strategische Ansätze im Vordergrund, die systematische Integration ermöglichen. Das Zuwanderungsgesetz von 2005 führte verpflichtende Integrationskurse ein, die Sprache, Kultur und Arbeitsmarktintegration verbinden. Institutionen wie das Bundesamt für Migration und Flüchtlinge (BAMF) setzen Standards, und Kommunen schaffen lokale Integrationszentren. Migration wird zunehmend als Chance gesehen, etwa durch Programme zur Förderung von Diversität. Im Vergleich zu früher sind die Maßnahmen umfassender und besser organisiert. Auch NGOs spielen heute eine stärkere Rolle.

Die Haltung der Gesellschaft hat sich ebenfalls verändert. In der Nachkriegszeit waren Heimatvertriebene oft Vorurteilen ausgesetzt und wurden als Konkurrenz um knappe Ressourcen gesehen. Begriffe wie "Flüchtlinge" hatten einen negativen Beigeschmack, und Integration wurde selten aktiv gefördert. Kirchliche Organisationen und lokale Initiativen halfen jedoch, Spannungen abzubauen.

Heute sind die gesellschaftlichen Diskurse vielfältiger. Einerseits wird Migration oft als Bereicherung wahrgenommen, andererseits bestehen Ressentiments, besonders in wirtschaftlich schwachen Regionen. Rechtspopulistische Bewegungen nutzen Ängste vor Überforderung, während zivilgesellschaftliche Gruppen eine Willkommenskultur fördern. Moderne Debatten drehen sich um Identität und Globalisierung. Die Integration von Heimatvertriebenen wurde früher primär als wirtschaftliche Aufgabe gesehen, während heute die Gestaltung von Vielfalt und gesellschaftlichem Zusammenhalt im Fokus steht.

Die Entwicklung der politischen Instrumente und gesellschaftlichen Einstellungen zeigt, dass erfolgreiche Integration sowohl Planung als auch Offenheit erfordert. Moderne Maßnahmen sind nachhaltiger, doch Herausforderungen wie Vorurteile und der Zusammenhalt der Gesellschaft bleiben bestehen. Aus der Geschichte lässt sich lernen, dass Integration langfristig nur durch ein Zusammenspiel von Politik und Gesellschaft gelingt.

Das letzte Wort ...

Das Thema „Migration und Integration" ist vielschichtig und wirft die Frage auf, ob es Menschen gibt, die sich nicht in eine neue Gesellschaft einfinden können. Um das besser zu verstehen, sollte man verschiedene Perspektiven betrachten, die sowohl die Person selbst als auch die Gesellschaft betreffen. Dabei wird deutlich, dass Integration ein dynamischer Prozess ist, der von zahlreichen Faktoren abhängt.

Ein zentraler Punkt ist die Unterscheidung zwischen der Fähigkeit und dem Willen, sich zu integrieren. Integrationsfähigkeit meint Dinge wie Sprachkenntnisse, Bildung, soziale Fähigkeiten und den Zugang zu Hilfsangeboten. Ein anschauliches Beispiel ist Fatima aus Marokko. Über einen Integrationskurs lernte sie nicht nur die Sprache, sondern auch die deutsche Kultur kennen. „Die Sprachkurse waren mein Schlüssel zur neuen Welt", sagt Fatima. Heute ist sie selbst Lehrerin und unterstützt andere Migranten.

Manche Menschen haben es schwerer als andere, sich in einer neuen Umgebung zurechtzufinden – etwa wegen traumatischer Erlebnisse, fehlender Schulbildung oder starker kultureller Prägungen. Solche Herausforderungen können dazu führen, dass der Integrationsprozess mehr Zeit und Ressourcen erfordert. Doch selbst bei großen Schwierigkeiten heißt das nicht, dass eine Integration unmöglich ist. Mit der richtigen Unterstützung, wie Sprachkursen, Bildungsangeboten oder psychologischer Hilfe, können viele Hindernisse überwunden werden. Hier ist auch der Zugang zu sozialen Netzwerken von Bedeutung, die den Einstieg in die Gesellschaft erleichtern können.

Integrationswille bedeutet dagegen, dass jemand bereit ist, sich in die neue Gesellschaft einzubringen, kulturelle Unterschiede zu akzeptieren und sich an Regeln und Werte des neuen Landes anzupassen. Dieser Wille ist oft von persönlichen Erfahrungen, Überzeugungen und Erwartungen geprägt. Schwierigkeiten entstehen dann, wenn Menschen sich bewusst gegen eine Anpassung entscheiden. Ohne den Willen zur Integration wird es natürlich schwer, Teil der neuen Gesellschaft zu werden. Allerdings ist es auch Aufgabe der Aufnahmegesellschaft, eine offene und einladende Umgebung zu schaffen, in der Migranten diesen Willen entwickeln können. Beispielsweise können gemeinsame Projekte oder kulturelle Austauschprogramme helfen, die Barrieren zwischen Migranten und der Aufnahmegesellschaft zu reduzieren.

Ein weiterer wichtiger Aspekt sind die Bedingungen, die das Aufnahmeland bietet. Wenn das Bildungssystem Migranten nicht ausreichend unterstützt oder der Arbeitsmarkt sie diskriminiert, macht das die Integration deutlich schwieriger. Auch gesellschaftliche Vorurteile oder Rassismus können dazu führen, dass Menschen ausgeschlossen werden, selbst wenn sie integrationsbereit sind. Diese gesellschaftlichen Faktoren sind entscheidend, denn sie können den Erfolg des Integrationsprozesses erheblich beeinflussen. Beispielsweise zeigt sich in vielen Fällen, dass Migranten, die Zugang zu Bildung und Arbeitsmöglichkeiten erhalten, sich schneller und nachhaltiger in die Gesellschaft integrieren können. Daher ist die Verantwortung der Gesellschaft, diskriminierende Strukturen abzubauen und gezielte Unterstützungsangebote bereitzustellen, von zentraler Bedeutung.

Persönliche Eigenheiten spielen ebenfalls eine Rolle. Manche Menschen haben zum Beispiel sehr extreme religiöse Ansichten oder leben nach strikten traditionellen Rollenbildern, die sich nicht leicht mit den Werten der neuen Gesellschaft verbinden lassen. Das bedeutet aber nicht, dass diese Menschen überhaupt nicht integrationsfähig sind. Konflikte entstehen meist, wenn solche Unterschiede nicht durch Gespräche oder gegenseitiges Verständnis überbrückt werden. Hier können Bildungsprogramme und Dialogplattformen helfen, um Brücken zu bauen und ein besseres Verständnis füreinander zu schaffen. Zudem ist es wichtig, die Vielfalt der kulturellen Hintergründe als Bereicherung zu sehen und nicht nur als Herausforderung.

Die Idee, dass es „nicht-integrationsfähige" Menschen gibt, ist pauschal nicht haltbar. Niemand ist vollkommen unfähig zur Integration, wenn die Umstände stimmen. Es gibt jedoch Einzelfälle, in denen Integration sehr schwer ist, zum Beispiel bei Menschen mit schweren psychischen Erkrankungen oder tief sitzenden ideologischen Überzeugungen. Solche Fälle sind jedoch die Ausnahme und sollten nicht für eine generelle Bewertung herangezogen werden. Vielmehr zeigt sich, dass die meisten Migranten, wenn sie die richtigen Rahmenbedingungen vorfinden, die Möglichkeit zur Integration nutzen und aktiv an der Gesellschaft teilnehmen können.

Integration ist ein Zusammenspiel aus persönlichem Engagement, gesellschaftlichen Angeboten und politischen Rahmenbedingungen. Statt Menschen als "nicht integrationsfähig" abzustempeln, sollten Voraussetzungen wie Bildungs- und Arbeitsmöglichkeiten sowie interkulturelle Trainings geschaffen werden. Integration erfordert Zeit, Geduld und Offenheit und bietet die Chance, Gesellschaften zu bereichern und weiterzuentwickeln. Gelungene Integration stärkt den Zusammenhalt und fördert kulturelle Vielfalt.

LITERATURVERZEICHNIS

1. Dr. Andreas Kossert: Kalte Heimat. Die Geschichte der deutschen Vertriebenen nach 1945. Siedler Verlag, München, 2008. ISBN: 978-3-88680-861-8

2. Karl Dönitz: Mein wechselvolles Leben. University of Michigan, digitalisiert am 19.8.2006, abgerufen am 7.7.2022

3. Henning Köhler: Der große Plan: Die Potsdamer Konferenz 1945 und das Schicksal Deutschlands. Rowohlt Verlag, 1994. ISBN: 978-3499154705

4. Victor Gollancz: Our Threatened Values. Gollancz Verlag, London, 1946

5. Hannah Arendt: Elemente und Ursprünge totaler Herrschaft. Piper Verlag, München, 1951

6. Hannah Arendt: Eichmann in Jerusalem. Piper Verlag, München, 1963

7. Kartenmaterial aus OpenHistoricalMap-Mitwirkende: Ostpreußen, Pommern, Schlesien. Veröffentlicht unter www.openstreetmap.org/copyright

Weitere Bücher vom Autor

Im Online-Shop, direkt beim Verlag ------->

oder

www.thalia.de	www.amazon.de
www.lovelybooks.de	www.lehmanns.de
www.buecher.de	www.bookshop.de
www.seidel-millinger.de	www.eurobuch.at

Ralf Schönert
Eiserne Zeiten

Deutschland im Wandel des Ersten Weltkriegs

Einband: Kartoniert / Broschiert, Paperback
Sprache: Deutsch
ISBN-13: **9783757852351**
Umfang: 222 Seiten